本书获2023年贵州省少数民族语言文字办公室专项资金资助

本书由贵阳市天柱商会、天柱县筑梦远扬教育发展协会募捐集资赞助出版

QEENP XUIH SONGP GAEML CI HUIL

侗语词汇 天柱

贵州省少数民族语言文字办公室 ◎ 主编

天柱县侗学研究会 ◎ 执行编撰

贵州大学出版社

Guizhou University Press

图书在版编目（CIP）数据

侗语词汇．天柱 / 贵州省少数民族语言文字办公室主编．-- 贵阳 ：贵州大学出版社，2023.12
ISBN 978-7-5691-0841-5

Ⅰ．①侗… Ⅱ．①贵… Ⅲ．①侗语－词汇－天柱县 Ⅳ．①H272.3

中国国家版本馆CIP数据核字(2023)第237394号

DONGYU CIHUI (TIANZHU)

侗语词汇（天柱）

主　　编：贵州省少数民族语言文字办公室
执行编撰：天柱县侗学研究会

出 版 人：闵　军
责任编辑：葛静萍
责任校对：韦　霞
装帧设计：陈　丽　方国进

出版发行：贵州大学出版社有限责任公司
地址：贵阳市花溪区贵州大学北校区出版大楼
邮编：550025　电话：0851-88291180
印　　刷：贵州思捷华彩印刷有限公司
开　　本：787 毫米 ×1092 毫米　1/16
印　　张：24.75
字　　数：424 千字
版　　次：2023 年 12 月第 1 版
印　　次：2023 年 12 月第 1 次印刷

书　　号：ISBN 978-7-5691-0841-5
定　　价：78.00 元

《侗语词汇（天柱）》编委会

《侗语词汇（天柱）》执行编委会

寄语

该书的出版发行对于推动少数民族地区推广普及国家通用语言文字具有重要意义。希望侗学研究者能够认真总结侗汉词汇编纂工作经验，为促进民族交往交流交融、铸牢中华民族共同体意识作出积极贡献。

吴绍东

2022.8.30.

《侗语词汇（天柱）》执行编委会成员合影

前排左起：陈旭东　吴厚征　杨宗豪　王先游　杨代松　杨绍球　刘慧桥　徐文清

后排左起：秦秀强　杨祖恒　龚文龙　龙昭先　李秋红　王贞秀　龙秋林

《侗语词汇（天柱）》资料收集整理人员合影

《侗语词汇（天柱）》审稿会

《侗语词汇（天柱）》编撰人员工作照

侗歌满泛清水江

溜溜歌　浓浓情

侗乡恋歌

打花脸　敲豆子

侗族大戏

京城载誉月牙镗

勾林舞春秋

昂立朝阳

技艺传承

机杼穿梭

序（一）

由天柱县侗学研究会组织编撰的《侗语词汇（天柱）》就要出版了，我作为一个长期从事侗语文教学研究的工作者，由衷地感到高兴，对家乡父老贤达们的辛劳付出表示敬佩。

20世纪50年代，党和政府为解决我国少数民族使用文字的问题，由中国科学院组织语言调查工作队，对全国五十多个少数民族的语言文字进行调查，侗语是当年调查的语言之一。当时的民族语言调查主要是为了了解各民族语言使用的情况，从而帮助少数民族创制文字和改革文字。天柱县是侗族语言文化保存较好的侗族人口大县之一，1956年，语言调查工作队分三个小组深入侗族地区开展调查，天柱的石洞和注溪被列为调查点，这是天柱侗语被科学记录和研究的开始，天柱侗语划分为三个土语也是当时定下来的。

改革开放以后，随着民族政策的落实和实事求是思想路线的贯彻，民族语文事业又一次得到繁荣发展。在此期间，天柱的多所乡村小学开展了侗汉双语教学。南开大学的石林教授等一批侗语文研究工作者也深入天柱，对三门塘、岳寨等地的侗语进行了语言调查和记录。

21世纪以来，国家启动了语言资源保护工程。2016年，我有幸承担“民族语言调查·贵州天柱侗语北部方言第一土语”的专项任务，组织团队用一年的时间，对石洞（高旦）和高酿（邦寨）的侗语进行了全面的语言记录，录音录像采集词汇3000多条，记录语法例句100句，采集民间故事、谚语、谜语30个（条），这些语言材料均上交国家语言文字工作委员会入库，永久保存。

今天的这本《侗语词汇（天柱）》是在天柱县侗学研究会的领导下，由天柱不同地方、不同村寨懂侗文的同志集体编撰而成的。作为一部侗语词汇集，本书有三大特点：其一，参与的同志是本乡本土的侗家人，对自己的语言非常熟悉，他们不仅精通北部方言，对南部方言也相当了解。书中采集的词汇相当丰富、系统全面，收入的主要是口语常用词，也包括一些民俗词汇，这对于从语言方面了解天柱侗族文化非常有用。有了这么多的材料，天柱侗语的面貌也就生动地展现在了人们的面前。其二，在编排方法上，本书按照土语人口多少、影响大小的原则进行排列，又注重兼顾不同方言土语间的词汇差异，为不同地方群众互相学习语言和比较研究提供了条件。其三，本书还提供了天柱民族村寨的侗语地名，相当于一个完整的天柱地名志，弥补了天柱县志的不足。

编撰侗语词汇的县卷本，是一次尝试，也是一次创新，天柱县侗学研究会这种上下求索、团结协作、富有使命感的精神是值得赞许和提倡的。本书的出版，保留了丰富多彩的侗族语言文化，必将为国内外研究侗语的学者提供帮助。

是为序。

龙耀宏

2023 年 5 月 15 日

序（二）

天柱县位于黔东湘西接合处，因城郊有“石柱擎天”胜景而得名。全县总面积2201平方千米，辖11镇4街道2乡，共315个行政村（居、社区），总人口419800人（第七次人口普查数据），其中侗族占63%。

侗族是一个只有语言而没有文字的民族。侗语属汉藏语系壮侗语族侗水语支，是世界上声调最丰富的语言之一。在侗族发展的历史长河中，先民们创造了极其丰富的民族文化。新中国成立后，党和政府十分重视少数民族文化的传承和发展，1958年创制了《侗文方案》（草案），共有15个声调（舒声调9个，促声调6个）。从此，侗族结束了无文字的历史。侗文诞生至今已跨越了65个春秋，正好是一个“甲子”多一点。

编撰《侗语词汇（天柱）》，旨在全面、完整地记录县域内不同侗语语音。本书按照属地侗语音准、特点、标准声调音位等要素加以收集整理，以保证口语和书面语统一。编撰这本书，对传承弘扬民族文化，促进民族交流交往，构建和谐社会，铸牢中华民族共同体意识，具有十分重要的现实意义和深远的历史意义。

研究、挖掘、传承好天柱侗族人民创造的丰富文化，是天柱县侗学研究会的夙愿。最初，我们的立意是编撰一本《天柱侗语词典》，但在实践过程中，我们发现，《现代汉语词典》已全面系统涵盖了生活中的方方面面，因而，只有收集、整理本民族语言词汇才适合天柱侗族文化的传承和发展，经天柱县侗学研究会征求各方意见，最终定名为《侗语词汇（天柱）》。4年多来，我们召开专题研讨论证会30余次，组织编撰人员深入乡村走访、咨询，全面掌握第一手资料，并对词条进行收集、整理、增补、编译、校对，逐词逐句推敲，最后终成此书。

本书的出版，是大家共同奋斗的成果，是集体智慧的结晶。在此，特向贵州省民族宗教事务委员会、贵州大学出版社、贵阳市天柱商会、天柱县筑梦远扬教育发展协会和贵州民族大学的侗学专家、学者们表示崇高的敬意！向关心、支持这项工作的各级各部门领导表示衷心的感谢！向为本书的编撰、出版付出辛勤劳动的同志们致以诚挚的问候！

王先游

2023 年 12 月

序（三）

我是一个地道的侗家人，家中无论老少都讲一口标准的章寨侗话。我们以会讲侗话为荣，因为我们的血液里，流淌的是侗族的基因。

退休十年了，我也慢慢地变老，但心里总有一个期盼，希望能把侗话以文字形式记录下来，并传承下去。

天柱县侗学研究会在讨论如何挖掘、传承民族文化时，大家达成了一个共识，即把侗话以文字的形式固化下来、传承下去，编撰一本能让讲侗话的人读得懂、讲得出的书籍来，以防以后的侗话断根。本着这些朴素的想法，天柱县侗学研究会便将此话题正式纳入了工作规划，列为重中之重来办理落实。工作于2018年正式拉开了帷幕，侗家儿女们汇聚一堂，研究方案、体例、分工事宜，搭建工作班子，将这本书取名为《侗语词汇（天柱）》。我在天柱县侗学研究会做一些差事，不敢说担什么大任，但受众人之托，做一些有益于民族团结、发展、进步的小事，能为天柱侗族文化发展穿针引线，也是一种快乐。

编撰《侗语词汇（天柱）》一书得到了很多老领导、侗学专家的精心指导和大力支持，许许多多侗家儿女也呕心沥血、兢兢业业、不敢怠慢、忘我工作。

本书的付梓，代表我们完成了这代人的一项使命，算是个里程碑吧！我们都感到欣慰，就像有一棵幼苗，在我们的栽培、抚育下枝繁叶茂，荫护侗乡大地。

我骄傲，我是侗家人，为侗家做了一件有益的事。

我自豪，千年后的今天，祖先讲的话，有了铅印。

我深信，侗话永世传承。

此为心声，权当小序。

杨宗豪
2023 年 12 月

前　言

语言是人类最基本、最重要的交流工具，是人与人之间彼此沟通的桥梁。语言作为思想、情感、行为的一种表达形式，在时间、场合、对象不同时，表达出的语言信息和思想感情也有很大的差异。侗语属我国汉藏语系的四个语族之一的壮侗语族。侗族人民在千百年的生产生活实践中，创造了丰富多彩的侗语文化，它形象、生动地记录了侗族人民的各项活动，对侗族地区的文明进步、经济发展、社会管理等具有重要作用。

铸牢中华民族共同体意识，自觉维护民族团结、促进祖国共同繁荣，是我们每一个民族的责任和义务。侗语是侗族的文化瑰宝，也是中华民族重要的非物质文化遗产之一，我们有责任和义务做好它的保存和记录工作，这不仅是侗家儿女应有的文化自觉，更是中华民族文化自信的体现。

我们根据《侗文方案》(草案）的书写要求，借助汉语拼音以及规定的音标，结合高酿、石洞、凤城、社学、渡马、邦洞、坪地、蓝田、注溪、远口、坌处等地侗语声调的不同，以石洞、高酿侗话为基本音准，通过收集整理，多方论证，几易其稿，编成《侗语词汇（天柱）》一书。我们希望，通过抢救记录天柱区域内的侗族语言，让这份非物质文化遗产尽可能地保留并传承，让这朵民族文化奇葩绽放出应有的光彩。

目　录

编写说明

一、词语条目结构安排

（一）一个侗语词汇为一个条目，以侗文（拉丁字母拼音文字）形式呈现。本书共收录天柱侗语词汇14145个，其中：词根2342个，派生词9299个，地名2504个。词根条目顶格排列，放在“【】”内；派生词后退两格排列，放在“[]”内。

（二）词根以音调和词性分立条目，即一个音调和词性为一个条目。同一音调，在意义或词性上需要分别处理的，也分立条目，在音调的右上方标注阿拉伯数字进行区分。音调按拼音字母顺序排列，词性按名词、动词、形容词、副词、量词、代词、数量词、方位词、数词、介词顺序排列，前缀词等无法标注词性的词根排在同一音调的最后位置。

二、片区词语

（一）本书所收侗语词汇以石洞、高酿侗话为基准音，若遇音调相异时，条目收石洞语音，在括号中标注高酿语音，其余按原设置区级单位以“①②③④⑤⑥”标注片区词语。

（二）片区按原设置区级单位进行区分，为城关区（城关、天柱、社学、渡马、溪口、润松）编号①，邦洞区（邦洞、三团、大河边、织云、坪地、八界、阳寨、八阳）编号②，蓝田区（蓝田、瓮洞、三合、大段、注溪）编号③，远口区（远口、坌处、竹林、杨家、地湖、大样、中寨）编号④，高酿区（高酿、石洞、邦寨、凸洞、水洞、都岭）编号⑤，白市区（白市、江东、兴隆、金鸡、兰溪）编号⑥。

（三）本书只收录侗语词汇，单列例句不收录整理。

三、释义

（一）本书以所收侗语词语的原意为主，不追根溯源，更不详列古义。

（二）词根中的汉语翻译采取一词（字）多义的记录方式，以解决侗语中存在的一语多义问题。

（三）现代侗语中，借用汉语词汇的现象较为普遍。借用古代或近代汉语的侗语词语，本书予以收录，但不特别标注该词语为外来词。完全借用现代汉语的侗语词语及网络新词汇、工业科技产品名称，如“互联网”“航空母舰”“飞船”等，则不列入本书条目。

侗语音节检索表

A/a

B/b

D/d

E/e

G/g

H/h

J/j

K/k

L/l

M/m

N/n

O/o

P/p

Q/q

S/s

T/t

W/w

X/x

Y/y

A

a

▶ **a**

【al¹】 gal②歌（名词）

[al gaeml] 侗歌

[al wok yis] 贺歌

[al taot]gal kaot②③ 酒歌

[al eev] 哭嫁歌

[al yov] 哀歌

[al lanc dol] 拦门歌

[al weex yeent] 玩山歌“玩山”指侗族男女青年婚恋社交活动中，在山坡上唱歌，交流情感，流行于贵州天柱、锦屏、剑河等地。

[al saemp dangc]leix al②③参堂歌

[al xenc sangp] 成双歌

【al²】 鸦（名词）

[al naeml]gal naeml①②③ doc hat④乌鸦、老鸹

[al yax]gal liax②③ 喜鹊

[al edl oc] 白颈乌鸦

【al³】 姓氏（名词）

[longc al] 龙家、龙姓

[ponp al] 潘姓

[seeup al] 肖姓

[loc al] 罗姓

[yangc al] 杨姓

【al dangc】（agl dangc）神龛（名词）

[al dangc leic] 大神龛

[al dangc niv] 小神龛

【al liul】 硬锅巴（名词）

【al⁴】 添加（动词）

[al wenp] 加分

[al tangp] 加汤

[al dangc] 加糖

[al naemx] 加水

[al taot] 加酒

[al mal] 加菜

[al liant] 加辣椒

[al yuc] 加油

[al baoc] 加盐

[al oux] 加饭

[al sac] 加药

[al jedl] 加柴火

[al senk xit] 加尺寸

[al duh] 加衣服

[al kuuk] 加裤子

[al sinc] 加钱

[al soih] 加罪

[al liangc] 掂量

【ap[1]】捆（动词）

[ap jedl]sup midx ①②③捆柴

[ap nyangt] 捆草

[ap genv] 捆柴蔸 “柴蔸”指树的根部，也叫树蔸。

【ap[2]】抱（动词）

[ap yenc]（ap genc）搂抱

【ac[1]】菌（名词）

[ac beens songp] 松菌

[ac tank] 炭菌

[ac sanv] 伞菌

[ac kap] 木耳

[ac babc] 滑滑菌

[ac dongc yuc] 桐油菌

[ac yaop] 枫木菌

[ac liix] 麻栗菌

[ac maoc] 牛屎菌

[ac sac yuc] 茶油菌

[ac dongv jenx] 冻菌

[ac miangc aiv] 鸡枞菌

【ac[2]】笨（形容词）

[ac deil]wap deil ①②③笨死

[ac dinl ac miac] 笨手笨脚

【ac[3]】钝（形容词）

[midx ac] 刀钝

[boc xeec ac] 菜刀钝

[miax ac]miac goul kox ①②③柴刀钝

[gingc ac]goul liinc kox ①②③镰刀钝

[guanl ac] 斧子钝

[sins daol ac] 剪刀钝

【as】gac ①②③夹（动词）

[as miac] 夹手、棘手

[as gual] 夹腿

[as dinl] 夹脚

[as mal] 夹菜

[as piat niuv] 夹尿片

[as not] 夹老鼠

[as bieev] 夹山羊

[as tuk] 夹兔子

[as peep mieenh] 夹狸猫

[as laiv] 夹野猪

[as miit lal] 夹眉毛

[as qaik] 夹木板

[as biic] 夹木皮

[as dos dees kinp] 夹在腋下

【at[1]】刺（名词）

[at dal]lags bial ①②③ 鱼刺

[at lags] 骨刺

【at²】 枝、丫（名词）

[at meix] 树枝

[at guunl] 竹丫

【av¹】 架子、构架（名词）

[av sis] 架子

[av sis leic] 架子大 形容形体高大。

[av yanc] 屋架子

[av jonh] 圈架子

[av dos jal] 织布机

[av dic yuc] 榨油机

[av duc] 鼎罐架

[av xeenh] 碗柜架

[av denl yuc] 烛台

[av jah] 编草鞋架

[av ees] 松明架

[av xeep] 柴杈

[av beeh] 偏棚架

[av doiv] 床架

【av²】 价格（名词）

[av sinc] 价钱

[av sinc pangp] 价钱高

[av sinc taemk] 价钱低

【av³】 gav①②③搭、架、设（动词）

[av jiuc] 架桥

[av xangp] 架木轨

[av dah bail] 架过去

[av dah map] 架过来

【av⁴】 架（量词）

[av xap] 车子

[av lal] 船只

【ah¹】 独（副词）

[ah nyaoh] 独居

[ah xangv] 独唱

[ah weex] 独做

[ah map] 独来

[ah bail] 独去

[ah map ah bail] 独来独往

[ah bail ah xonv] 独去独回

【ah²】 siip liinh①②③④另（副词）

[ah songl] 另类

【ah³】 各自（代词）

[ah beel ah bous] 自卖自夸

[ah seik ah xanp] 自言自语

[ah weex ah jeel] 自做自吃

[ah jeel ah jangv] 自吃自饱

[ah weex ah lit] 自做自得

[ah weex ah lis] 各做各的事

[ah qamt ah lis] 各走各的

▶ ai

【ail¹】 gail①hail④街（名词）

[ail laox] 大街

[ail niv] 小街

【ail sais】嫉妒（动词）

【ail liail】耍奸滑（动词）

【ail[2]】害羞（形容词）

[ail nas] 害羞

[ail yat xiv] 很害羞

【ail yat】不好看（形容词）

【ail naix】幸亏（副词）

【aip】kait②③擦拭、揩、抹（动词）

[aip guiiv] 擦柜子

[aip xap] 擦车

[aip daic] 擦桌子

[aip dangv] 擦板凳

[aip keet sis] 擦窗子

[aip mux] 擦鼻涕

[aip naemx dal] 擦泪水

[aip eex dal] 擦眼屎

[aip nas] 擦脸

[aip miac] 擦手

[aip dinl] 擦脚

[aip seenp] 擦干净

[aip penp] 抹灰尘

[aip muv] 抹嘴巴

[aip eex] 揩屎

[aip ongl eex] 揩屁股

[aip benv]kait weiv②③揩汗

【ais[1]】gais②③改（动词）

[ais danl] 改名字

[ais benl] 改日子

[ais kuap menl] 改天狗煞 一种民间驱邪仪式。

[ais xac] 改邪归正

[ais soih] 改罪

[ais jaoh] 改错

[ais lis doiv] 改得对

【ais[2]】劁、阉割（动词）

[ais muk] 劁猪

[ais doc] 劁牛

[ais kuap] 劁狗

【ait】gais②③感谢（动词）

[ait menl ait dih] 谢天谢地

[ait samp ait siiv] 再三道谢

[ait nyac] 感谢你

【aiv[1]】gaiv②③鸡（名词）

[aiv seis] 公鸡

[aiv weix] 母鸡

[aiv bagx] 白羽鸡

[aiv liait] 小种鸡

[aiv naeml] 黑羽鸡

[aiv xuc] 花公鸡

[aiv mant] 黄脚鸡

[aiv saoh] 乌骨鸡

【aiv jov】锯子（名词）

【aiv oh】橡皮（名词）

[aiv aiv oh] 锯橡皮

【aiv²】押运（动词）

[aiv wok] 运载货物

[aiv sinc] 运钞

[aiv naemx] 运送水

【aiv³】gaiv②③戒（动词）

[aiv taot] 戒酒

[aiv duc] 戒毒

[aiv yeenl] 戒烟

[aiv dus] 戒赌

【aiv⁴】锯、解（动词）

[aiv piink] 锯木板

【aih】nail①②③这（代词）

[aih nyaoh] 在这里住

▶ ao

【aol¹】拿、取、捉、捏（动词）

[aol wok] 拿东西

[aol yeenl] 拿烟

[aol taot] 拿酒

[aol tangc] 拿糖

[aol wenp] 续魂 指家里有老人生重病时，请人做法事让老人恢复健康。

[aol sinc] 拿钱

[aol oux] 拿米

[aol mal] 拿菜

[aol yuc] 拿油

[aol baoc] 拿盐

[aol leec] 拿书

[aol biedl] 拿笔

[aol magc] 拿墨

[aol xiic] 拿纸

[aol naemx] 取水

[aol dal] 捉鱼

[aol siic] 捏糍粑

【aol²】娶、选（动词）

[aol maix]aol neix②③娶媳妇

[aol liat] 娶儿媳

[aol benl] 选日子、卜日子

[aol xiip] 选时辰

【aol³】争、出、装、充（动词）

[aol nas] 争面子

[aol ol] 出风头

[aol qangp] 装模作样

[aol haoh] 充乖 指假装乖巧。

【aoc¹】鸟饵（名词）

[beis aoc] 反哺

【aoc²】lanh②③松动（动词）

[aoc dangv] 板凳松动

[aoc qaik] 板壁松动

【aoc³】变质（动词）

[geiv aoc] 寡蛋 指变质的蛋。

【aos】 sangp①②③桑（名词）

[meix aos] 桑树

[bav aos] 桑叶

[wap aos] 桑花

[sangp aos] 桑根

[daemh aos] 桑苞 指桑葚。

[nic aos] 蚕虫

【aot[1]】 kaot①②③考（动词）

[aot yop] 考学校

[aot lis lail] 考得好

[aot lis geih] 考得差

【aot[2]】 刚刚（副词）

[aot map] 刚刚来

[aot bail] 刚刚去

[aot naih] 刚才

【aox[1]】 kaot①②③里面（名词）

[aox yanc] 家里

[aox dus] 肚里

[aox doix] 碗里

[aox kigt] 锅里

[aox eenl] 内屋

[aox jonh] 圈里

[aox naemx] 水里

[aox yak] 田里

[aox kuiit] 溪里

[aox nyal] 河里

【aox[2]】 放在男性称呼中的前缀词

[aox ongs] 爷爷

[aox dal] 外公

[aox suk] 师公

[aox laox] 老头子

【aov[1]】 gouv①②③乞丐（名词）

[aov wak] 叫花子

【aov[2]】 告（动词）

[aov xangv][aov jongh] 告状

【aov[3]】 gaov①②③陈旧（形容词）

[yanc aov] 旧房子

[leec aov] 旧书本

[duh aov] 旧衣服

[wok aov] 旧东西

[keik aov] 旧家具

【aok】 依靠（动词）

[aok bux neix] 依靠父母

[aok lagx] 依靠子女

[aok senp nyenc] 依靠亲戚

[aok jaix nongx] 依靠兄弟

▶ am

【aml】 素菜（名词）

[dongl mal aml] 煮素菜

【amv[1]】 缝补（动词）

[amv yangh] 补被条

[amv duh] 补衣服

[amv kuuk] 补裤子

[amv haip] 补鞋子

[amv wac] 补袜子

[amv meeut] 补帽子

【amv²】 dens①②③佩戴（动词）

[amv wap] 戴花

[amv xongv]boiv xongv①②③ 佩枪

【amv³】 带（动词）

[amv sinc] 带钱

【amv⁴】 怀（动词）

[amv lagx] 怀孕

【amv⁵】 背、负（动词）

[amv danl] 背名 指背黑锅。

[amv soih] 背罪名

[amv xangv dah nyinc] 负债过年

▶ an

【anl¹】 夜（名词）

[xut anl] 守夜

[nyaoh anl] 坐夜 指人去世时的守夜。

【anl²】 麻（名词）

[meix anl] 黄麻

[jaol anl] 麻绳

[bav anl] 麻叶

[guangs anl] 麻秆

【anp】 kuanp①②③孙（名词）

[anp ens] 重孙

【anc】 ganc①②③扁担（名词）

[anc biees] 扁担

[anc jedl] 柴担 指挑柴的扁担。

[anc qap]ganc qangk①②③尖扁担

[anc guunl] 竹扁担

[anc yint] 青冈扁担

[anc sangp] 桑木扁担

[anc bav] 两头装木匣的翘扁担

[anc huangc danc] 黄檀扁担

[anc naemx] 挑水用的扁担

[anc oul] 两头挂铁钩的扁担

【ans¹】 gans①②③除、轧（动词）

[ans miinc] 除棉籽

[ans miinc] 轧棉花

【ans²】 急、赶（动词）

[ans ongl] 赶工

[ans kenp] 赶路

【anv lanv】 not①②③寒颤（名词）

[anv lanv xenp] 身子打寒颤

[anv ladl nyiuv] 憋尿发颤

【anv】 间隔（动词）

[anv jongl]ganl nyonv①②③隔久

【anh¹】 gans①②③杆、竿（名词）

[anh guunl] 竹竿

[anh meix] 木杆

[anh xav duh] 晾衣杆

[anh gaeml]diangs gaeml①②③ 碓杆

[anh jiuv] 钓鱼竿

[anh diuv] 秤杆

[anh xongv] 枪杆

[anh jic] 旗杆

【anh[2]】赶（动词）

[anh xangc] 赶集、赶场

▶ ang

【angl[1]】gangl①②③缸（名词）

[angl naemx] 水缸

[angl taot] 酒缸

[angl oux] 米缸

[angl yaems] 染缸

【angl[2]】钢（名词）

[angl tadp]angl kuadp①②钢铁

[angl xeep] 钢叉子

【angl keit】百合（名词）

【angl geiv】doc ngueiv①②③螃蟹（名词）

【angl xenl】suis sonv①②③锥子（名词）

【angp[1]】木条（名词）

[angp beeh] 围牲口圈的木条

[angp yeenp] 围菜园的木条

【angp[2]】行（名词）

[angp oux] 秧行

[angp meex] 麦行

[angp baol guc] 包谷行

[angp meix] 树行

【angc[1]】颌（名词）

[angc muk] 猪颌

[angc wul] 上颌

[angc dees] 下颌

【angc[2]】doul muv①②③口舌（名词）

[doul angc] 无端招来的是非

【angc jiuh】三脚架（名词）

【angs[1]】（angt）讲、解释（动词）

[angs leec] 解释书本知识

[angs songp] 解释语意

【angs[2]】不是

[angs yaoc] 不是我

[angs nyac lis] 不是你的

[angs moh lis] 不是他的

[angs yaoc lis] 不是我的

【angt】kuangt①②③蛙（名词）

[yil angt] 石蛙

【angx】qonk①②③劝阻（动词）

[angx moh beex bail] 阻拦他不要去

[angx moh gueec yuv dic beex] 阻拦他不要打架

【angv[1]】goul①②③冰（名词）

[dongv angv] 结冰

[nil angv] 冰雪

【angv[2]】杠（名词）

[angv tongt] 谷桶杠 抬打谷桶（民间较为古老的谷物收获农具）的工具。

[angv jeeuh] 摇花杠 指轿子杠。

[angv nyuc] 拖木杠 搬运大木头的工具。

【angv[3]】划（动词）

[angv jail] 划掉

【angk】呛（动词）

[angk songp] 呛话

【angh[1]】惦、挂念（动词）

[angh sais] 惦记

【angh[2]】挡、碍（动词）

[angh kenp] 挡路

[angh xap] 挡车

[angh dinl angh miac] 碍手碍脚

【angh[3]】雌（形容词）

[angh aiv] 未下蛋的雌鸡

[angh kuap] 雌狗

▶ ab

【abs[1]】gabx①②③跨（动词）

[abs dol] 跨门槛

[abs gaos] 跨脑壳 指一种儿童游戏。

[abs mieengl] 跨沟

[abs dah bail] 跨过去

[abs yant] 跨坎

【abs[2]】联结（动词）

[abs senp] 结姻亲

▶ ad

【adl】seex①②③狭隘（形容词）

[adl]（adx）sees sais④心胸狭窄

[adl ladl] 性急、脾气陡

【ads】biaoc nyaoc①②③纠结（动词）

[ads sais] 心中纠结

【adx】纵横交织

▶ aem

【aeml】老鹰（名词）

[daemlc yiux]①②③④鹞子

[aeml aol aiv] 老鹰抓小鸡

【aemp】kaemk①②③浑浊（形容词）

[aemp naemx] 浑水

[aemp dal] 眼睛浑浊

[aemp angh] 非常浑浊

【aemc】gaemc①②③苦（形容词）

[aemc xiv] 苦得很

[aemc eeus] 苦到极点

[aemc deil] 苦死了

【aems】抱（动词）

[aems lagx] 抱小孩

[aems yangh] 抱被子

[aems duh] 抱衣服

[aems leec] 抱书本

【aemt】抱、搂（动词）

[aemt gaos] 抱头

[aemt gual] 抱腿

[aemt miac] 抱手 指袖手旁观。

[aemt yeeul] 搂腰

【aemk】（mingv）缺（动词）

[aemk biinl] 牙齿缺

[aemk duix] 碗沿缺

[aemk banc] 盘子沿缺

【aemh】米虫（名词）

[dangl aemh] 米生虫

B
b

▶ ba

【bal[1]】 bal laiv①②③疤痕（名词）

[bal jangl] 刀疤

[bal laivl jaic] 烫伤的皱疤

[bal mica] 手上的疤痕

[bal dinl] 脚上的疤痕

[bal nas] 脸上的疤痕

[bal jaic bal duv] 疤痕累累

【bal[2]】 腿（名词）

[bal laox] 大腿

[bal niv] 小腿

[bal aiv] 鸡腿

[bal badl] 鸭腿

[bal ngant] 鹅腿

[bal kuap] 狗腿

[bal bieev] 羊腿

[bal max] 马腿

[bal muk] 猪腿

[bal doc] 牛腿

[bal tuk] 兔腿

[bal not] 鼠腿

[bal meeux] 猫腿

[bal liait] 麻雀腿

[bal maemx] 老虎腿

【bal[3]】 粘（动词）

[bal muv] 粘嘴巴

[bal miac] 粘手

[bal haip] 粘鞋子

[bal ens] 粘土

[bal put] 粘灰

[bal nyav] 粘草籽

【bal[4]】 靠近（动词）

[bal map gil] 靠近点

[bal dac bal duv] 果实累累

【bal[5]】 巴望（动词）

[bal bus dees] 巴不得

【bac[1]】 耙（名词）

[qeip bac]gangc bac①②③ 犁耙

[bac meik] 新耙

[bac aov] 旧耙

[bac meix] 木耙

[bac tadp] 铁耙

【bac²】 耙（动词）

[bac yak] 耙田

【bac³】 划（动词）

[bac lal] 划船

[bac naemx] 划水

[bac baic] 划排

【bas¹】 把（名词）

[bas nyangt] 草把

[bas mal] 菜把

[bas songp] 葱把

【bas weih】 妯娌（名词）

【bas²】 置工具名称中的前缀词

[bas guanl] 斧子

[bas gouc] 锄头

[bas miax] 柴刀

[bas gingc] 镰刀

[bas midx] 菜刀

[bas yat] 刷子

[bas sanv] 雨伞

【bav¹】 叶（名词）

[bav meix] 树叶

[bav mal] 蔬菜叶

[bav sonv] 大蒜叶

[bav aos] 桑叶

[bav guunl] 竹叶

[bav piat] 芭蕉叶

[bav oux] 稻叶

[bav hongc xaoc] 红苕叶

[bav dongl gual] 南瓜叶

[bav gueel] 黄瓜叶

[bav wap wenl] 葵花叶

[bav xeec] 茶叶

[bav baol guc] 玉米叶

[bav beev] 箬叶

[bav kap] 猴栗叶

[bav doh] 豆类

[bav xeec ngoux] 草珊瑚 也叫节骨茶。

【bav²】 翅膀（名词）

[bav aiv] 鸡翅

[bav badl] 鸭翅

[bav ngant] 鹅翅

[bav daemx deeux] 蜻蜓翅膀

[bav al] 乌鸦翅膀

[bav benx] 禽类翅膀

【bav³】 鞘（名词）

[bav miax] 柴刀鞘

[bav mids] 屠刀鞘

【bav⁴】 荚（名词）

[bav doh] 豆荚

[bav doh mal][bav doh xangc angl] 豇豆

[bav doh naeml] 黑豆

[bav doh dens] 紫藤荚

【bav[5]】体态瘦弱的（形容词）

【bav ah】迟缓（形容词）

[qamt kenp bav ah] 走路迟缓

[weex siv bav ah] 做事迟缓

【bah[1]】guax①②③糠（名词）

[bah oux] 米糠

[bah siiv] 细糠

[bah sup] 粗糠

[bah oux lieengs] 小米糠

【bah[2]】（bagx）外侧（方位词）

[bah ken] 路外坎

[bah lianv] 外坝子

▶ bai

【bail】去（动词）

[bail weex ongl] 去干活

[bail qamt xaih] 去串门

[bail yanc] 去家里

[bail nak] 去睡觉

[bail yeenp] 去菜园

[bail xangc] 去赶集

[bail ail] 去街上

[bail yop] 去学校

[bail dogc leec] 去读书

[bail oup] 去哪里

[bail qamt senl] 去走亲戚

【baic[1]】排（名词）

[baic meix] 木排

[baic guunl] 竹排

【baic[2]】yenv①②③④痕（名词）

[baic jeds] 印痕

【baic wih】牌位（名词）

[qeenp jil baic] 天地牌

【baic[3]】排（动词）

[baic benl] 占卜日子

[baic danl] 排名

[baic deil] 排队

[baic banl] 排班

[baic oc] 搭肩 指两个人搂腰搭背并排一起走。

【baiv】拜（动词）

[baiv nyinc] 拜年

[baiv menl dih] 拜天地

[baiv bux taik] 拜祖先

[baiv jas mas] 拜父母

[baiv suv] 拜师傅

[baiv miiut] 拜庙

[baiv tut dih] 拜土地庙

[baiv buc sat] 拜菩萨

[baiv al dangc] 拜神龛

【baih[1]】败（动词）

[baih yanc] 败家

[baih eel] 败家产

[baih xangv] 败仗

【baih[2]】凋谢（动词）

[baih wap] 花凋谢

【baih[3]】褪（动词）

[baih seet] 褪色

▶ **bao**

【baol[1]】苞谷（名词）

[baol guuc gix] 嫩苞谷

[baol guuc laox] 老苞谷

[baol guuc wap] 花苞谷

[baol guuc mant] 黄苞谷

[baol guuc bagx] 白苞谷

[baol guuc eip wap] 煮开花的苞谷

【baol[2]】包（动词）

[baol oux] 包饭

[baol siic] 包粑

[baol leec] 包书皮

【baol[3]】保证（动词）

[baol weex lail] 保证做好

【baol[4]】承揽（动词）

[baol ongl] 包工

[baol ongl] 承包活路

[baol jeel] 包吃

[baol nyaoh] 包住

【baoc[1]】盐（名词）

[qat baoc] 盐味淡

[hadp baoc] 咸盐

【baoc[2]】beeuc①②③刨（动词）

[baoc ens] 刨土

[baoc put] 刨灰

[baoc sap] 刨沙子

[baoc dangc op] 刨水坑

【baos】baol①②③绕（动词）

[baos kenp] 绕路

[baos jenc baos jaemh] 绕山绕岭

【baox】宝（名词）

[baox liangc] 宝梁

[baox zaix] 宝崽

[baox beil] 珠宝、宝贝

【baov】bouv①②③告诉（动词）

[baov nyac] 告诉你

[baov xaop] 告诉你们

[baov dah lic] 告诉大家

【baov yinl】调皮捣蛋的（形容词）

▶ **ban**

【banl[1]】banl biiv①②③班辈（名词）

[banl sunk] 上一代

[banl senc] 下一代

[banl gaox] 父辈

[banl lagx] 晚辈

【banl²】班次（名词）

[qak banl] 上班

[luih banl] 下班

【banl³】扳、掰（动词）

[banl at meix] 扳树枝

[banl jenv] 扳手劲

[banl baos guuc] 掰苞谷

[banl diuc] 扳直

[banl qongk] 扳弯

[banl meix guenl] 扳竹子

[banl bens] 扳本

【banl⁴】哼、呻吟（动词）

【banl⁵】wanl①②③一段时间

[banl naih dunl xiv] 这段时间很热

【banc¹】bonc①②③盘子（名词）

[banc mal] 菜盘子

[banc dangc] 糖果盘子

【banc²】bieenl①②③边沿（名词）

[banc kenp] 路边

[banc das] 坡边

[banc qaik] 屋边

[banc nyal] 河边

[banc yeenp] 园边

【banc³】peenp①②③偏（动词）

[banc gaos banc kap] 偏头偏脑

【bans】板（名词）

[bans piink] 木板

[bans guunl] 竹板

[bans xip oux] 饭撬 盛饭的工具。

[bans qeip] 犁板 松土的工具。

[bans dol] 门板

[bans doiv] 床板

[bans sav duh] 搓衣板

[bans haip] 鞋底板

[bans piink siic] 垫糍粑的板子

【banx¹】伴（名词）

[laemt banx] 伙伴

[maix banx] 伴娘

【banx²】陪（动词）

[banx siiv] 陪祭

[banx eet] 陪客

[banx nak] 陪睡

[banx jeel] 陪吃

[banx xangv] 陪唱

【banv】半（数词）

[banv anl] 半夜

[banv anl banv yah] 深更半夜

[banv kenp] 半路

[banv kenp banv lianv] 半途

[banv jenc] 半坡

[banv menl] 半空

[banv yeeul] 半腰

[banv meix] 树半腰

【banh[1]】 壁（名词）

[banh qaik] 板壁

[banh bial] 石壁

[banh yant] 坎壁

[banh gual] 腿壁

[banh nas] 脸颊

[banh xenp] 躯侧

【banh[2]】 旁系亲属（名词）

[banh gongs] 堂公

[banh nais] 堂奶

[banh jas] 堂叔

[banh mas] 堂婶

[banh jongx] 堂兄弟

[banh jeex] 堂姐

[banh meil] 堂妹

▶ bang

【bangl[1]】 wangl①②③稻草（名词）

[bangl xinl] 稻草秆

[bangl oux jos] 糯稻芯

[bangl sos] 干稻草

[bangl xeengp] 鲜稻草

【bangl[2]】 bongl①②③④塌、倒（动词）

[bangl jenc] 塌方

[bangl yant] 塌坎

[bangl yanc] 房屋倒塌

[bangl das] 塌坡、滑坡

[bangl av sis] 塌架子

[bangl jenl yak] 塌田埂

[bangl meix laox] 倒大树 指大树倒下。

【bangl[3]】 裁、缝（动词）

[bangl duh] 缝制衣服

[bangl kuuk] 缝制裤子

[bangl went] 缝制裙子

[bangl binx] 缝围腰

[bangl lionc xeenc] 缝口水兜

[bangl xant sis] 缝长衫

【bangl[4]】 帮（动词）

[bangl ongl] 帮干活

[bangl dongl xeec] 帮煮油茶 “油茶”是侗族的一种特色食物。

[bangl dongl oux] 帮煮饭

[bangl xux mal] 帮洗菜

[bangl xuic] 帮厨

[bangl xux duix] 帮洗碗

【bangc[1]】 大木桶（名词）

[bangc naemx] 大水桶

[bangc maoc] 大粪桶

[bangc oux] 米桶

【bangc[2]】 骨、芯（名词）

[bangc haip] 鞋梆 即鞋帮，通常指雨靴的靴筒。

[bangc yaih] 撮箕主骨

【bangx】 bav bongx①②③④绒菜（名词）

[bav bangx]bav geengv bongx①②③④绒菜叶子

[meix bangx] 绒菜干

【bangv】 廊（名词）

[bangv langc] 走廊

【bangh[1]】 棒（名词）

[bangh meix] 木棒

[bangh sav] 槌衣棒、洗衣棒

[bangh tadp]bangh kudp①②③铁棒

【bangh[2]】（bongh）bongx①②③傍、依托（动词）

[bangh nyac] 傍你

[bangh jas mas] 傍父母

[bangh jaix longx] 傍兄弟

【bangh[3]】 ngax ngap④笨（形容词）

[gaos bangh]gaos xaoc①②③脑子笨、木脑壳

▶ bab

【babx】 啰唆（形容词）

[babx songp] 话多

▶ bad

【badl】（budl）鸭（名词）

[badl naemx] 水鸭

[badl laox] 老鸭

[badl gix] 嫩鸭

[seis badl] 公鸭

[weix badl] 母鸭

[jax badl] 雏鸭

【badc】 泼（动词）

[badc naemx] 泼水、浇水

[badc maoc] 泼粪、施肥

【bads[1]】 扒、拨（动词）

[bads pingc] 扒平

[bads bail] 扒去

[bads map] 扒来

[bads ngeit] 扒浮萍

[bads jail] 扒开

【bads[2]】 涩（形容词）

[bads xiv] 味很涩

[bads muv] 涩口

[bads sais] 羡慕

▶ bag

【bagx】 白（形容词）

[bagx poup poup] 白茫茫

[bagx penk penk] 白花花

[bagx lieev lieev] 白皑皑

[bagx penk] 洁白

[duh bagx] 白衣

[haip bagx] 白鞋子

[kuuk bagx] 白裤子

[bagx jeel] 白吃

[bagx weex] 白做

[bagx yongh] 白用

[bagx dal] 白眼狼

[bagx nyuit] 白眼珠

▶ bee

【**beel**[1]】geel①②③堰（名词）

[sav beel]sav weel①②③塞堰

【**beel**[2]】卖、出卖（动词）

[beel wok] 卖东西

[beel dal] 卖鱼

[beel duh] 卖衣服

[beel oux] 卖米

[beel mal] 卖菜

[beel nanx] 卖肉

[beel maoc] 卖肥料

[beel aiv] 卖鸡

[beel badl] 卖鸭子

[beel max] 卖马

[beel doc] 卖牛

[beel muk] 卖猪

[beel bieev] 卖羊

[beel jedl] 卖柴

[beel tank] 卖炭

[beel yenc] 出卖他人

[beel danl] 盗用他名

【**bees**】oul①②③弯（形容词）

[bees anc] 扁担弯

[bees yabx jabx] 扁担一颤一颤的

【**beex**[1]】丢（动词）

[beex jail] 丢开

[beex dah map] 丢过来

[beex dah bail] 丢过去

【**beex**[2]】吵、打（动词）

[sak beex] 吵架

[houx beex] 吼架

[dic beex] 打架

【**beex**[3]】不（副词）

[beex weex] 不做

[beex jeel] 不吃

[beex seik] 不说

[beex dens] 不穿

[beex xas] 不写

[beex guol] 不笑

[beex nguees] 不哭

[beex yuv] 莫要

[beex xunp] 莫出声

[beex xangv] 莫唱

[beex houx] 莫吼

【**beev**】岔（名词）

[beev kenp] 岔路、小路

[beev sais] 岔肠 指一个人的小心思。

【beeh[1]】 寮（名词）

[beeh yanc] 偏厦

[beeh saov] 偏灶

[beeh maoc] 粪寮

【beeh[2]】 背（动词）

[beeh jedl] 背柴

[beeh lagx] 背崽

[beeh naemx] 背水

▶ **beeu**

【beeul】 凸（动词）

[beeul dus] 凸腹

[beeul dus lax] 怀孕、怀胎

【beeuc】 刨（动词）

[beeuc ens] 刨土

[beeuc jinl] 刨石头

[beeuc sap] 刨沙子

[beeuc put] 刨灰

[beeuc oux] 刨饭

【beeuv[1]】 豹（名词）

[maemx beeuv] 豹子

【beeuv[2]】 瞪（动词）

[beeuv dal beeuv nyuit] 瞪眼相视

[beeuv dal] 鼓眼睛

【beeuv[3]】 炸（动词）

[beeuv baol guc] 炸苞谷

[beeuv doh longc] 炸黄豆

[beeuv dal] 炸鱼

[beeuv bial] 炸岩石

[beeuv das] 炸山坡

[beeuv jiuc] 炸桥

[beeuv kenp] 炸路

[beeuv denl saos] 打灯火 指用灯草蘸植物油点火后在穴位上直接点灼的灸法，又称灯火灸。

【beeuv[4]】 长、生（动词）

[beeuv paok muv] 嘴巴长水泡

[beeuv paok miac] 手长血泡

[beeuv paok dinl] 脚长泡

【beeuv[5]】 ngeec①②③冒（动词）

[beeuv xongs] 冒芽

【beeuh】 beeuc①②③戽（动词）

[beeuh naemx yak] 戽田水

[beeuh naemx menv] 戽井水

[beeuh dangc op] 戽小水坑

▶ **been**

【beenl[1]】 menx①②③眩（动词）

[beenl dal]dongv dal①②③炫目

【beenl[2]】 wav①②③黑（形容词）

[beenl pigt] 黑黢黢

[beenl nas] 脏脸

[beenl miac] 脏手

[beenl muv] 脏嘴

[beenl dus sais] 黑心肠

【beens】杉（名词）

[meix beens] 杉木

[beens wit] 红豆杉 俗称老鼠杉。

[beens songp] 松树

【beenh[1]】办（动词）

[beenh oux] 做饭

[beenh mal] 炒菜

【beenh[2]】置办（动词）

[beenh wok] 置办东西

【beenv】鳞片（名词）

[beenv dal] 鱼鳞

▶ beeng

【beengc】满（形容词）

[naemx beengc peengc] 水满

▶ bei

【beic】女性外阴（名词）

【beis】还（动词）

[beis ongl] 还工

[beis sins] 还钱

[beis xangv] 还债

[beis songp] 回话头 指回答别人。

[beis gaos neix] 还娘头 指舅家优先娶姑家女儿为媳。

【beix[1]】saox①②③玩（动词）

[beix ens]saox nanx①②③玩泥

[beix naemx] 玩水

【beix[2]】xil maoc①②③捉弄（动词）

[beix yenc] 捉弄人

▶ ben

【benl[1]】仁、籽（名词）

[benl liix] 麻栗籽

[benl dil] 梨仁

[benl dal] 眼珠

[benl dongl gual] 南瓜籽

[benl gueel] 黄瓜籽

[benl buc] 白瓜籽

【benl[2]】日（名词）

[benl gonv] 前天

[benl nyongl] 昨天

[benl naih] 今天

[benl moh] 明天

[benl nas] 后天

[benl benl anl anl] 日日夜夜

[benl jangl ninc yait] 年长月久

[benl xip] 时辰

[benl noup] 哪天

[benl qangp] 晴天

[benl yenl] 阴天

[benl miinl] 雨天

【benc¹】盆（名词）

[benc nas] 脸盆

[benc dinl] 脚盆

[benc eex] 屎盆

[benc wap] 花盆

[benc xux xinp] 洗澡盆

[benc tank] 炭盆

[benc tadp] 铁盆

[benc meix] 木盆

[benc duix] 洗碗盆

[benc muk] 潲盆

[benc dongc] 铜盆

【benc²】moc dinl①② moc miax③磨（动词）

[benc keik] 磨工具

[benc ngaol] 牛磨角

[benc midx] 磨刀

[benc guanl] 磨斧子

[benc miax] 磨柴刀

[benc gingc] 磨镰刀

[benc sins daol] 磨剪刀

【bens¹】siil①②③④挤（动词）

[bens nax] 挤脓

[bens meel] 挤奶

[bens yac gaos] 挤牙膏

【bens²】很（副词）

[bens lail] 很好

[bens weik] 很快

[bens meent] 很慢

[bens sap] 很差

[bens kat] 很丑

[bens ail nas] 很害羞

[bens lail yat] 很好看

【benx】tent①②③④飞（动词）

[benx qak menl] 飞上天

[benx pangp] 飞得高

[benx taemk] 飞得低

[benx lis jail] 飞得远

[benx weik] 飞得快

[benx meent] 飞得慢

【benv¹】wenv①②③汗（名词）

[map benv] 出汗

[benv liagp] 冷汗

[benv nangl] 鼻汗

[benv pap benv put] 汗水淋漓

【benv²】wenk②③ diuh④ 扔（动词）

[benv jail] 扔掉

[benv lagx gas] 扔秧苗

【benv³】penk②③ giuh④弃（动词）

[benv lagx] 弃婴

[benv saemp beev sais] 抛心离意

【benv[4]】甩（动词）

[benv dinl benv miac] 甩脚甩手

【benh[1]】本子、书（名词）

[benh leec] 书本

[benh leec wap] 图画书

[benh bic jil] 笔记本

[benh leec meik] 新书

[benh leec aov] 旧书

[benh buh] 账本

[benh bux] 书谱

【benh[2]】股份（名词）

[benh leic] 大股份

[benh niv] 小股份

[xeemv benh] 占股

[jongc benh] 股份多

▶ bi

【bil】碑（名词）

[bil meix] 木碑

[bil jinl] 石碑

[bil mot] 墓碑

[yunl bil] 立碑

[nganl bil] 安碑

[sanh bil] 刻碑

【bic】肥（形容词）

[bic maemp maemp] 胖墩墩

[bic mabl mabl] 胖嘟嘟

[muk bic] 肥猪

[nanx bic] 肥肉

【bix】鲫鱼（名词）

[doc bix] 鲫鱼

【biv[1]】nyal①②③贴（动词）

[biv xis] 贴纸

[biv wap] 贴花

【biv[2]】蒙（动词）

[biv dal]xal dal①②③蒙眼睛

[biv nas] 蒙脸

[biv muv] 蒙嘴

[biv kap] 蒙耳朵

[biv nangl] 蒙鼻子

【biv[3]】睡（动词）

[biv nak] 睡觉

[biv nop nov] 哄小孩睡觉

【bih[1]】甜酒（名词）

【bih[2]】稀烂（形容词）

[kenp bih] 烂泥路

[lanh bih bih] 烂稀稀

【bih[3]】碎（形容词）

[lanh bih] 稀烂成渣滓

▶ bin

【**bins**[1]】(beens) 酒曲（名词）

[bins panp] 甜酒曲

[bins xeeup] 烧酒曲

【**bins**[2]】wins ①②③光线（名词）

[bins qangp] 正对阳光

【**bins**[3]】濒临（动词）

[bins bial xeens] 濒临悬崖

[bins bieenl naemx] 濒临水边

[bins gaos yant] 濒临堡坎

【**binx**】(beenx) 布条（名词）

[binx eex] 屎尿布

[niux binx] 黑白花带

[binx went] 围裙

【**binv**[1]】gaemv ①②③盖子（名词）

【**binv**[2]】geiv gigs niv ②③锅盖（名词）

[binv daol]geiv gigs leic ②③大锅盖

[binv duc]geiv gangv ②③鼎罐盖

[binv toup] 药罐盖

【**binv**[3]】片、甲（名词）

[binv angl] 撮火片

[binv longh] 穿山甲片

【**binv**[4]】出水口（名词）

[binv yak]binv yav ②③ peep yak ④稻田出水口

▶ bing

【**bingc**[1]】坪（名词）

[bingc nyangt] 草坪

[bingc guunl] 竹坪

[bingc xav oux] 晒谷坪

【**bingc**[2]】平（形容词）

[bingc teip]bingc tanp ②③平坦

[bingc bingc teip teip] 平平整整

【**bingc**[3]】平衡（形容词）

[aox dus bingc] 心理平衡

▶ bid

【**bidl**】nyius ②③ nyeeus ②③小（形容词）

[yav bidl] 那么小

【**bids**】kedt ② qedt ②③跑、逃（动词）

[bids weik] 跑得快

[bids meent] 跑得慢

[bids map bids bail] 跑来跑去

[bids bids qeeuk qeeuk] 蹦蹦跳跳

[bids kenp] 跑路

[bids weent] 逃难

[bids mingh] 逃命

▶ bo

【**bol**】鼓起（动词）

【**boc**[1]】婆（名词）

[neix boc] 婆、外婆

【boc[2]】钵（名词）

[xeens boc] 蒸钵

[bos yangp luc] 香炉钵

[bos wap] 花钵

[bos wil] 火钵

【boc[3]】捧、托举（动词）

【bos】大碗（名词）

[bos laox] 大瓷碗

【bov[1]】敷（动词）

[bov jenl yak] 敷田埂

[bov sac] 敷药

[bov ens] 敷泥

【bov[2]】肿（形容词）

[bov nas] 肿脸

[bov miac] 肿手

[bov dinl] 肿脚

[bov dus] 腹肿

【boh】洞眼、窟窿（名词）

[boh qaik] 板壁洞眼

[boh duh] 衣服洞眼

[boh jenl yak] 田埂窟窿

[boh mieengl] 沟渠窟窿

▶ boi

【boiv】boiv doul①②③ 背篓（名词）

[boiv siiv] 细背篓

[boiv sup] 粗背篓

【boih[1]】背笼（名词）

[boih leic] 大背笼

[boih niv] 小背笼

【boih[2]】背（名词）

[boih jih] 背地

[boih qangp] 背阴

【boih[3]】烘焙（动词）

[boih oux ogt] 烘焙谷子

[boih liant] 烘焙辣椒

[boih yangh] 烘干被子

[boih duh] 烘干衣服

【boih[4]】背（动词）

[boih leec] 背书

[boih al] 背歌

[boih xip] 背诗

[boih songp bagx]boih bas leix①②③背白话

“白话”指一种押韵的文体。

【boih[5]】互换（动词）

[boih ongl] 交换干活

▶ bou

【boul[1]】墩（名词）

[boul meix]boul denl②③木墩

[boul bangl] 稻草墩

[boul nyangt]boul wangl②③草墩

[boul jinl] 石墩

【boul²】 包（名词）

[xangv boul] 长包

【boul³】 山包（名词）

[boul das] 小山坡

[boul ens] 土包

[boul qeip] 犁胚 犁出的泥土丘。

【bouc¹】 geenv xik①②③④溺爱（动词）

[bouc lagx] 溺爱小孩

【bouc²】 短、粗（形容词）

[nangl miac bouc] 手指短

【bous】 夸（动词）

[bous moh lieec] 夸她漂亮

[bous moh lail] 夸她好

【bouv】 告诉（动词）

[bouv nyac] 告诉你

[bouv moh] 告诉他

▶ bon

【bonl】 搬移（动词）

[bonl yanc] 搬房子

[bonl eel] 搬家

[bonl wok] 搬东西

[bonl daic] 搬桌子

[bonl dangv] 搬板凳

[bonl oux] 搬饭

【bonc¹】 抚育、赡养（动词）

[bonc lax] 抚育儿女

[bonc yenc laox] 赡养父母

【bonc²】 xais①②③④盘问（动词）

[bonc genv] 盘根

[bonc genv bonc dens] 盘根问底

【bonv】 半（形容词）

[bonv deenl] 半成人 指少年。

【bonh】 照料、料理（动词）

[bonh eet] 照料客人

[bonh wap] 料理花卉

[bonh yangc xenp] 管理庄稼

[bonh yangx xeengp] 喂养家畜

▶ bong

【bongc¹】 棚（名词）

[bongc doc] 牛棚

[bongc badl] 鸭棚

[bongc max] 马棚

[bongc bieev] 羊棚

[bongc meix] 木棚

[bongc nyangt] 草棚

【bongc²】 炸（动词）

[bongc maot] 炸炒米

[bongc siic] 炸粑

[bongc nanx] 炸肥肉

[bongc doh wuk] 炸豆腐

【**bongc³**】浮（动词）

[bongc wul naemx] 浮出水面

[bongc wul yuc] 浮出油面

[bongc qak map] 浮上来

【**bongc⁴**】孵化（动词）

[bongc lagx aiv] 孵化小鸡

[bongc lagx badl] 孵化小鸭

[bongc lagx ngant] 孵化小鹅

[bongc lagx bogc] 孵化鸽子

[bongc lagx siic] 孵小蛇

[bongc lagx oul lial] 孵小团鱼

[bongc lagx guaov] 孵小乌龟

【**bongx¹**】反胃（动词）

[bongx saemp] 恶心反胃

【**bongx²**】pongp②③溢（动词）

[bongx oux] 米汤溢出

[bongx naemx] 开水溢出

▶ **bu**

【**bul**】个（代词）

[bul naih] 这个

[bul gav] 那个

【**buc**】北瓜（名词）

[buc laox] 老北瓜

[buc gix] 嫩北瓜

【**buc sat**】菩萨（名词）

【**bus**】补（动词）

[bus sins liingc] 补零钱

[bus ongl] 补工

【**bux¹**】祖辈（名词）

[bux taik] 曾祖辈

[bux taik menl] 曾祖辈以上

[bux lagx] 父子

[bux dal] 岳父

[bux tut dih] 土地公

【**bux²**】泡沫（名词）

[bux weic saol] 肥皂泡

[bux oux] 米汤沫

[bux muv] 口水沫

【**buv¹**】补（动词）

[buv waik jal] 补块布

[buv daol] 补铁锅

[buv duc] 补鼎罐

【**buv²**】hangk①②③堵塞（动词）

[buv ongt not] 塞鼠洞

【**buh¹**】pup②③簿（名词）

[benh buh] 簿子

【**buh²**】捕（动词）

[buh liagc nuv] 偷窥

[buh liagc] 偷袭

▶ bia

【bial[1]】dinl①② linl③石块（名词）

[bial naeml] 黑石

[bial siup] 青石

[bial deil] 石灰石

【bial[2]】tap②③ sov④打（动词）

[bial wal xangs] 打一巴掌

[bial xonl] 打砖 指烧制砖瓦。

【bial[3]】糊（动词）

[bial xis] 糊墙纸

[bial ens] 糊泥巴

[bial jenl yak] 糊田埂

【biac[1]】bac②③爬（动词）

[biac meix] 爬树

[biac dih] 爬地 指小孩在地上爬。

[biac louc qip] 爬楼梯

[biac das] 爬山、爬坡

[biac bial] 爬悬崖

[biac jenc biac jimh] 翻山越岭

【biac[2]】求助、求援（动词）

[biac yenc] 求助于人

【bias】tiat②③雷（名词）

[bias dic] 雷击

[kongt bias] 响雷

【biax[1]】披散（动词）

[biax gaos biax nyat] 披头散发

【biax[2]】gaeml②③覆盖（动词）

[gaemv bail liax jenc] 覆盖一个坡

【biah】（biax）额头（名词）

[dav biah] 脑门

[gaos biah] 额头

▶ biao

【biaol】bonh②③混合、拌（动词）

[biaol oux liak] 掺和剩饭

[biaol mal] 掺和菜

[biaol sap] 掺沙子

[biaol weex yenp] 混在一起

[biaol xongs] 拌种

[biaol sap] 拌沙

[biaol ens] 拌泥

[biaol bunl nanx saos] 拌粉蒸肉面

【biaoc】wanx②③团（名词）

[biaoc naih] 这团

[biaoc gav] 那团

【biaoc nyaoc】杂乱（形容词）

[biaoc nyaoc] 东西放得杂乱

▶ biam

【biamh[1]】wav②③脏（形容词）

[biamh xiv] 很脏

[yenc biamh] 脏的人

[wok biamh] 东西脏

【**biamh**[2]】差（形容词）

[yenc biamh] 能力差的人

▶ biaem

【**biaeml**[1]】yenl②③毛发（名词）

[biaeml gaos] 头发

[biaeml biih][bongc deeuc] 刘海

[biaeml nangl] 鼻毛

[biaeml dees kinp] 腋毛

[biaeml keik] 男性阴毛

[biaeml gual] 腿毛

[biaeml doc] 牛毛

[biaeml muk] 猪毛

[biaeml max] 马毛

[biaeml bieev] 羊毛

[biaeml aiv] 鸡毛

[biaeml badl] 鸭毛

[biaeml ngant] 鹅毛

[biaeml meeux] 猫毛

[biaeml kuap] 狗毛

[biaeml not] 老鼠毛

[biaeml nyenp] 黄鼠狼毛

[biaeml tuk] 兔子毛

[biaeml leil] 猴子毛

[biaeml maemx] 老虎毛

[biaeml bagx] 白毛

[biaeml gaos bagx] 白头发

[biaeml naeml] 黑毛

[biaeml gaos naeml] 黑头发

[biaeml mant] 黄毛

[biaeml kangp] 酱色毛

[biaeml gaos kangp] 黑不黑黄不黄的头发

[biaeml xuc] 泛绸光的羽毛

【**biaeml**[2]】孵（动词）

[biaeml geiv aiv] 孵小鸡

[biaeml geiv badl] 孵小鸭

▶ biee

【**bieel**[1]】hongt tank②③瘫（动词）

[bieel dos oc doiv] 瘫在床上

【**bieel**[2]】瘸（动词）

[bieel sis] 跛子

[bieel gual] 瘸腿

【**biees**[1]】索要（动词）

[biees sinc] 索要钱

【**biees**[2]】瘪（形容词）

[biees liamt] 很瘪

[qabt biees] 压瘪

【**biees**[3]】扁（形容词）

[biees gaos] 扁头

【**bieev**[1]】biiv①②③ liees④羊（名词）

[bieev bagx] 白羊

[bieev naeml] 黑羊

【bieev²】檐（名词）

[bieev yanc] 屋檐

[bieev jeens] 翘角

[bieev meeut] 帽檐

【bieeh】饿、馋（动词）

[bieeh oux]lianh sais②③饿饭

[bieeh deil] 饿死

[bieeh nanx] 馋肉

[bieeh taot] 馋酒

[bieeh taot panp] 馋甜酒

▶ bieeu

【bieeul】膘（名词）

[dangl bieeul] 长膘

[nal bieeul] 厚膘 指肥肉多。

[qat bieeul] 欠膘 指肥肉少。

▶ bieen

【bieenl¹】边沿（名词）

[bieenl nyal] 河边

[bieenl jenc] 坡边

[bieenl naemx] 水边

[bieenl kuiit] 溪边

[bieenl haix] 海边

[bieenl kenp] 路边

[bieenl yant] 坎边

[bieenl yeenp] 园边

[bieenl yanc] 屋边

[bieenl jenl yak] 田坎边

【bieenl²】xov②③ sov④编织、编（动词）

[bieenl yaih] 编撮箕

[bieenl mongl] 编竹篮

[bieenl xaip] 编筛子

[bieenl piuup] 编笆篓

[bieenl wudt] 编小撮箕

[bieenl boih] 编焙笼

[bieenl meeut meex] 编草帽

[bieenl daeml songl] 编斗笠

[bieenl daeml minx] 编大斗篷

【bieenl³】编（动词）

[bieenl guus] 编故事

[bieenl pait] 编排

[bieenl al] 编歌

[bieenl leec] 编书

【bieenl⁴】eep②③做（动词）

[bieenl anl]sanx yunl②③做梦

【bieenv¹】变化（动词）

[bieenv menl] 变天

[bianv saemp sais] 变心肠

[bieenv weik] 变快

[bieenv meent] 变慢

[bieenv yak] 变红

[bieenv bagx] 变白

[bieenv mant] 变黄

[bieenv naeml] 变黑

[bieenv juis] 变鬼

[bieenv yangx xeengp] 变畜牲

[bieenv guaiv] 变怪

[bieenv liak] 变冷

[bieenv piaot] 变暖

[bieenv nas] 变脸

[bieenv lail] 变好

[bieenv heek] 变坏

[bieenv guav] 变卦

[bieenv liangc senp] 变良心

【bieenv²】折磨（动词）

[bieenv yenc laox] 折磨大人

▶ bieeng

【bieengh】neengx②③绺子（名词）

[xangc bieengh] 吊绺子

▶ bied

【biedl¹】dinv②③笔（名词）

[biedl magt] 笔墨

[biedl xangh] 竹笔

[biedl sup] 粗笔

[biedl siiv] 细笔

【biedl²】鞭打（动词）

[biedl doc] 鞭打牛

[biedl doc max] 鞭打马

[biedl doc bieev] 鞭打羊

[biedl wongt]（biedl nyongx wangc）打陀螺

【biedl³】射（动词）

[biedl nyiuv] 撒尿

[biedl naemx] 射水

▶ bii

【biic】ral③皮（名词）

[gal biic] 杉树皮

[biic liuc] 表面

[biic loux] 皮篓

【biiv¹】滗（动词）

[biiv tangp] 滗汤

[biiv naemx] 滗水

[biiv naemx xeec] 滗茶水

【biiv²】闭（动词）

[biiv hank] 闭汗

【biih¹】篦（名词）

[liangc biih] 篦子

[biih doc] 牛篦子

【biih²】篦（动词）

[biih daol] 篦头虱

[biih nenl doc] 篦牛虱

▶ biiu

【biiul】 diiul②③跳（动词）

[biiul yant] 跳坎

[biiul louc] 跳楼

[biiul piangp] 蹦跳

[biiul biiul piangp piangp] 蹦蹦跳跳

[biiul lis jail] 跳得远

[biiul lis pangp] 跳得高

【biius[1]】 标记（名词）

[dos biius] 做标记

【biius[2]】 梭镖（名词）

【biiuv】 串（量词）

▶ biin

【biinl[1]】 yinl①②③牙齿（名词）

[biinl dol] 门牙

[biinl nguacc] 乳牙

[biinl qap] 尖牙

[biinl ngeec] 脞牙 指磨牙。

[biinl nic] 虫牙

[dangl biinl] 长出牙齿

[neip biinl] 牙齿松动

[ngaoc biinl] 摇牙齿 指用手指摇动快掉的牙齿。

[jaic biinl] 拔牙齿

[tonk biinl] 换牙齿

【biinl[2]】 兵（名词）

[biinl div] 军队

[dangl biinl] 当兵

【biinc】 瓶（名词）

[biinc taot]bimc kaos②③酒瓶

[biinc sac] 药瓶

[biinc naemx] 水瓶

▶ biing

【biingv[1]】 柄、把（名词）

[biingv guanl] 斧柄

[biingv midx] 刀柄

[biingv xongv] 枪柄

[biingv gouc] 锄头柄

[biingv xouc] 水瓢把

[biingv wangc xic] 锤子把

[biingv miax] 柴刀把

[biingv gingc] 镰刀把

【biingv[2]】 把柄（名词）

[nyaeml biingv] 捉把柄

[douv biingv] 留把柄

【biingh】 病（名词）

[biingh qenp] 重病

[biingh deil] 病亡 指病故。

[biingh qat] 小毛病

▶ biou

【biouc】聚（动词）

[nyongx biouc oux] 蚊虫聚在饭上

[nyongx biouc eex] 苍蝇聚集在屎上

[biouc weex yenp] 聚在一起

▶ biong

【biongl】bongl longl①②③④猕猴桃（名词）

【biongh】buc wongx②冰雹（名词）

[dogl biongh] 下冰雹

D

d

▶ da

【dal[1]】 外公（名词）

[bux dal] 外公

【dal[2]】 孔洞（名词）

[dal qaik] 板壁孔

[dal xongv] 枪眼

[dal div] 洞眼

[dal douh] 小洞眼

[dal saol] 柱眼

【dal[3]】（al）bial②③鱼（名词）

[dal yak]bial hav②③ at hav④田鱼

[dal saot] 草鱼

[dal mieix] 鲤鱼

[dal bal bial] 巴岩鱼

[dal nyal] 河鱼

[dal bigx] 鲫鱼

[dal xeenv] 鳝鱼

[dal xeenv juis] 千年鱼

[dal ol] 鲶鱼

[dal joiv] 鳜鱼

[dal gams] 袍鱼

[dal ox] 鲇鱼

[dal miiul] 苗鱼 指花虎鱼。

[dal yangl] 鱼苗

[dal nyedt]at sonk④泥鳅

[dal lial] 团鱼

[dal guaov] 乌龟

[dal xangx] 干鱼

[dal siic] 七星鱼

[dal gas] 蛇花鱼

【dal[4]】 眼（名词）

[benl dal] 眼睛

[paop dal] 眼皮

[kok dal] 眼角

[dal bagx] 白眼

[dal buc sas] 瞳孔

[migc dal] 眉毛

[nyabl dal] 眼睫毛

[taok dal] 眼眶

[op dal] 眼窝

[dal naeml] 黑眼珠

[dal dol] 乾坤印 指木房子大门上的一种标记。

【dac[1]】 砣（名词）

[dac ens] 泥砣

[dac jinl] 石砣

[dac diuv] 秤砣

【dac[2]】 扔、投掷（动词）

[dac jinl] 扔石头

[dac jail] 扔开

【dac[3]】 搭（动词）

[dac gaiv] 搭界 指沾边。

[dac xap] 搭车

[dac wot] 搭伙

【dac[4]】 个（代词）

[dac gav] 那个

[dac naih] 这个

【das[1]】 山（名词）

[das meix] 山林

[das guunl] 竹山

[das nyangt] 草山

[das laox] 老山林、深山

【das[2]】 打整（动词）

[das xins] 打理

【das[3]】（as） gas①guas②③硬（形容词）

[das lags] 骨头硬

[das xiv] 硬得很

[das gaos] 硬脑壳

[das angc] 说话不利索

[as muv] 嘴硬

[as dus] 嫉妒

[as gaeml] 讲汉话时侗音重

[das lags] 身板硬朗

【das[4]】 gous②③长得慢（形容词）

[das gaos] 人长得慢

[das gaos] 植物长得慢

【dax xux】 木杈（名词）

[dax xux]dax xuix②angl xeep④辅助歇肩的木杈

【dav】 中间（名词）

[dav kenp] 路中间

[dav yak] 田中间

[dav xaih] 寨中间

[dav nyal] 河中间

[dav das] 山中间

[dav jiuc] 桥中间

【dah[1]】 过（动词）

[dah kenp] 过路

[dah jiuc] 过桥

[dah nyal] 过河

[dah kuit] 过小溪

[dah nyinc] 过年

[dah jic][dah siih] 过节

[dah banv] 过元宵节和中元节

[dah bail] 过去

[dah dongl] 过冬

[dah qik] 过气、消气

[dah benl] 过日子

[dah yenc laox] 老人过世

[dah wil] 燃烬、辟邪仪式、祭祀仪式

[dah yuc] 过油锅

[dah baic] 传艺 指传手艺。

[dah suv] 传师 指徒弟跟着师傅学习手艺。

[dah xip] 过时

[dah liix] 结婚过彩礼

[dah diuv] 过秤

[dah xenp] 过后

[dah wangc] 过房、过继

【dah²】(ah)滚(动词)

[dah dih] 地上滚

[dah xenp] 牛炼澡 指水牛在淤泥中打滚。

【dah³】钉(动词)

[dah tak meix] 钉木桩

[dah jingl] 钉钉子

【dah⁴】扮(动词)

[dah weenk] 打扮

[dah weenk eenl wangc] 打整房间

[dah weenk yanc] 装饰房子

【dah⁵】外出(动词)

[dah wanh] 出外面

[dah dol] 出大门

【dah⁶】砸(动词)指给工具装把手。

[dah biingv bidx] 砸刀把

[dah biingv gingc] 砸镰刀把

[dah biingv miax] 砸柴刀把

[dah biingv gouc] 砸锄头把

[dah biingv guanl] 砸斧头把

▶ dai

【daic¹】桌子(名词)

[daic dangv] 桌凳

[daic jeel oux] 饭桌

[daic donc] 圆桌

[daic siiv wangp] 四方桌

[daic laox] 大桌子

[daic niv] 小桌子

[daic yait] 长桌子、条桌

【daic²】luih xongs②③播(动词)

[daic xongs mal] 播菜种

[daic xongs oux] 播谷种

[daic xongs liant] 播辣椒种

[daic xongs jac] 播茄子种

[daic xongs gueel] 播黄瓜种

[daic xongs baol guuc] 播玉米种

[daic xongs doh] 播豆种

[daic xongs dongl gual] 播南瓜种

[daic xongs hongc xaoc] 播苕种

【daiv^{1}】 sangs raiv②③锥栗（名词）

[meix daiv] 锥栗树

[nenl daiv] 锥栗果

【daiv^{2}】 带、捎（动词）

[daiv wok] 带东西

[daiv wok] 托人捎东西

【daiv^{3}】 像（动词）

[daiv maoh yangh] 像他一样

[daiv moh yangh weex] 像他这样做

【daih^{1}】 代（名词）

[daih naih] 这一代

[daih lenc] 下一代

[daih sunk] 上一代

【daih^{2}】 很（副词）

[daih lail] 很好

[daih jongc] 很多

[daih leic] 很大

[daih yait] 很长

[daih pangp] 很高

【daih^{3}】 群（量词）

[daih doux] 一大群

▶ dao

【daol^{1}】 锅（名词）

[daol laox] 大锅

[daol niv] 小锅

【daol douc】 刀头（名词）

【daol^{2}】 头虱（名词）

[dangl daol] 生头虱

【daoc^{1}】 saox②③玩（动词）

[daoc naemx] 小孩玩水

[daoc ens] 小孩玩泥

[daoc wil] 玩火

[daoc gol]xods gol②③搞笑

[daoc daoc gol gol] 说说笑笑

【daoc^{2}】 闹（动词）

[daoc xeec doh] 闹豆茶 侗族婚俗。

[daoc jonh] 牲畜发情

【daoc^{3}】 喂（动词）

[daoc muk] 喂猪

【daoc^{4}】 滤（动词）

[daoc miangc] 滤蕨粑

【daoc^{5}】 锉（动词）

[daoc bingl jov] 锉锯齿

【daos^{1}】 全部（名词）

[daos eel daos yanc] 整家整户

【daos^{2}】 deix①②③趸（动词）

[daos wok] 趸货

【daov^{1}】 倒（动词）

[daov jiv]dieens daov②③颠倒

[daov xap] 倒车

[aov gaos] 头朝下脚朝上

【**daov**^{2}】铸（动词）

[daov kigt] 铸锅

[daov bans qeip] 铸犁铧

【**daov**^{3}】次（量词）

[daov naih] 这次

[daov gav] 那次

[daov sunk] 上次

【**daoh xangc**】道场（名词）

【**daoh**^{1}】gaoh②③biaoh②煮沸（动词）

[daoh naemx] 煮开水

[daoh tangp] 煮汤

【**daoh**^{2}】weil①②③煨（动词）

[daoh sac] 煨药

▶ dam

【**damc**】danc①②③燎（动词）

[damc nanx] 在火苗上烧肉

[damc miac] 在火苗上烤手

【**dams**^{1}】胆囊（名词）

[dams aemc] 苦胆

[naemx dams] 胆汁

[dams muk] 猪胆

[dams doc] 牛胆

[dams dal] 鱼胆

[dams siic] 蛇胆

[dams not] 鼠胆

[dams maemx] 虎胆

【**dams**^{2}】胆量（名词）

[lail dams] 好胆量

[dams niiv] 胆小如鼠

[dams maemx] 胆大如虎

▶ dan

【**danl**^{1}】(anl）名字（名词）

[danl mangc] 叫什么名字

[jol danl]jol ganl②名声

【**danl**^{2}】wov①②③bov④浮肿（动词）

[danl nas] 肿脸

[danl dinl] 肿脚

【**danl**^{3}】单、独（形容词）

[danl xenp] 单身

[danl sis] 单子

【**danc**^{1}】颤抖（动词）

[danc teet teet]hanl seep seep②③颤巍巍

[danc jol] 声音颤抖

[danc miac] 手颤抖

[danc nop] 打寒颤

【**danc**^{2}】旋转（动词）

[danc jiv liix] 转栎果

[danc nenl yuc] 转茶油籽

【**danc**^{3}】弹（动词）

[danc magt] 弹墨线

[danc yangh minc] 弹棉被

【danv】传扬（动词）

[danv senl danv xaih] 传遍村村寨寨

▶ dang

【dangl[1]】裆（名词）

[dangl kuuk] 裤裆

【dangl[2]】槽（名词）

[dangl siic] 耙槽 打糍粑的凹槽。

[dangl muk] 猪槽

[dangl naemx] 天然的水凼

【dangl[3]】（sangl）angl①guangl②③hangl④亮（动词）

[dangl menl] 天亮

[dangl lail] 亮得好

[dangl denl] 灯亮

【dangl[4]】dongl①生、当（动词）

[dangl meix] 种子发芽

[dangl lagx] 生小孩

[dangl biingh] 生病

[dangl eel] 当家

[dangl biinl] 当兵、长牙齿

[dangl mongt] 当官

【dangl[5]】香（形容词）

[dangl penk penk] 香喷喷

[dangl yuc] 香油味

【dangc[1]】水塘（名词）

[dangc naemx yaeml] 深水塘

[dangc naemx ninv] 浅水塘

[dangc dal] 鱼塘

[dangc doc] 牛澡塘

[dangc doc] 斗牛塘 开展斗牛活动的场所。

【dangc[2]】堂（名词）

[dangc al] 歌堂

【dangc[3]】糖（名词）

[dangc eeup] 饴糖

[dangc baol xis] 水果糖

[dangc punp bagx] 白砂糖

[dangc punp yak] 红砂糖

[dangc mianl] 月饼

[dangc megx] 麦芽糖

[dangc wat sens] 花生糖

[wongp dangc] 蜂蜜

【dangs[1]】angh①gongx②③挡、拦（动词）

[dangs kenp] 挡路

[dangs yenc] 拦人

【dangs[2]】as xeengp①②③④夹生（形容词）

[hongc xaoc dangs] 夹生红薯

【dangx[1]】（dongx）断（动词）

[dangx seenv] 断线

[dangx sangp]（dangx genv）断根

[dangx soh] 断气

[dangx sais] 断肠

[dangx jaol] 断绳子

[dangx enl tadt] 断血管

[dangx enl] 断筋

【**dangx**[2]】lanh①②③④破旧（形容词）

[dangx duh] 破衣服

[dangx meeut] 破帽子

[dangx kuuk] 破裤子

[dangx haip] 破鞋子

[dangx yangh] 破被子

【**dangv**[1]】(dongv）板凳（名词）

[dangv meix] 木板凳

[dangv yix] 小椅子

[dangv dons] 小板凳

[dangv pangp] 高板凳

[dangv taemk] 矮板凳

[dangv yait] 长板凳

[dangv tent] 短板凳

【**dangv**[2]】jongx②③配对（动词）

[dangv yeek] 一男一女搭配

【**dangv**[3]】sas②③搭（动词）

[dangv bongc] 搭棚

[dangv av] 搭架子

[dangv qeip] 搭犁

[dangv bac] 搭耙

[dangv dabs] 试担子

[dangv av xangp] 搭木轨

【**dangv**[4]】典当（动词）

[dangv wok] 典当什物

【**dangv**[5]】设法（动词）

[dangv jiv] 想方设法

【**dangv**[6]】逐渐（副词）

[dangv dangv map] 逐渐来

[dangv dangv toik] 逐渐退

[dangv dangv pangp] 逐渐高

[dangv dangv laox] 逐渐老

[dangv dangv mah] 逐渐长

【**dangh**[1]】藤蔓（名词）

[dangh doh] 豆蔓

[dangh gueel] 黄瓜蔓

[dangh max leenp] 丝瓜藤

[dangh hongc xaoc] 红薯蔓

[dangh ngaol doc] 华钩藤

[dangh mangx jinl] 海金沙

[dangh miac leil] 猴子藤

[dangh dongl gual] 南瓜藤

[dangh jaol yiux] 红藤

[dangh ids] 葡萄藤

[dangh jaol taik] 葛藤

【**dangh**[2]】(dongh）般配（形容词）

[henx dangh] 很般配

▶ dab

【dabl[1]】babl labl①②③肌胃、胗子（名词）

禽类特有的消化器官之一，作用类似牙齿，用以磨碎食物。

[dabl aiv] 鸡的肌胃

[dabl badl] 鸭的肌胃

【dabl[2]】啰唆（动词）

[dabl dabl daov daov] 絮絮叨叨

[dabl bah dabl daov] 啰里啰唆

【dabs】dads②③挑（动词）

[dabs naemx] 挑水

[dabs jedl] 挑柴

[dabs liangc] 挑公粮

[dabs maoc] 挑粪

[dabs oux] 挑谷子

[dabs tank] 挑炭

[dabs nyangt] 挑草

[dabs bangl] 挑稻草

[dabs wongk maoc] 挑粪桶

[dabs dabs sis] 挑担子

【dabx】tiit②③踢（动词）

[dabx yenc] 踢人

[dabx jail] 踢开

[dabx yangh] 踢被子

▶ dad

【dadl[1]】屁（名词）

[songv dadl] 放屁

【dadl[2]】截断（动词）

[dadl woux jedl] 截一段柴

[dadl woux jaol] 截一段绳

【dadl[3]】隔（动词）

[dadl eenl] 隔房间

[dadl yeenp mal] 隔菜园

[dadl yak sos] 隔干田 “干田”指旱田。

[dadl yak naemx] 隔水田

【dadl[4]】斩（动词）

[dadl aiv] 斩鸡

[dadl gaos] 斩头

【dadl[5]】砍（动词）

[dadl jedl] 砍柴

[dadl dangh jaol] 砍藤条

[dadl dongc meix] 砍木桩子

【dadl[6]】径直（副词）

[dadl diuc qaemt] 径直走

[dadl dah nyal] 直蹚过河

[dadl kenp diuc] 走直路

【dads】用木条、竹条制成的器具（名词）

[dads guunl] 竹制网状物

[dads meix] 木制网状物

[dads tadp] 铁制网状物

[dads dal] 鱼帘 多根小竹条编织而成的竹帘。

▶ dag

【dagl¹】胸膛（名词）

[dagl lagl] 胸膛

[dagl aiv] 鸡胸脯

[dagl badl] 鸭胸脯

[dagl biah] 额头、脑门

【dagl²】dongx②③④断（动词）

[dagl jiuc] 断桥

[dagl miac] 断手

[dagl gual] 断脚

[dagl lags] 断骨头

[dagl yeeul] 断腰杆

[dagl lags yedl] 断肋骨

[dagl agt meix] 断树枝

[dagl anh] 断杆

[dagl anc] 断扁担

【dagl³】中断（动词）

[dagl al] 无歌可答

[dagl leec] 学识穷尽

[dagl suv] 无计可施

[dagl songp] 无言以对

【dagc】雄性畜类（名词）

[dagc wic] 水牯牛

[dagc liout] 黄牯牛

[dagc muk] 公猪

[dagc bieev]（dagc liees）公羊

[dagc kuap] 公狗

【dags¹】钉（动词）

[dags tak meix] 钉木桩

[dags sigs] 钉楔子

【dags²】顶（动词）

[dags songp] 语言顶撞

【dags³】下垂（动词）

[dags gaos] 垂头

[dags gaos dags kap] 垂头丧气

▶ daem

【daeml¹】潭（名词）

[dangc daeml] 水潭

【daeml²】斗笠（名词）

[daeml midx] 大斗笠

[daeml bongc] 棕斗笠

[daeml meex] 草帽

【daeml³】bongl①②③撞（动词）

[daeml lags] 猛撞一下

【daemc】angl①②③④坛（名词）

[daemc leic]poik leic②③大坛子

[daemc niv] 小坛子

[daemc taot] 酒坛子

[daemc yuc] 油坛子

【**daems**[1]】关（动词）

[daems yenc] 关人

[daems muk] 关猪

[daems doc] 关牛

[daems max] 关马

[daems aiv] 关鸡

[daems badl] 关鸭

[daems ngant] 关鹅

[daems tuk] 关兔子

[daems dol] 关门

[daems naemx] 关水

[daems denl] 关灯

【**daems**[2]】织（动词）

[daems jal] 织布

【**daemx**[1]】monv①②③漫（动词）

[daemx dinl] 水漫过脚面

[daemx gaos] 水漫过头

[daemx naemx] 漫水

【**daemx**[2]】靠近（动词）

[daemx xenp] 靠近身边

【**daemx**[3]】jaemc①②③④躲（动词）

[daemx gaos daemx kap] 蒙头掩耳

【**daemv**】saemx①②③④乌黑（形容词）

[daemv menl] 黑沉沉的天空

[daemv guas] 乌云

[daemv nas]songv nas①②③④黑着脸

【**daemh**[1]】莓（名词）

[daemh doc] 牛莓

[daemh dih jas] 三月莓、插秧莓

[daemh al] 火炭莓、老鸹苞

[daemh deengh] 小米莓、长序莓

[daemh saems] 高粱莓

[daemh siic] 蛇莓

[daemh doh] 空心莓

【**daemh**[2]】停息（动词）

[daemh siv] 事情平息

▶ dee

【**deel**】guul nyangc①②③姑子（名词）

[deel mags] 大姑子

[deel niv] 小姑子

[neix deel] 岳母

【**dees**[1]】（ees）guees②③ngeec④楼梯（名词）

[dees danl] 单梯

[dees qip] 双梯

[dees leil] 独木梯

【**dees**[2]】下面（名词）

[dees louc] 楼下

[dees kenp] 路坎下

[dees ens] 土下面

[dees daic] 桌子下

[dees doiv] 床下

[dees yant] 坎下

[dees naemx] 水面下

[dees jinl] 石头下面

【**deev**[1]】dangl①②③④槽（名词）

[deev muk] 猪食槽

[deev ngant] 鹅食槽

【**deev**[2]】砍（动词）

[deev jedl]deev miinx②③砍柴

[deev meix] 砍树木

[deev gual muk] 砍猪脚

[deev nanx] 砍肉

▶ deeu

【**deeuc**】蔃头（名词）

[jeeuh deeuc] 蔃头

【**deeux**[1]】蜻蜓（名词）

[daemx deeux mongt] 大蜻蜓

[daemx deeux yak] 红蜻蜓

【**deeux**[2]】站不稳（动词）

[deeux neeut neeut] 踉踉跄跄

[deeux dids dids] 跌跌撞撞

[deeux taot] 醉酒后站不稳

[deeux bal] 腿趔趄站不稳

【**deeuv**[1]】douv②③斗（动词）

[deeuv jinv] 斗劲

[deeuv laemc] 顶风

[deeuv qik] 斗气

【**deeuv**[2]】douv①②③安（动词）

[deeuv biingv midx] 安菜刀把

[deeuv biingv gingc] 安镰刀把

[deeuv biingv miagx] 安柴刀把

[deeuv biingv guanl] 安斧子把

[deeuv biingv gouc] 安锄把

【**deeuv**[3]】凑（动词）

[deeuv sinc] 凑钱

[deeuv oux] 凑米

[deeuv yuc baoc] 凑油盐

[deeuv mal] 凑菜

▶ deen

【**deenl**[1]】长成（动词）

[deenl gul nyangc] 长成大姑娘

[deenl lagx gix] 长成大后生

【**deenl**[2]】登（动词）

[deenl taot] 登酒 指喝酒喝到位。

[deenl wil] 到火候

【**deenl**[3]】够（副词）

[deenl jeel] 够吃

[deenl yongh] 够用

[deenl kenp] 足够

▶ deeng

【deengl】(midx）刀（名词）

【deengh】摇、晃（动词）

[deengh gaos] 摇头

[deengh map deengh bail] 晃来晃去

▶ dei

【deil[1]】死（动词）

[deil xangp] 死伤

[deil naemx] 溺死

[deil sodx] 死绝

[deil wil] 消气

【deil[2]】死（形容词）

[deil xeengp] 生死

[deil bail deil xonv] 死去活来

[deil saemp deil sais] 死心踏地

【deic[1]】拿（动词）

[deic bail] 拿去

[deic map] 拿来

[deic wok] 拿东西

【deic[2]】娶（动词）

[deic maix]aol neix①②③娶媳妇

【deic[3]】挽留（动词）

[deic eet] 留客

【deic[4]】把（动词）

[deic doc] 把犁

【deic[5]】怀（动词）

[deic lagx] 怀胎

【deis[1]】lianh①②③④麻、痛（形容词）

[deis xiv] 很麻

【deis[2]】gongv①②③ hadp④咸味重的（形容词）

[deis baoc] 咸盐

【deix[1]】piink louc①②③④底层（名词）

[tap deix] 装木地板

[deix dangc] 水的最底层

[wul deix] 地板上面

【deix[2]】趸（动词）

[deix wok] 趸货

【deiv】yeet①②③ xeev④裂（动词）

[beengv deiv] 皮肤皴裂

[hongc xaoc beengv deiv] 红薯皴裂

【deih】口袋（名词）

[deih jal] 布口袋

[deih taik] 大布口袋

[deih leec] 书包

[deih duh] 衣口袋

[deih kuk] 裤口袋

[deih lanc] 蓝口袋

[deih yak] 红口袋

[deih naeml] 黑口袋

[deih bagx] 白口袋

[deih wap] 花口袋

[deih pic] 皮口袋

[deih niv] 小口袋

[deih sinc] 钱袋子

[deih gal siic] 蛇皮袋 又叫编织袋。

▶ **den**

【denl[1]】 灯（名词）

[denl yuc] 油灯

[denl saot] 灯草

【denl[2]】 墩（名词）

[denl dol] 门墩

【denl[3]】 拴（动词）

[denl doc] 拴牛

[denl max] 拴马

[denl bieev] 拴羊

【denl[4]】 dieeh②③觅食、找（动词）

[denl jeel] 找食

【denl[5]】 打（动词）

[denl mal] 打菜 指摘菜。

[denl nangc] 打笋子 指采摘野生竹笋。

【denc[1]】 noc②③deengc④搬（动词）

[denc dangv] 搬板凳

[denc daic] 搬桌子

[denc jail] 移开

【denc[2]】 誊抄（动词）

[denc leec] 誊写书本

[denc siih] 誊字

【dens[1]】 里面（名词）

[dens yant] 坎内侧

[dens daic] 坐席尊位

[dens haop] 壕里边

[dens kenp] 路里侧

[dens xeenh] 碗柜内壁

[dens xaih] 寨尽头

【dens[2]】 背后（名词）

[dens jenc] 屋背后

【dens[3]】 穿（动词）

[dens duh] 穿衣服

[dens duh meik] 穿新衣服

[dens duh aov] 穿旧衣服

[dens duh miinc] 穿棉衣

[dens duh danl] 穿单衣

[dens kuuk] 穿裤子

[dens kuuk lav] 穿开裆裤

[dens kuuk dangl] 穿封裆裤

[dens kuuk meik] 穿新裤子

[dens kuuk tent] 穿短裤

[dens kuuk yait] 穿长裤

[dens went] 穿裙子

[dens went yait] 穿长裙

[dens went tent] 穿短裙

[dens haip] 穿鞋

[dens haip jal] 穿布鞋

[dens haip naemx] 穿水鞋

[dens haip biic] 穿皮鞋

[dens haip wap] 穿花布鞋

[dens haip jingl sas] 穿钉鞋

[dens jags] 穿草鞋

[dens jags dangl] 穿细草鞋

[dens jags bangl] 穿粗草鞋

[dens wac] 穿袜子

【dens^{4}】 戴（动词）

[dens meeut] 戴帽子

[dens daeml] 戴斗笠

[dens xinh] 戴手镯

[dens biaox] 戴手表

[dens yabl]（dens nyebl）戴戒指

【denx】 guenx ①②③④ 跌（动词）

[denx doiv] 跌下床

[denx beex] 跌倒

[denx naemx] 跌落水里

[denx yant] 跌下坎去

[denx meix] 跌下树来

【denv^{1}】 餐（名词）

[wenl jeel samp denv] 一日三餐

【denv^{2}】（beenv）鳞（名词）

[denv dal] 鱼鳞

【denv^{3}】 蹬（动词）

[denv dinl] 蹬着绊石

【denh^{1}】 渣滓（名词）

[denh mal] 菜渣

[denh ens] 泥渣

[denh oux] 饭渣

【denh al】 歌师（名词）

【denh^{2}】 sangv ②③ 饱满（形容词）

[denh lail] 果实饱满

【denh^{3}】 wangx ②③ 壮实（形容词）

[lagx naih dangl lis denh] 这孩子长得壮实

▶ di

【dil】 梨、李子（名词）

[dil doh buc] 鸭梨

[dil tadt muk] 猪血李

[dil meex] 麦李

[dil das]（dil as）硬头梨

[dil loh] 萘李

[dil gux danx] 青牛胆 一种中药名。

【dic^{1}】 打、杀（动词）

[dic begx] 打架

[dic xangv] 打仗

[dic oux ogt] 打谷子

[dic oux sanp] 打米

[dic qaemp] 打针

[dic sac] 打农药

[dic dongh] 打洞

[dic dal] 捕鱼

[dic siih] 打字

[dic tadp] 打铁

[dic nic] 杀虫

[dic nyongx] 杀蚊子

【dic^{2}】 制作（动词）

[dic wongk naemx] 制作水桶

[dic wongk muk] 制作潲桶

[dic wongk niuv] 制作尿桶

[dic wongk maoc] 制作粪桶

[dic bangc meix] 制作大木桶

【div^{1}】（deiv）对联（名词）

[xas div] 写对联

[qeet div] 贴对联

【div^{2}】 双（量词）

[yac div] 两对

【dih】 地（名词）

[dees dih] 地下

[dih yanc] 屋场地、屋地基

[dih jonh] 牲畜圈场地

[dih mot] 坟地

[dih jenc] 土地

[dih yak] 田地

[dih yeenp] 园地

[dih gas] 秧地

▶ diu

【diuc】 suh②③直（形容词）

[diuc teengt] 很直

[diuc wiut] 笔直

[diuc lail] 直得好

[yenc diuc] 人耿直

[jaic diuc] 拉直

【diuv^{1}】 giuv①②③秤（名词）

[diuv laox] 大秤

[diuv niv] 小秤

[dac diuv] 秤砣

[anh diuv] 秤杆

【diuv^{2}】 称（动词）

[diuv mal] 称菜

[diuv oux] 称米

[diuv jedl] 称柴

[diuv wok] 称货物

【diuv^{3}】 破旧（形容词）

[leec diuv] 旧书本

[meeut diuv] 旧帽子

[duh diuv] 旧衣服

[kuk diuv] 旧裤子

[haip diuv] 旧鞋

[yanc diuv] 旧房子

【diuh】 丢（动词）

[diuh jail] 丢开、丢掉

[diuh wangp sangl] 丢垃圾

▶ din

【dinl¹】脚（名词）

[dinl aiv] 鸡脚

[dinl badl] 鸭脚

[dinl muk] 猪脚

[dinl bieev] 羊脚

[dinl maemx] 虎脚

[dinl doc] 牛脚

[dinl max] 马脚

[dinl yenc] 人脚

[bans dinl] 脚板

[guaems dinl] 脚背

[oc dinl] 脚腕

[nangl dinl] 脚趾

[joux dinl] 脚跟

[enl dinl] 韧带

【dinl²】脚（名词）

[dinl jenc] 坡脚

[dinl meix] 树脚

[dinl xaih] 寨脚

[dinl kuk] 裤脚

[dinl duh] 衣脚

▶ ding

【dingv】底（名词）

[dingv dangc] 水塘底

[dingv kigt] 锅底

[dingv wongk] 小桶底

[dingv bangc] 大桶底

[dingv duc] 鼎罐底

[dingv dus] 心底

【dingh】摇、甩开（动词）

[dingh gaos] 摇头

[dingh tonk] 甩脱

▶ dib

【dibs】guds①摘禾刀（名词）指收获糯谷的工具。

▶ did

【dids¹】弹蹦子（动词）

[dids angl geil] 弹脑瓜蹦

【dids²】严实（形容词）

[dids nyeil nyeil] 严严实实

[gaos dac dids] 脑子不开窍

▶ do

【dol¹】门（名词）

[dol laox] 大门

[dol banv] 半腰门

[dol jenc] 后门

[dol dav] 火铺门

[dol gaemx] 房门

[dol guiiv] 衣柜门

[dol xeenh] 橱柜门

[dol yeenp] 菜园门

[dol jonh muk] 猪圈门

[dol jonh doc] 牛圈门

[dol lot aiv] 鸡圈门

[dol xap] 车门

[dol keet] 窗门

[dol tadp] 铁门

[dol yop] 校门

[dol miiut] 庙门

【dol²】 sux ②③ wol ②③ 捆（动词）

[dol jedl] 捆柴

[dol nyangt] 捆草

[dol yenc] 捆人

[dol bieev] 关羊 指绑架人质。

【doc】 放在动物名称中的冠词

[doc aiv] 鸡

[doc badl] 鸭

[doc ngant] 鹅

[doc muk] 猪

[doc max] 马

[doc liout] 黄牛

[doc wic] 水牛

[doc bieev] 羊

[doc kuap] 狗

[doc meeux] 猫

[doc not] 鼠

[doc nyongx] 蚊子

[doc meengc] 牛虻

[doc nic] 虫子

[doc nic senx] 蚯蚓

[doc neengh baoc] 萤火虫

[doc jav] 蝗虫 也叫蚂蚱。

[doc jav oux] 稻蝗虫

[doc xangv xas] 纺织娘 一种昆虫名。

[doc jav jeex] 大蝗虫

[doc max jax] 螳螂

[doc jiv liees] 蟋蟀

[doc laol] 蜂子

[doc nyuv nyeel] 地蜂子

[doc dangc] 蜜蜂

[doc dal] 鱼

[doc bigx] 鲫鱼

[doc mieix] 鲤鱼

[doc ox] 鲶鱼

[doc joiv] 鳜鱼

[doc wangc sangs] 黄辣丁鱼

[doc xeenv] 金刚细鱼

[doc nyoc] 虾子

[doc angl geiv] 螃蟹

[doc max lingc] 水蛭、蚂蟥

[doc mous] 水虿、蜻蜓幼虫

[doc daemx deeux] 蜻蜓

[doc liangc liis] 蝉

[doc siv jiv yos] 知了

[doc sinp nguoc] 蜘蛛

[doc mav mibc] 蝴蝶

[doc labs] 蟑螂

[doc yil nguup] 青蛙

[doc yil doh] 癞蛤蟆

[doc madc] 蚂蚁

[doc madp] 跳蚤

[doc daol] 头上虱子

[doc nenl] 身上虱子

[doc al] 鸦

[doc ail naeml] 乌鸦

[doc ail yax] 喜鹊

[doc aeml] 老鹰

[doc gingv] 燕子

[doc liait] 麻雀

[doc mik] 米雀

[doc waik miic] 画眉鸟

[doc jax gueek yangc] 阳雀

[doc langc] 狼

[doc maemx beeuv] 花豹、金钱豹

[doc maemx] 老虎

[doc leil] 猴子

[doc sangv] 大象

[doc siic] 蛇

[doc nyenp] 狐狸

[doc nyenp jal] 黄鼠狼

[doc not naov] 竹鼠

[doc laiv] 野猪

[doc mint] 刺猪、豪猪

[doc longh] 穿山甲

[doc xih] 野鸡

[doc jaeml jinl] 锦鸡

[doc jil] 竹鸡

[doc xenl] 秧鸡

[doc benl jul] 斑鸠

[doc saok] 鱼鹰

[doc luc suc] 鸬鹚

[doc jux pap] 土画眉

[doc jux nguup] 青菜鸟

[doc ngak] 啄木鸟

[doc saov] 苍鹭

【dos[1]】种（名词）

[dos xongs] 播种

[dos xongs mal] 播菜种

[dos xongs baol guuc] 播苞谷种

[dos doh] 播豆种

【dos²】 施（动词）

[dos maoc] 施肥

[dos naemx] 浇水

【dos³】 织（动词）

[dos jal] 织布

[dos niux] 织腰带

[dos xinc] 织绑腿

[dos pak] 织头帕

[dos seel] 织背带

【dos⁴】 着（动词）

[dos soh]dos jenv①②③着力

[dos dal xus] 着眼看

[dos yuc] 着油

[dos baoc] 着盐

[dos naemx] 着水

[dos yangp lieeuh] 着佐料

[dos jedl] 烧柴火

[dos wil] 拱火

【dos gis】 讨厌（动词）

[dos gis nyac] 讨厌你

【dos⁵】 喂（动词）

[dos oux aiv] 喂鸡食

[dos oux badl] 喂鸭食

[dos eengl muk] 喂猪食

[dos eengl doc] 喂牛食

[dos nyangt doc] 喂牛草

【dos⁶】 盛（动词）

[dos oux] 盛饭

[dos mal] 盛菜

【dox¹】 朵（名词）

[dox wap] 花朵

【dox²】 躲（动词）

[dox nanh] 躲难

[dox weent] 避乱

[dox ongl] 躲工 指躲避干活。

[dox soih] 躲罪

[dox miinl] 躲雨

[dox qangp] 躲太阳

[dox laemc] 躲风

[dox jeens] 耍奸滑

【doh¹】 豆（名词）

[doh longc] 黄豆

[doh oux] 红小豆

[doh xangc angl] 豇豆

[doh xeec] 白眼豆、白芸豆

[doh siv jiv] 四季豆

[doh nguup] 绿豆

[doh wuk] 豆腐

【doh²】 痘（名词）

[doh naemx] 水痘

【doh³】(das) 日头（名词）

[doh wenl yait] 日头长

[doh wenl tent] 日头短

▶ doi

【doil】堆（动词）

[doil bangl] 堆稻草

[doil nyangt] 堆草

[doil ens] 堆泥土

[doil maoc] 堆草肥 指燃烧野草后的灰，累积成肥料。

[doil jinl] 堆石头

[doil ngeex] 堆瓦

[doil xonl] 堆砖头

【doiv¹】床（名词）

[doiv meix] 木床

[doiv tadp] 铁床

[doiv leic] 大床

[doiv niv] 小床

[doiv bans piink] 木板床

【doiv²】对、兑（动词）

[doiv songp] 对证

[doiv xangv] 兑账

【doiv³】对（形容词）

[doiv jongc] 对得多

[doiv gueec doiv] 对不对

▶ dou

【doul¹】qak nyiuv④青苔（名词）

[dangl doul] 长青苔

【doul²】逗、招（动词）

[doul eiv] 逗爱

[doul sangl] 逗恨

[doul qik] 逗气 指使人生气。

[doul liangp] 逗人想

[doul angc] 招口舌

【dous¹】斗（名词）

[dous oux] 米斗

【dous²】guus①②③④头髻（名词）指发髻。

[wanx dous] 挽髻

【dous³】巢、窝（名词）

[dous al] 乌鸦巢

[dous liait] 麻雀巢

[dous gingv] 燕子窝

[dous not] 老鼠窝

[dous laol] 蜂巢

【dous⁴】陡（形容词）

[kenp dous] 路很陡

[jenc dous] 坡很陡

【douv¹】甑子（名词）

[douv meix] 木甑子

[douv saos oux] 饭甑子

[douv xeeup] 酒甑子

【douv²】放置（动词）

[douv wok] 放东西

[douv qak bail] 放上去

[douv luih map] 放下来

【douh¹】gongs①②③ boh④孔（名词）

[douh qaik] 板壁孔

[douh not] 老鼠洞

[douh nic] 虫眼

【douh²】jangs①②③被、挨、遭（动词）

[douh nyaeml] 遭抓

[douh eeup] 遭打

[douh kadt] 遭骂

[douh seik] 遭人非议

[douh aov] 被告

[douh xeengl] 遭抢

[douh sunp] 遭刺

[douh sas] 遭杀

[douh pout] 遭不幸

[douh biingh] 患病、被染病

【douh³】粘实、着实（形容词）

[douh miac] 手抓得牢

[douh dinl] 脚附着力强

[weex lis douh dih] 做得牢实

▶ don

【donc¹】旋（名词）

[donc xuc] 毛发旋

【donc²】抟（动词）

[donc oux] 抟米

【donc³】guonc②③圆（形容词）

[donc penk penk] 圆溜溜

[donc lionv lionh] 围圆圈

【dons】合围、围堵（动词）

[dons gaos kenp] 围路头

[dons naemx] 围水、塞水

【donv¹】guonv①②③④手杖（名词）

[xeengv donv] 拄手杖

[jiuc donv] 拐杖

【donv²】猜（动词）

[donv siih] 猜字谜

[donv guus] 猜谜语

【donv³】判、断（动词）

[donv xeiv] 判官司、断案子

【donv⁴】约、约定（动词）

[donv benl] 约日子

[donv xip] 约时辰

【donh】（onh）gonh①②③转（动词）

[donh dangc] 转圈

[donh xenp] 转身

[donh map donh bail] 转来转去

▶ dong

【dongl¹】 冬（名词）

[dongl jiv] 冬季

[dah dongl] 过冬

[oc dongl] 冬天

【dongl²】 东（名词）

[dongl wangp] 东方

【dongl³】 煮、炖（动词）

[dongl oux] 煮饭

[dongl oux lanh] 煮稀饭

[dongl oux sos] 煮干饭

[dongl xeec] 煮油茶

[dongl tangp] 煮汤

[dongl mieenh] 煮面

[dongl geiv] 煮蛋

[dongl mal] 煮菜

[dongl eengl muk] 煮猪潲 煮熟后给猪吃的东西称为猪潲。

[dongl eengl doc] 煮牛食

[dongl lags] 炖骨头

[dongl nanx] 炖肉

[dongl aiv] 炖鸡

[dongl nanx kuap] 炖狗肉

[dongl nanx doc] 炖牛肉

[dongl nanx bieev] 炖羊肉

【dongc¹】 筒（名词）

[dongc guunl] 竹筒

[dongc wop oux] 量米筒

[dongc doh piedp] 竹筒水枪

[xip dongc] 吹火筒

[dongc doh naemx] 抽水筒

【dongc²】 铜（名词）

[dongc lac] 铜锣

【dongc³】 同（动词）

[dongc banx] 合群

[dongc bail] 同去

[dongc map] 同来

[dongc weex ongl] 同做工

[dongc weex yenp] 同在一起

[dongc jeel] 同吃

[dongc nyaoh] 同住

【dongc⁴】 栋（量词）

[dongc meix] 木栋子

[dongc saol] 柱子

[dongc tadp] 铁棒

【dongc⁵】 节（量词）

[dongc sais laox] 大肠

[dongc sais niv] 小肠

【dongs】 遇（动词）

[dongs nyac] 遇见你

[dongs juis] 遇着鬼

[dongs banx] 遇着同伴

【**dongv**[1]】冻（动词）

[dongv angv] 冰冻

[dongv nanx] 冻肉

【**dongv**[2]】黑（形容词）

[dongv ngiut ngiut] 黑沉沉

[dongv menl] 天黑

[dongv menl dongv dih] 天昏地暗

[dongv nas] 黑下脸来

【**dongh**】洞、悬崖（名词）

[dongh bial] 岩洞

[dongh leic] 大洞

[dongh niv] 小洞

[dongh yaeml] 深洞

[dongh ninv] 浅洞

[dongh jiml] 金洞

[dongh meic] 煤洞

▶ dod

【**dodc**】脱（动词）

[dodc duh] 脱衣

[dodc haip] 脱鞋

[dodc nanh] 脱难

[dodc kuuk] 脱裤

[dodc meeut] 脱帽

[dodc gal] 脱皮

[dodc soih] 脱罪

[dodc biaeml] 脱毛

[bigs dodc] 逃脱

【**dods**】遇着（动词）

[dods nyac] 遇着你

[dods maoh] 遇着他

[dods xaop] 遇着你们

▶ dog

【**dogl**[1]】掉（动词）

[dogl dangc] 掉水塘

[dogl ongt] 掉窟窿里

[dogl kuuk] 掉裤子

[dogl deih] 掉袋子

[dogl sinc] 掉钱

[dogl wok] 掉东西

【**dogl**[2]】播（动词）

[dogl xongs] 播种

【**dogl**[3]】下（动词）

[dogl jax] 下崽

[dogl miinl] 下雨

[dogl meel] 下霜

[dogl nil] 下雪

[dogl biongh] 下冰雹

【**dogl**[4]】轮到（动词）

[dogl yaoc] 轮到我

[dogl nyac] 轮到你

[dogl maoh] 轮到他

【dogl[5]】 dongx④落、断（动词）

[dogl soh]dogl woh①②③断气

[dogl oc] 落喉 指吃得舒心。

[dogl dih] 落圹 指葬埋时棺材落地。

[dogl wenp] 落魂 指人的灵魂离开肉体进入另一种状态的过程。

[dogl bav] 落叶

[dogl doh wenl] 落日

[dogl naemx] 落进水里

[dogl nanh] 落难

[dogl dus] 放心

[dogl siih] 落款

[dogl six] 落子 指下棋时棋子落在棋盘上。

【dogc[1]】 读（动词）

[dogc leec] 读书

【dogc[2]】 独（副词）

[lenp dogc] 唯独、单独

▶ du

【dul】（wul）aol①②③摘（动词）

[dul liant] 摘辣椒

[dul nenl] 摘果实

【duc】 angv①②③ guuc④鼎罐（名词）

[duc oux] 煮饭的鼎罐

[duc muk] 煮猪食的大鼎罐

[duc niv] 小鼎罐

【dus[1]】 肚、腹（名词）

[dus muk] 猪肚

[dus oux] 胃

[dus sais] 心肠

[dus leec] 百叶

[dus nyangt] 毛肚

[dus nyeeus] 小腹

【dus[2]】 赌、打赌（动词）

[dus qik] 赌气

[dus xuv] 赌咒

[dus baox] 赌博

【duv[1]】 补（动词）

[duv daol] 补锅

[duv duc] 补鼎罐

【duv[2]】 塞（动词）

[duv nuv] 塞嘴巴

【duh[1]】 guh①②③衣（名词）

[duh meik] 新衣服

[duh diuv] 旧衣服

[duh eeuk] 麻衣 指孝服。

[duh miinc] 棉衣

[duh danl] 单衣

[duh wap] 花衣

[duh mant] 黄衣

[duh naeml] 黑衣

[duh bagx] 白衣

[duh gaeml] 侗家衣

[duh gabl] 夹衣

[duh bads] 大襟衣

【**duh**[2]】递（动词）

[duh dah map] 递过来

[duh dah bail] 递过去

【**duh**[3]】渡（动词）

[duh lal] 渡船

[duh baic] 渡木排

【**duh**[4]】透彻（形容词）

[seik lis duh] 讲得透彻

[liogc lis duh] 烧得透

▶ dui

【**duis**】舀（动词）

[duis naemx] 舀水

[duis taot] 舀酒

[duis kenp] 舀完

[duis tangp] 舀汤

[duis mal] 舀菜

[duis maoc] 舀粪水

[duis maoc sip] 舀大粪

[duis nyiuv] 舀尿

【**duix**】碗（名词）

[duix leic] 大碗

[duix niv] 小碗

[duix bos] 菜碗

[duix ngeex] 陶碗

[duix guunl] 竹碗

[duix wap] 花碗

[duix yanl] 烟袋

[duix wop oux] 量米筒

▶ dun

【**dunl**[1]】热（动词）

[dunl oux] 热饭

[dunl mal] 热菜

[dunl naemx] 热水

[dunl xeec] 热油茶

【**dunl**[2]】热（形容词）

[dunl deil] 热得要死

[dunl xiv] 热得很

【**dunv**】锻造（动词）

[dunv xinh jiml] 锻造金手镯

[dunv xinh nyenc] 锻造银手镯

[dunv yabl] 锻造戒指

[dunv guanl] 锻造斧子

[dunv miagx] 锻造柴刀

[dunv gingc] 锻造镰刀

[dunv midx] 锻造菜刀

[dunv gouc] 锻造锄头

▶ **dud**

【**duds**[1]】蝌蚪（名词）

【**duds**[2]】捋（动词）

[duds sais] 捋肠子

[duds oux gingv] 捋稻穗

[duds mongt] 阿谀谄媚

E

e

▶ ee

【eel¹】 家（名词）

[eel yanc] 家产、家庭

[dangl eel] 当家、持家

[weex banc eel] 办家家 指过家家。

【eel²】 漏（动词）

[eel naemx] 漏水

[eel yuc] 漏油

[eel tangp] 漏汤

[eel taot] 漏酒

[eel songp] 漏嘴

【eep】 别人（代词）

[eep lis] 别人的

[eep yanc] 别人家

【ees】 keep②③松脂（名词）

[ags ees] 松节油

【eet】 客人、亲戚（名词）

[eet juiv] 贵客

[eet senp] 亲戚

[eet banh] 瓜藤亲 指姑舅表亲。

[eet aov] 旧亲戚

[eet laox] 老亲戚

[eet meik] 新亲戚

【eex】 屎（名词）

[eex dal] 眼屎

[eex kap] 耳屎

[eex mux] 鼻屎

[eex das] 硬屎

[eex xeev] 稀屎

[eex kuap] 狗屎

[eex aiv] 鸡屎

[eex badl] 鸭屎

[eex ngant] 鹅屎

[eex doc] 牛屎

[eex max] 马屎

[eex bieev] 羊屎

[eex not] 老鼠屎

[eex lads] 蟑螂屎

[eex dal] 鱼内脏

[eex meeux] 猫屎

【eev¹】 gav①②③架子（名词）

[eev yanc] 屋架子

【eev^{2}】yangh sis①②③样子（名词）

[eev sis] 模样

【eev^{3}】嫁（动词）

[eev yenc] 嫁人

[eev bail jail] 嫁得远

[eev lis pieik] 嫁得近

【eeh^{1}】geeh②③隔（动词）

[eeh jail gil] 隔远点

[eeh pieik gil] 隔近点

[eeh eengl] 邻居

[eeh qaik] 隔壁

[eeh eengl eeh qaik] 隔壁邻居

[eeh das eeh xanp] 隔山隔岭

【eeh^{2}】beeh①②③④背（动词）

[eeh deih leec] 背书包

[eeh yenc biingh] 背病人

[eeh boiv] 背背篼

[eeh lagx] 背崽

[eeh mal] 背菜

[eeh mal muk] 背猪菜

[eeh genv] 背柴蔸

[eeh jedl] 背柴

[eeh soih] 背罪名

▶ eeu

【eeul^{1}】geeul②③交付（动词）

[eeul sinc] 交钱

[eeul wok] 交付东西

【eeul^{2}】bal②③粘（动词）

[eeul xangl oux] 粘饭浆 指用米饭做成的可以粘贴东西的糊状物。

[eeul angv] 结冰

【eeul^{3}】交接（动词）

[eeul xenp] 立春

[eeul siup] 立秋

[eeul dongl] 立冬

[eeul benl xip] 交接时日

【eeup^{1}】打、敲、钉（动词）

[eeup yenc] 打人

[eeup sags] 打小偷

[eeup kuap] 打狗

[eeup tadp] 打铁

[eeup jingl] 敲钉子

[eeup jingl sos] 敲诈

[eeup jingl tadp] 锤打铁钉

[eeup gaos jinl] 敲击石头

[eeup duix] 敲碗

[eeup jongl] 敲鼓

[eeup dongc lac] 敲铜锣

[eeup piaemk pieek] 敲小钹

[eeup piaemk bieev piangt] 敲大钹

[eeup mot nic] 敲木鱼

[eeup angv] 敲冰凌

[eeup dol] 敲门

[eeup gaems] 敲背

【eeup²】 naox④椎、屠宰（动词）

[eeup doc] 椎牛 也叫吃牛，是祭祀活动中的一项还愿仪式。

[eeup bieev] 屠宰羊

[eeup kuap] 屠宰狗

【eeus¹】 折（动词）

[eeus dagl] 折断

[eeus at meix] 折树枝

[eeus meix wap] 折花枝

[eeus ongv mal] 折菜薹

【eeus²】 geeuc②③nyaoc④搅（动词）

[eeus bah muk] 搅拌猪潲

[eeus siic miangc] 搅拌蕨粑

[eeus doh wuk oux] 搅拌米豆腐

【eeuv¹】 guav①②③④卦（名词）

[benv eeuv] 甩卦

[dic eeuv] 打卦

[paop eeuv] 抛卦

[eeuv lail] 好卦

[eeuv kat] 差卦

【eeuv²】 教（动词）

[eeuv yop] 教学

[eeuv eep xap] 教开车

[eeuv xangv al] 教唱歌

[eeuv weex ongl] 教干活

[eeuv dongl oux] 教煮饭

[eeuv xeeus mal] 教炒菜

[eeuv xup duix] 教洗碗

[eeuv sagl duh] 教洗衣

[eeuv saos dih] 教扫地

[eeuv doc qeip yak] 教牛犁田

[eeuv lagx] 教子女

[eeuv heek] 教坏

[eeuv lis sap] 教得差

[eeuv weex yenc] 教做人

[eeuv xangv yiv] 教唱戏

[eeuv dogc leec] 教读书

[eeuv xas siih] 教写字

[eeuv wak wap] 教绘画

【eeuh】 吵闹（动词）

[eeuh lail]（daoc lail）吵得很

▶ een

【eenl¹】 间（名词）

[eenl yanc] 房屋

[eenl wangc] 房间

[eenl gaemx] 卧室

[eenl saov] 厨房

[eenl ginc] 堂屋

[eenl ongk] 贮物间

[eenl gaeml] 舂米间

[eenl dens] 里屋

[eenl bah] 外屋

[eenl dongv] 黑屋间

[eenl sox] 储粮间

[eenl kangk] 炕物间 指专门烘烤东西的房间。

【eenl^{2}】 xeengp④生疏（形容词）

[eenl yenc] 对人生疏

[eenl jonh] 对圈生疏

【eens】 选、挑（动词）

[eens xongs] 选种

[eens wok] 挑选货物

[eens yenc] 选人

[eens yop] 选学校

[eens maix] 选媳妇

[eens dih yanc] 选屋基

[eens dih mot] 选坟地

[eens yanc] 选房子

[eens jeel] 选吃

[eens dens] 选穿

[eens benl] 选日子

[eens xip] 选时辰

[eens doc] 选牛

[eens max] 选马

[eens muk] 选猪

[eens badl] 选鸭

[eens aiv] 选鸡

[eens oc] 挑食

【eenv^{1}】 ②③医治（动词）

[eenv biingh] 医病

[eenv doc] 医牛

[eenv aiv] 医鸡

[eenv muk] 医猪

[eenv yenc biingh] 医病人

【eenv^{2}】 lieeuv liix②③料理（动词）

[eenv yangc xinp] 料理庄稼

▶ eeng

【eengl】 geengl②③oux④牲畜熟食（名词）

[eengl muk] 猪潲

[eengl doc] 牛食

▶ ei

【eip】 开（动词）

[eip muv] 开口

[eip muv deih] 开口袋

[eip dol] 开门

[eip jeenv] 开店

[eip guiiv] 开柜子

[eip xangp] 开箱子

[eip denl] 开灯

[eip gaemv duc] 开鼎罐盖

[eip gaemv biinc] 开瓶盖

[eip gaemv kigt] 开锅盖

[eip sinc] 付钱

[eip dol laox] 开大门

[eip dol keet] 开窗户

[eip nat] 开秧行

[eip yak] 开田

[eip kenp] 开路

[eip xap] 开车

[eip wangp] 开荒

[eip yop] 开学

[eip xongs wil] 拨开火种

[eip naemx] 放水

[eip xongv] 开枪

[eip dal] 开眼

[eip sanv] 撑伞

[eip wap] 开花

[eip xenp] 开春

[eip xangc] 开集场

[eip siih] 开席

[eip leec] 开书页

[eip qangp] 开太阳 指出太阳。

[eip menl xiv dih] 开天辟地

[eip nas] 开笑脸

[eip yeet] 开裂

[eip xail] 开斋

[eip mieengl] 开沟

[eip binv yak] 开田破口

【eis[1]】姐（名词）

[yaoc eis] 我姐

【eis[2]】geis②③不愿（副词）

[eis bail] 不愿去

[eis map] 不愿来

[eis weex] 不愿做

[eis jeel] 不愿吃

[eis qamt] 不愿走

[eis yaemx] 不愿喝

[eis nak] 不愿睡觉

[eis xas] 不舍得

【eiv】爱、好（动词）

[eiv lagx] 爱崽

[eiv sinc] 爱钱

[eiv jeel] 好吃

[eiv yeeuc] 爱玩

[eiv ngees] 爱哭

[eiv gol] 爱笑

[eiv meik] 爱新鲜

[eiv jeel taot] 好喝酒

[eiv weex yeent] 好玩耍

[eiv xas siih] 爱写字

[eiv kadt yenc] 好骂人

[eiv dah weenk] 好打扮

[eiv wedt qik] 爱发脾气

[eiv seenp] 爱干净

[eiv dic qouc] 爱打球

[eiv dic baic] 爱打牌

[eiv xangv al] 爱唱歌

[eiv xip doc] 爱吹牛

[eiv dens duh meik] 爱穿新衣

[eiv nyaoh] 游手好闲

[eiv nak] 好睡觉

[eiv yongh sinc] 好花钱

[eiv eet] 好客

[eiv lail] 爱好

[eiv lieec] 爱美

[eiv weex ongl] 爱劳动

▶ en

【enl[1]】 筋（名词）

[enl gaos] 头筋 指头上的筋骨。

[enl oc] 颈脉

[enl dads] 血管

[enl naemx] 肌腱

[enl miac] 手筋

[enl dinl] 脚筋

[enl gual] 腿筋

[jonc enl] 抽筋

[dangx enl] 伤筋

[enl mieix] 麻风病

【enl[2]】 根脉（名词）

[enl lail] 根脉好 指口碑好，无邪恶行为的人家。

[enl heek] 根脉差

[sodx enl] 断根脉

【enl[3]】 鸡叫（动词）

[enl saemp] 鸡叫得早

[enl weep] 鸡叫得迟

【enl[4]】 tenk②③吞咽（动词）

[enl naemx mieec] 咽口水

[enl mal] 咽菜

[enl oux] 咽饭

[enl sac] 咽药

【enc[1]】 烟（名词）

[enc wil] 烟火

[enc leic] 浓烟

[enc niv] 轻烟

[enc liup] 青烟

[enc naeml] 黑烟

[enc bagx] 白烟

[enc yeenl] 烟雾

【enc[2]】 熏（动词）

[enc yenp] 熏人

[enc dal] 熏眼睛

【ens】 nanx②③土（名词）

[ens naeml] 黑土

[ens mant] 黄土

[ens maoc] 肥土

[ens sap] 沙土

[ens bal] 黏土

[ens meik] 新土

[ens aov] 陈土

[ens paok] 松散的土

[ens sadl] 实土

[ens yut] 虚土

【enh[1]】 割、剜、划（动词）

[enh nyangt] 割草

[enh megx] 割麦

[enh oux] 割稻谷

[enh mal ads] 割青菜

[enh beec saiv] 割白菜

[enh nanx] 割肉

[enh mal] 割菜

[enh sadl] 割尾巴

[enh sadp] 割漆

[enh gal songl] 割棕衣

[enh xangl songp] 割松脂

[enh jenl yak] 割田坎草

[enh wongp dangc] 割蜂蜜

[enh laol] 割蜂巢

[enh gaos] 剜头

[enh oc] 剜脖颈

[enh dinl] 划脚

[enh miac] 划手

【enh[2]】 分割（动词）

[enh das] 分割山产

[enh dih] 分割地产

[enh eel yanc] 分割家产

【enh[3]】 制作（动词）

[enh puk meix] 制作棺材

[enh xangp] 制作箱子

[enh guiiv] 制作柜子

[enh doiv] 制作床架

▶ eb

【ebs】（jeeuh）撬（动词）

[ebs dol] 撬门

[ebs sos] 撬锁

[ebs sap] 撬肩

[ebs saol yanc] 撬屋柱子

[ebs sangs yanc] 撬屋柱础

[ebs jil joc] 撬屋基脚

G

g

▶ ga

【gal[1]】 ral①②③biic④皮（名词）

[gal nanx] 肉皮

[gal doc] 牛皮

[gal max] 马皮

[gal bieev] 羊皮

[gal muk] 猪皮

[gal kuap] 狗皮

[gal maemx] 虎皮

[gal nyenp] 野猫皮

[gal laiv] 野猪皮

[gal yil] 蛙皮

[gal not] 鼠皮

[gal tuk] 兔皮

[gal biic] 树皮

[gal liuc] 橘子皮、柚子皮

[gal nangc] 竹笋壳

【gal[2]】 jal②③剩（动词）

[gal meec] 剩余

[gal mal] 剩菜

[gal oux] 剩饭

[gal nanx] 剩肉

【gas[1]】 禾苗（名词）

[lagx gas] 秧苗

【gas[2]】 姥（名词）

[gas gongs] 外公、姥爷

[gas boc] 外婆、姥姥

【gav】 jav②③那（代词）

[oc gav] 那里

[mangv gav] 那边

【gax nyax】 别扭（形容词）

【gah nyah】 yov②③忧愁（动词）

[gah nyah mangc] 愁哪样

[gah nyah dus sais] 忧心愁肠

[gah nyah touk sax] 忧心得很

▶ gai

【gail[1]】 goc②③颈窝（名词）

[gail oc] 后颈窝

【gail[2]】 jail②③远（形容词）

[gail xiv] 很远

[sax gail] 远方

【**gais**】raeml①②③ wenk④瘦（形容词）

[gais xiv] 瘦得很

[gais guos] 瘦弱

【**gaiv**[1]】传扬（动词）

[gaiv senl gaiv xaih] 传扬村寨

[gaiv bail jus daih] 传扬九代

【**gaiv**[2]】jenx②③很（副词）

[gaiv lail] 很好

▶ gao

【**gaoc**】搗（动词）

[gaoc nyaoc] 搗乱

【**gaos**[1]】头（名词）

[gaos dal] 鱼头

[gaos muk] 猪头

[gaos doc] 牛头

[gaos max] 马头

[gaos laiv] 野猪头

[gaos meeux] 猫头

[gaos piat] 布头

[gaos aiv] 鸡头

[gaos badl] 鸭头

[gaos ngant] 鹅头

[gaos bieev] 羊头

[gaos kuap] 狗头

[gaos siic] 蛇头

[gaos biah] 额头

[gaos oc] 颈部

[gaos lieit] 阴茎头

[gaos das] 硬脑壳

[gaos oh] 秃头

[gaos qap] 尖脑袋

[gaos nangl] 鼻尖

[gaos muv] 口头

[gaos kap] 耳轮

[gaos nyangt] 草皮

[gaos songp] 话头

[gaos yangh] 被子头

[gaos jaol] 绳头

[gaos nyaop] 头绪乱

[gaos nyaop nyent] 头发乱

[gaems gaos] 头部

[jiv gaos] 头顶

[gal gaos] 头皮

[nyic gaos] 脑浆

[gaos yanc] 家族、房族

[gaos juis] 鬼脑壳

[gaos bah] 糠壳

[gaos liouc] 茬口

[gaos sens] 榫头

【**gaos**[2]】dens①②③④顶、端口（名词）

[gaos jenc] 坡顶

[gaos xaih] 寨头

[gaos jiuc] 桥头

[gaos doiv] 床头

[gaos dongh] 洞头

[gaos lianv] 坝头

[gaos dees] 楼梯口

【gaos nat】 规矩（名词）

[meec gaos nat] 有规矩

[wox gaos nat] 懂规矩

[gox gaos nat] 不懂规矩

【gaos³】 冠词

[gaos yedl] 早晨

[gaos wenl] 中午

[gaos nyaemv] 晚上

[gaos hanl] 夜晚

【gaox】 yenc laox②③老头（名词）

[gaox laox] 老头子

[gaox bux ongs] 丈夫的父亲

【gaov¹】（guaov） gongh guaov②③ gaos woul④ 膝（名词）

[nangl gaov] 膝盖

【gaov²】 dinl①②③④腿（名词）

[gaov muk] 猪腿

[gaov doc] 牛腿

【gaov³】 gongs①②③ gongx④窖（名词）

[gaov xaoc] 苕窖

▶ gan

【ganx】 杆、竿（名词）

[ganx sis] 杆子

[ganx sis meix] 木杆子

[ganx sis guunl] 竹竿子

[ganx sis yait] 长杆子

[ganx sis tent] 短杆子

[ganx sis leic] 粗杆子

[ganx sis niv] 细杆子

【ganv¹】 单（名词）

[ganv div] 单双 指博彩筹码。

【ganv²】（anv） hanv①②③ danc④颤抖（动词）

[ganv nop] 打寒颤

【ganv³】 缺（动词）

[ganv kok] 缺课

[ganv ongl] 缺工

▶ gang

【gangl¹】 songv sos①②③晾晒（动词）

[gangl yak]xav yak④晒田 一是指翻耕田里的泥土，借助太阳杀死泥土中的虫卵；二是指收稻子时把田晒干便于收割。

[gangl yenc] 冷落人

【gangl²】 顶着（动词）

[gangl liak] 顶着风寒

[gangl qangp] 顶着日头晒

【**gangs**】gueec xiv①②③ ngeec④不是（副词）

[gangs yaoc lis] 不是我的

[gangs moh lis] 不是他的

[gangs yenc] 不是人

【**gangh**】山冈（名词）

[gangh das] 山冈

[gangh jenc] 山峰

[gangh nyangt] 草冈

[gangh bial] 岩壁

[gangh jinl] 岩石山

▶ gab

【**gabl**】gidc②③啃（动词）

[gabl lags] 啃骨头

[gabl gal meix] 啃树皮

[gabl baol guc] 啃玉米

【**gaeml¹**】碓（名词）

[liangc gaeml] 碓架子

[op gaeml] 碓窠

[songc gaeml] 碓墙

[kinp gaeml] 碓肩

[mac gaeml] 碓踏板

[gaos gaeml] 碓杆头

[anh gaeml] 碓杆

[muv gaeml] 碓嘴

[xeep gaeml] 碓叉

[meix saos gaeml] 碓米捣杆

【**gaeml²**】侗族（名词）

[songp gaeml] 侗语

[leec gaeml] 侗语书本

[siih gaeml] 侗文

[al gaeml] 侗歌

[yiv gaeml] 侗戏

[duh gaeml] 侗衣

【**gaems¹**】背（名词）

[gaems doc] 牛背

[gaems max] 马背

[gaems muk] 猪背

[gaems bieev] 羊背

[gaems miac] 手背

[gaems dinl] 脚背

[eeup gaems] 捶背

[qedt gaems] 抓背

【**gaems²**】liaemh①②③④背后（名词）

[gaems gaos] 脑袋

[gaems das] 坡背

【**gaems³**】dac②③ sov④砸（动词）

[gaems jinl] 砸石头

【**gaemx**】geengl①②③室（名词）

[eenl gaemx]（geengl kaop）卧室

【**gaemv¹**】geiv②③盖子（名词）

[gaemv kigt]geiv kigt②③锅盖

[gaemv duc] geiv angv②③鼎罐盖

[gaemv daol] 大锅盖

[gaemv wongk] 桶盖

[gaemv bieent songs] 扁桶盖

[gaemv biinc] 瓶子盖

[gaemv daemc] 坛子盖

[gaemv toup yuc] 油罐盖

【gaemv²】盖（动词）

[gaemv ens] 盖土

[gaemv nyangt] 盖草

[gaemv yangh] 盖被子

[gaemv yanc] 盖房屋

[gaemv gaos] 盖头

[gaemv mal] 盖菜

[gaemv sangs] 盖章

[gaemv tank wil] 盖炭火

[gaemv soih] 遮盖罪名

【gaemh¹】（aemh）doc wuc①②③米虫（名词）

[oux dangl gaemh] 米生虫

【gaemh²】趴（动词）

[gaemh dih] 趴在地上

▶ gee

【geec xaip】格筛（名词）

【geec】筛（动词）

[geec oux] 筛米

[geec sap] 筛沙

[geec doh] 筛豆

【gees】痂、垢（名词）

[gees gadl] 疮痂

[gees tadt] 血痂

[gees oux] 米浆痂

[gees mux] 鼻涕垢

【gees yenx】格隐（动词）指膈应。

[gees yenx] 心中忌讳

[gees yenx] 偏执不合群

【geev】keit①②③叉、张（动词）

[geev bal] 叉腿

[geev miac] 叉手

[geev beev nangl] 鼻孔翕张

[geev nangl miac] 张手指

[geev nangl dinl] 张脚趾

▶ gei

【geil】guabl②③ngout④搕（动词）

[dids angl geil] 搕脑壳 指用手敲击脑壳。

【geiv】蛋（名词）

[geiv aiv] 鸡蛋

[geiv badl] 鸭蛋

[geiv ngant] 鹅蛋

[geiv liait] 麻雀蛋

[geiv dal] 鱼蛋

[geiv siic] 蛇蛋

[geiv madc] 蚂蚁蛋

[geiv al] 乌鸦蛋

[geiv xih] 野鸡蛋

[geiv waik mic] 画眉蛋

[geiv aoc] 寡蛋

【geih】 sap①②③差（形容词）

[geih deil] 差得要死

[geih os] 很差

▶ gen

【genl[1]】 miangl①②③提（动词）

[genl wok] 提东西

[genl naemx] 提水

[genl biedl] 提笔

[genl xongv] 提枪

[genl mongl] 提篮

[genl guanl] 提斧子

[genl miax] 提柴刀

[genl midx] 提刀

[genl keik] 提工具

【genl[2]】 dangl①②③抬（动词）

[genl miac] 抬手

[genl dinl] 抬脚

【genl[3]】 滑溜（形容词）

[genl dinl] 脚打滑

【gens[1]】 庚（名词）指两个人拜把子后，其子女依据年龄、性别等对彼此及彼此长辈的称呼。

[gens xeex] 庚姐

[gens gos] 庚哥

[gens dil] 庚弟

[gens meil] 庚妹

[gens mas] 庚妈

[gens jas] 庚爹

【gens[2]】 虐待（动词）

[gens yenc laox] 虐待老人

【genv[1]】 根、源（名词）

[genv yenc] 人种

[genv naemx] 水源

【genv[2]】 dens①②③基部（名词）

[genv kinp] 肘根

[genv gual] 腿根

[genv mac] 舌根

[genv meix] 树蔸

[genv nyangt] 草蔸

▶ gi

【gil】 niv②③siiv②③nyius②③一点（形容词）

[gil gil] 一点点

[gil naih] 这点

【gic】 rap sav②③篱笆（名词）

[gic yeenp] 菜园篱笆

【**gix**】嫩（形容词）

[gix xenc] 幼稚

[liant gix] 嫩辣椒

[bav gix] 嫩叶

[weex gix] 装嫩

[lagx gix] 年轻男子

[lags gix] 嫩骨头

▶ gin

【**ginl¹**】臭虫（名词）

[ginl yak] 老臭虫

【**ginl²**】抠门（形容词）

[yenc ginl] 吝啬的人

【**ginc**】堂屋（名词）

[eenl ginc] 堂屋、客厅

▶ ging

【**gingl nyingl**】焦躁（形容词）

【**gingc**】lieengc②③镰刀（名词）

[gingc meik] 新镰刀

[gingc aov] 旧镰刀

[gingc yaih] 快镰刀 指锋利的镰刀。

[gingc ac] 钝镰刀 指不锋利的镰刀。

【**gingv¹**】穗（名词）

[gingv oux] 谷穗

[gingv meex] 麦穗

[gingv oux lieengs] 小米穗

【**gingv²**】angl eic①geengv gic②③燕子（名词）

【**gingv³**】黄草（名词）

▶ gid

【**gids**】疼痛（动词）

[gids wul yenp] 痛身上

[gids dus] 痛肚子

[gids miac] 痛手

[gids gaos] 痛头

[gids gual] 痛脚

[gids kap] 痛耳朵

[gids nangl] 痛鼻子

[gids sais] 伤心

[gids saemp] 痛心

[gids muv] 痛嘴巴

[gids dal] 痛眼睛

[gids biinl] 痛牙齿

【**gidx¹**】咬（动词）

[gidx muv] 咬嘴唇

[gidx mac] 咬舌头

[gidx miac] 咬手

[gidx nangl miac] 咬手指

[gidx siih] 咬字

【**gidx²**】saemv①②③④浸渗（动词）

[gidx baoc] 浸盐

▶ go

【gol】 jol②③笑（动词）

[gol lail] 好笑

[gol nyims nyims] 笑眯眯

[gol hax hax] 笑哈哈

[gol giv giv] 笑盈盈

【gos】 哥（名词）

[gos laox] 大哥

[gos niv] 小哥

【gox】 weec wop①②③不认识（动词）

[gox lis] 不知道

[gox kenp] 不识路

【gov】 keeup②③④敲（动词）

[gov dol] 敲门

[gov qaik] 敲板壁

[gov daic] 敲桌子

【goh】 漏缝（名词）

[goh qaik] 板壁漏缝

[goh wongk] 木桶漏缝

[goh benc] 木盆漏缝

[goh dal] 看漏眼、没注意

▶ goi

【goil】 biox②③剥（动词）

[goil gal] 剥皮

[goil nangc] 剥笋壳

[goil liuc] 剥桔子

[goil doh] 剥豆荚

[goil yangc liiv] 剥洋芋皮

[goil nenl baol guc] 剥苞谷籽

[goil bav baol guc] 剥苞谷衣

[goil wat sens] 剥花生

[goil wap wenl] 剥葵花籽

▶ gou

【goul】 gaiv④讨、央求（动词）

[goul oux] 讨米

[goul sinc] 讨钱

[goul ongl] 讨活路

[goul nyac] 恳求你

[goul yenc] 央求别人

【gouc[1]】 xis louc①②③xil doc④锄头（名词）

[gouc laox] 大锄头

[gouc niv] 小锄头

[biingv gouc] 锄头把

[muv gouc] 锄头尖

[naox gouc] 锄头跟

【gouc[2]】 贪心（动词）

[gouc xinp leic] 贪心大

[gous sous] 贪小便宜

【gous sous】 嘴馋、抠搜（形容词）

[gous sous xiv] 很抠搜

[gous sous deil] 抠搜得要死

【gouv】 kaok④串（名词）

[gouv ids] 葡萄串

[gouv dal] 鱼串

[gouv paop] 茶苞串

▶ gon

【gonv¹】 罐（名词）

[gonv leic] 大罐

[gonv niv] 小罐

[gonv meik] 新罐

[gonv aov] 旧罐

[gonv guunl] 竹罐

[gonv ngaol] 牛角火罐

【gonv²】 斧凿（动词）

[gonv saol yanc] 凿柱眼

【gonv³】 灌（动词）

[gonv naemx yak] 灌田水

[gonv taot] 灌酒

[gonv sais gonv] 灌血肠

[gonv sac] 灌药

▶ gong

【gongl¹】 杂草（名词）

[gongl miangc aiv] 蕨草 一种蕨类植物。

【gongl nax】 脓根（名词）

[piak gongl nax] 挤脓根

【gongl²】 刺球（名词）指一些果实包裹的一层长满刺的外壳。

[gongl ladc] 板栗刺球

[gongl daiv] 丝栗刺球

[gongl kap] 猴栗刺球

【gongl laol】 蜂窝（名词）

[gongl laol nyoc] 小蜂窝

[gongl laol maemx] 马蜂窝

【gongx¹】 灌木丛（名词）

[gongx nyangt] 草丛

[gongx sunl] 刺蓬 一种草本植物。

[gongx bangl]pongp wangl②③稻草丛

【gongx²】 拱（名词）

[gongx jiuc] 拱桥

[gongx menc] 拱门

▶ gua

【gual¹】 腿（名词）

[gual max] 马腿

[gual bieev] 羊腿

[gual maemx] 虎腿

[gual kuap] 狗腿

[gual doc] 牛腿

[gual muk] 猪腿

【gual²】 房屋瓜柱（名词）

【guac¹】 瘸（动词）

[guac gual] 瘸腿

【guac²】 跳（动词）

[guac liav] 单腿跳

【guas¹】 was②③云（名词）

[guas naeml] 乌云

[guas bagx] 白云

【guas²】 hangs①②③赔（动词）

[guas sinc] 赔钱

【guav¹】 卦（名词）

[beev guav] 甩卦、卜卦

【guav²】 挂（动词）

[guav duh] 挂衣服

[guav baic] 挂牌

[guav meeut] 挂帽子

[guav sos] 挂锁

【guav³】 登记（动词）

[guav danl] 登记名字

[guav xangv] 记账、赊账

▶ guan

【guanl¹】 斧（名词）

[guanl laox] 大斧子

[guanl niv] 小斧子

[muv guanl] 斧口

[naox guanl] 斧头

【guanl²】 招、扳（动词）

[guanl wenp] 招魂

[guanl bens] 扳本

【guanx¹】 夸（动词）

[guanx lail] 自夸、健谈

[guanx hent] 夸口、说大话

【guanx²】 bais①②③④侃（动词）

[guanx lamc leeh] 聊天

[guanx menl guanx dih] 谈天说地

▶ guang

【guangl】 gongl①②③稗子（名词）

【guangl wongp】 床架子（名词）

【guangl yinl】 光阴（名词）

【guangs¹】 蔗（名词）

[guangs dangc] 甘蔗

【guangs²】 秆（名词）

[guangs baol guc] 玉米秆

[guangs aol liangc] 高粱秆

[guangs yeenl] 烟茎

[guangs wap wenl] 葵花秆

[guangs mal] 菜秆

【guangx】 gongc①②③ diongc④多（形容词）

[guangx xiv] 这么多

【guangv¹】 涂、漆（动词）

[guangv dongc yuc] 涂桐油

[guangv sadl] 涂漆

【guangv²】 gangl①②③光秃（形容词）

[guangv gaos] 秃头

[guangv das] 光秃秃的山

[guangv xiv] 很滑

▶ guee

【gueel】 黄瓜（名词）

[gueel gix] 嫩黄瓜

[gueel mant] 老黄瓜

[gueel xongs] 黄瓜种

[dangh gueel] 黄瓜藤

[lagx gueel] 黄瓜秧

[gueel maemx] 栝楼、老虎瓜

【gueec】 weec①②③没、不、无（副词）

[gueec meec] 没有

[gueec jeel gueec dens] 没吃没穿

[gueec saemp gueec sais] 没心没肺

[gueec hangt] 不肯

[gueec map] 不来

[gueec eiv] 不爱

[gueec sangs] 不想

[gueec kop] 不怕

[gueec yuv] 不要

[gueec yongh] 不用

[gueec seik] 不语

[gueec senv] 不信

[gueec jangl] 不久

[gueec dongs] 不同

[gueec jaoh] 不错

[gueec xenc] 不行

[gueec saip] 不给

[gueec nyaoh] 不在

[gueec juiv] 不贵

[gueec weik] 不快

[gueec meent] 不慢

[gueec weik gueec meent] 不紧不慢

[gueec liok gueec jens] 不慌不忙

[gueec xunp gueec mangc] 不声不响

[gueec qaemp gueec gids] 不痛不痒

[gueec liak gueec kudt] 不冷不热

[gueec meec yongh] 无用

[gueec meec yenc] 无人

[gueec meec xus] 无主

[gueec menl gueec dih] 无法无天

[gueec jouc gueec yov] 无忧无虑

[gueec senp gueec gueenv] 非亲非故

▶ gueen

【gueenv】 熟悉（形容词）

[gueenv touk sax] 非常熟悉

[gueenv xiv] 熟悉得很

[gueenv xik] 娇惯、溺爱

▶ gued

【**gueds**】刮、剃（动词）

[gueds yap] 刮痧

[gueds nas] 刮脸

[gueds yangc liiv] 刮洋芋

[gueds denv dal] 刮鱼鳞

[gueds seenp] 刮干净

[gueds duix] 刮碗

[gueds banc] 刮盘子

[gueds duc oux] 刮饭鼎罐

[gueds gaems] 刮背

[gueds miac] 刮手臂

[gueds gaos muk] 刮猪头

[gueds gual muk] 刮猪脚

[gueds biaeml muk] 刮猪毛

[gueds gal muk] 刮猪皮

[gueds miit lal] 剃眉毛

[gueds nongc nas] 剃脸上汗毛

[gueds miuds] 刮胡子

[gueds yenc laos] 搜刮老人 指啃老。

▶ guu

【**guul**[1]】箍（名词）

[guul guunl] 竹篾箍

[guul tadp] 铁箍

【**guul yangl**】姑娘（名词）

【**guul**[2]】箍（动词）

[guul bangc] 箍木桶

[guul wongk] 箍水桶

[guul penc] 箍木盆

【**guus**[1]】故事、谜语（名词）

[wop guus] 摆故事

[donv guus] 猜谜语

【**guus**[2]】猜（动词）

[mangx guus] 乱猜、瞎猜

【**guus**[3]】估计（动词）

[guus qenp qat] 估轻重

[guus jongc nyunt] 估多少

[guus jenl liangx] 估斤两

[guus av sinc] 估价钱

▶ gui

【**guil**】归、聚（动词）

[guil yanc] 归家

[guil sox] 归仓 指把粮食收回仓里。

[guil dous] 归巢

[guil map] 归来

[guil banx] 聚友

[guil loux] 聚集

[guil gaos] 聚首、碰头

【**guiv**[1]】柜（名词）

[guiv meix] 木柜

[guiv pangp] 高柜

[guiv taemk] 矮柜

[guiv leic] 大柜

[guiv niv] 小柜

[guiv meik] 新柜

[guiv diuv] 旧柜

【**guiv**[2]】贵（形容词）

[guiv yenc] 贵人

[guiv qik] 贵气

▶ guun

【**guunl**[1]】竹子（名词）

[guunl naemc] 斑竹

[guunl naemx] 水竹

[guunl aemc] 苦竹

[guunl daoc xil] 绵竹

[guunl nanc xuc] 楠竹

[guunl naeml] 黑竹

[guunl jos] 糯竹

[guunl pap] 毛竹、狗竹

【**guunl**[2]】魂（名词）

[sins guunl] 喊魂

【**guunv**】风流（形容词）

[guunv xiv] 很风流

▶ guud

【**guudx**】guuc②③宅家的（形容词）

[guudx oc yanc] 宅在家里

[guudx oc doiv] 躺在床上

H
h

▶ ha

【hap[1]】 吓（动词）

[hap yenc] 吓人

[hap lagx uns] 吓小孩

【hap[2]】 一捆（数量词）

[hap jedl] 一捆柴

[hap nyangt] 一捆草

[hap bangl] 一捆稻草

[hap genv] 一捆柴蔸

[hap mal muk] 一捆猪菜

[hap guangs baol guuc] 一捆玉米秆

【hak[1]】 整体、全部（名词）

[hak map] 全部来

[xugx weex] 整块做

【hak suv】 规矩、方法（名词）

[lail hak suv] 有规矩

[gueec hak suv] 无规矩

[wox hak suv] 懂规矩

【hak[2]】 一次（数量词）

[hak naih] 这一次

[xugx hak] 洗一次

[map hak] 来一次

▶ hai

【haip】 鞋（名词）

[haip jal] 布鞋

[haip wap] 花鞋

[haip miinc] 棉鞋

[haip jaos] 胶鞋

[haip bic] 皮鞋

[haip jinl sat] 钉鞋

[haip banv dongx] 水靴

【haix jeec】 番茄（名词）

[haix jeec laox] 大番茄

[haix jeec niv] 小番茄

[haix jeec yeex] 野西红柿

【haik】 害（动词）

[haik yenc] 害人

[haik nyac] 害你

[haik deil] 害死

【haiv】 一代（名词）

[haiv naih] 这一代

▶ hao

【haop】壕、沟（名词）

[haop das] 山冲

[haop jenc] 山沟

【haos[1]】满头的（形容词）

[haos biiml gaos bagx] 满头的白发

【haos[2]】（yaos）longp①②③一蔸（数量词）指一把。

[haos mal] 一蔸菜

[haos yenc pangp] 一人头高

【haok[1]】号记（名词）指记号。

[meec haok yuv] 有号记

[dos haok yuv] 打号记

【haok[2]】号（动词）指预留。

[haok daic] 号桌子

[haok dih mot] 号坟地

[haok meix laox] 号寿木

【haok[3]】都（副词）

[haok map] 都来

[haok bail] 都去

[haok deic] 都拿

[haok yuv] 都要

【haoh】名利（名词）

[aol haoh] 要名利

▶ han

【hanl】ranl②一夜（数量词）

[hanl dangl] 一夜到天亮

【hanp】还（副词）

[hanp bail] 还去

[hanp meec] 还有

[hanp nyaoh] 还在

【hant】顽皮（动词）

[hant biic] 小孩顽皮

【hank[1]】汉子（名词）

[hank sis] 汉子

【hank[2]】堵、塞（动词）

[hank ongt not] 堵鼠洞

[hank kenp] 堵路

[hank ongt] 堵漏洞

[hank xap] 堵车

[hank muv] 堵嘴巴

[hank dol] 堵门

[hank laol] 塞田埂漏洞

[hank jens] 塞紧

[hank kap] 塞耳朵

[hank nangl] 塞鼻子

[hank muv] 塞嘴巴

【hank[3]】限（动词）

[hank benl] 限定日期

[hank yeenp yenc] 限定几人

▶ hang

【**hangl**】一缸（数量词）

[hangl naemx] 一缸水

[hangl taot] 一缸酒

[hangl oux] 一缸米

【**hangp**[1]】haok②③沟（名词）

[hangp mieengl] 水沟

【**hangp**[2]】行（量词）

[hangp siih] 一行字

[hangp meix] 一行树木

【**hangc**[1]】凌驾（动词）

[hangc yenc] 凌驾于人

【**hangc**[2]】绗（动词）

[hangc yangh miinc] 绗棉被

[hangc duh miinc] 绗棉衣

【**hangt**】hongt①②③愿意（动词）

[hangt saip] 愿意送

[hangt yaml] 愿意借

[hangt gueec hangt] 愿不愿意

【**hangx**】唬（动词）

[hangx yenc] 唬人

【**hangk**】水牛角上的年轮（名词）

[qak hangk] 五年以上的水牛

[deengl hangk] 已成年

【**hangh**】yenk②③一岗（数量词）

[hangh das meix] 一岗树木

[hangh das beens] 一岗杉树

[hangh das nyangt] 一岗草

[hangh das liuc] 一岗橘树

▶ hab

【**habp**[1]】木匣（名词）

[habp meix] 木匣子

【**habp**[2]】覆（动词）

[habp doix] 覆碗

[habp penc] 覆盆

[habp mac] 趴着睡

▶ had

【**hadp**[1]】gongv②③咸（形容词）

[hadp baoc] 咸盐

【**hadp**[2]】浓（形容词）

[hadp tangp] 汤味浓

[hadp dangc] 甜味重

▶ haem

【**haeml**】raem②③ gaeml④一碓（数量词）

[haeml oux ot] 一碓谷子

[haeml oux sanp] 一碓大米

[haeml oux lieengs] 一碓小米

【**haemt**】一抱（数量词）指人两臂合拢的大小。

[haemt leic] 一抱大小

[haemt jongc] 一抱多

[haemt jedl] 一抱柴

[haemt mal] 一抱菜

[haemt duh] 一抱衣服

[meec haemt] 有一抱

▶ hee

【heel】一户（数量词）

[heel yanc yenc] 一家人

[heel yanc] 一户

【heek】waix②③坏的（形容词）

[yenc heek] 坏人

[wok heek] 坏东西

[songp heek] 坏话

[siv heek] 坏事

▶ heen

【heenl】一间（数量词）

[heenl yanc] 一间房

[heenl sox] 一间仓

[heenl jonh] 一间圈

[heenl dih yanc] 一间屋地基

▶ hen

【hent[1]】狠（形容词）

[hent xiv] 狠得很 指狠命。

【hent[2]】能干（形容词）

[yenc hent] 人能干

【henx】很（副词）

[henx jongc] 很多

[henx weik] 很快

[henx meent] 很慢

[henx jail] 很远

[henx pieik] 很近

[henx yait] 很长

[henx tent] 很短

[henx pangp] 很高

[henx taemk] 很矮

[henx bic] 很肥

[henx gais] 很瘦

[henx sup] 很粗

[henx siiv] 很细

[henx mant] 很黄

[henx yak] 很红

[henx bagx] 很白

[henx lanc] 很蓝

[henx nguup] 很绿

[henx naeml] 很黑

[henx lail] 很好

[henx kagt] 很坏

[henx os] 很凶

▶ hou

【**houp**】一勺（数量词）

[houp miac] 一手勺

【**hout**】kout①②③一小碗（数量词）

[hout oux] 一小碗饭

[hout mal] 一小碗菜

[hout yuc] 一小碗油

【**houx**】吵（动词）

[houx beex] 吵架

【**houv**】gingv①④一串（数量词）

[houv sinc niv] 一串铜钱

[houv ids] 一串葡萄

[houv daemh] 一串苞 指一种野果子。

[houv paop] 一串茶油苞 "茶油苞"指茶油树的果实。

[houv nanx] 一串肉

[houv dal] 一串鱼

【**houk**】gas①②③④等候（动词）

[houk yenc] 等候人

[houk xap] 等候车

[houk banx] 等候伙伴

[houk gil gil] 等一会儿

[houk yis hah] 等一下

▶ hong

【**hongc xaoc**】红薯（名词）

[hongc xaoc yak] 红薯

[hongc xaoc bagx] 白薯

[hongc xoc ous] 紫薯

[hongc xaoc mant] 黄薯

[hongc xaoc gaos laox] 老红薯

[hongc xaoc gaos gix] 嫩红薯

J
j

▶ ja

【jal[1]】 lial①②③pieenk④芒（名词）

[jal oux] 稻谷芒

[jal megx] 麦芒

【jal[2]】 布（名词）

[jal yanc] 家机布 指农家手工纺织的土布。

[jal bagx] 白布

[jal yak] 红布

[jal lanc] 蓝布

[jal wap] 花布

[jal mant] 黄布

[jal naeml] 黑布

[duh jal] 布衣服

【jal[3]】 欠（动词）

[jal xangv] 欠账

【jal[4]】 剩、余（形容词）

[jal oux] 剩饭

[jal mal] 剩菜

[jal sinc] 余钱

【jac】 茄（名词）

[jac yak] 紫茄

[jac bagx] 白茄

[jac luit] 尾茄

【jas[1]】 dias②③父（名词）

[senp jas] 生父

[jas laox] 伯父

[jas niv] 叔父

【jas[2]】 gas①②③④等候（动词）

[jas nyac] 等你

[jas yaoc] 等我

[jas moh] 等他

[jas xaop] 等你们

[jas yodx benl] 等半天

[jas gil gil] 等点点

【jax[1]】 汉族（名词）

[lagx jax] 汉人

【jax[2]】 lagx①②③ 幼崽（名词）

[jax max] 小马驹

[jax bieev] 小羊羔

[jax tuk] 兔崽

[jax maemx] 虎崽

[jax leil] 猴崽

[jax kuap] 狗崽

[jax meeux] 猫崽

[jax doc] 牛崽

[jax muk] 猪崽

[jax aiv] 鸡崽

[jax badl] 鸭崽

[jax ngant] 鹅崽

[jax dal] 鱼苗

[jax nogt] 鼠崽

[jax naih] 这娃儿

[jax gav] 那娃儿

【jav¹】 nyak①②③蚂蚱（名词）

[jav eex kuap] 小蝗虫

[jav nguup] 绿蚂蚱

[jav xangv xas] 纺织娘

[jav jeex] 大蝗虫

【jav²】 砍、剁（动词）

[jav mal mul] 砍猪菜

[jav gaox lax] 砍骨头

[jav gaos] 砍头

[jav dinl miac] 剁手脚

【jah】（jagx）草鞋（名词）

[jah bangl] 粗草鞋

[jah dangl] 细草鞋

[jah jaos] 胶草鞋

▶ jai

【jail¹】 污垢（名词）

[jail gaos] 头垢

[jail miac] 手垢

[jail gual] 腿垢

[jail xenp] 胴垢 指躯干上的污垢。

[jail nas] 脸垢

【jail²】 gail②③远（形容词）

[jail pieik] 远近

[jail xiv] 很远

[liih jail] 隔得远

[eeh jail] 隔远

[kenp jail] 路远

【jaic】 拔、扯、拉（动词）

[jaic nyangt] 拔草

[jaic mal] 拔菜

[jaic lox wat] 拔萝卜

[jaic lagx oux] 拔秧苗

[jaic guonv] 拔罐

[jaic qangp] 拔节

[jaic waih] 扯坏

[jaic pieik] 拉近

[jaic jail] 扯丢

[jaic jaol] 拉绳

[jaic lagx oux] 扯秧苗

[jaic guc bangl] 扯糯谷茎

[jaic dangl] 扯糯谷草

[jaic oux miangc] 扯糯谷穗

[jaic yoc daoc] 扯芒冬草穗

[jaic miangc oux lieengs] 扯小米穗

[jaic aol liangc] 扯高粱穗

[jaic bal doc] 扯牛脚

[jaic kap] 扯耳朵

[jaic diuc] 扯直

[jaic duh] 扯衣服

[jaic kuk] 扯裤子

[jaic dangx] 拉断

[jaic jov] 拉锯子

[jaic miac] 拉一手

[jaic yait] 拉长

[jaic luc] 拉风箱

[jaic biinl] 拔牙

[jaic biaeml gaos] 拔头发

[jaic miuds] 拔胡子

[jaic dinl jedx] 拔脚就跑

[jaic songp] 扯小话 指说别人的闲话。

【jaix】哥（名词）

[jaix nongx] 兄弟

【jaiv¹】界（名词）

[jaiv das] 山界

【jaiv²】(goul) 讨（动词）

[jaiv oux] 讨饭

[jaiv sinc] 讨钱

[jaiv ongl] 讨人帮工

▶ jao

【jaol¹】绳、藤（名词）

[jaol anl] 麻绳

[jaol haip] 鞋带

[jaol lamt] 缆绳

[jaol lac] 箩绳

[jaol songl] 棕绳

[jaol bangl] 稻草绳

[jaol taik] 葛藤

[jaol yiux] 红藤

[jaol panp] 甜藤

【jaol²】脆、燥（形容词）

[jaol xiv] 很脆

[jaol menl] 天气干燥

【jaol³】我们（代词）

[jaol daih lic] 我们大家

【jaox¹】跷（动词）

[jaox gual] 跷腿

【jaox²】qaop①②③缴（动词）

[jaox sinc] 缴钱

【jaox³】绊（动词）

[jaox dinl] 绊脚

【jaox⁴】绞（动词）

[jaox miit lal] 绞眉毛 指修眉。

【jaov[1]】罩（名词）

[jaov guunl] 竹罩

[konp jaov] 棺罩

【jaov[2]】罩（动词）

[jaov aiv] 罩鸡

[jaov badl] 罩鸭

[jaov dal] 罩鱼

【jaov[3]】盖（动词）

[jaov yanc] 盖房子

[jaov beeh] 盖柴棚

[jaov jonh] 盖猪圈

[jaov mal] 盖菜

[jaov oux] 盖饭

[jaov gaos] 盖头

[jaov xap] 盖车

[jaov yangh] 盖被子

[jaov nas] 盖脸

[jaov sanv] 打伞

【jaoh】错的（形容词）

[jaoh kenp] 错路

[jaoh yanc] 错屋

[jaoh dol] 错门

[jaoh danl] 错名字

[jaoh xap] 错车

[jaoh duh] 穿错衣

[jaoh wok] 拿错东西

[jaoh siv] 错事

[jaoh siih] 错字

[jaoh xangv] 错账

[jaoh saop] 嗅觉错乱

▶ jan

【janh[1]】闹（动词）

[janh bail] 闹着要去

【janh[2]】denv①②③跺、踩（动词）

[janh dinl] 跺着脚

[janh ens] 踩泥

[janh naemx] 踩水

[janh sap] 踩沙子

[janh weengv] 踩泥浆

▶ jang

【jangl[1]】姜（名词）

[jangl gix] 嫩姜

[jangl laox] 老姜

[jangl jenc] 黄精

[jangl xeengp] 生姜

[jangl sos] 干姜

[jangl jius] 拐枣、鸡爪糖

【jangl[2]】jongl①②久的（形容词）

[jangl benl] 很多天

【jangl[3]】犟的（形容词）

[jangl xiv] 倔犟

[jangl xenk] 性子犟

【jangc】砣（名词）

[jangc jinl] 石头

[jangc ens] 硬泥砣

[jangc oux liak] 冷饭砣

[jangc siic] 粑砣

【jangs[1]】diangs①②③受伤（动词）

[jangs miac] 伤手

[jangs gual] 伤腿

[jangs dinl] 伤脚

[jangs nas] 伤脸

[jangs kap] 伤耳朵

[jangs sais] 伤心肠

【jangs[2]】遇着（动词）

[jangs juis] 遇着鬼

[jangs bout] 不顺遂

【jangv[1]】迷恋（动词）

[jangv lox lieet] 迷恋女人

【jangv[2]】浆（动词）

[jangv ogt jal] 浆布壳

[jangv ogt songl] 浆棕壳

[jangv ogt nangc] 浆笋壳

【jangv[3]】diongv②③饱、醉（形容词）

[jangv oux] 饱饭

[jangv nanx] 饱肉

[jangv mal] 饱菜

[jangv siuv] 饱斋粑

[jangv siic] 饱粑粑

[jangv taot] 醉酒

【jangh】langc sac④厌食（动词）

[jangh mac] 饱食

▶ jab

【jabl[1]】捡、拾（动词）

[jabl lis] 捡得

[jabl jiml] 拾金子

[jabl miangc oux] 拾谷穗

[jabl lis sinc] 拾得钱

[jabl ouk] 捡扣子

[jabl oux] 捡饭

[jabl doh] 捡豆子

[jabl wat sens] 捡花生

[jabl hongc xaoc] 捡红苕

[jabl yangc liiv] 捡洋芋

[jabl ladc] 捡板栗

[jabl daiv] 捡丝栗

[jabl kap] 捡猴栗

[jabl siic baox liangc] 捡宝梁粑

[jabl dongc yuc] 捡桐油籽

[jabl ongl] 揽活

[jabl ongl weex] 主动做事

【jabl²】抽、拈、抓（动词）

[jabl jul] 抽阄

[jabl jul] 拈阄

[jabl jul] 抓阄

【jabl³】摘收（动词）

[jabl liant] 摘辣椒

[jabl sac yuc] 摘油茶籽

[jabl bav doh] 摘豆荚

【jabl⁴】wop①②③效仿、学习（动词）

[jabl lail] 效仿得好

[jabl weik] 学得快

[jabl meent] 学得慢

[jabl leec] 学知识

【jabl⁵】收拾（动词）

[jabl douv] 收存

[jabl lail] 收好

[jabl lail sinc] 把钱收好

[jabl yangh] 收拾被子

[jabl duh] 收拾衣服

[jabl duix] 收拾碗筷

[jabl dangv] 收拾板凳

[jabl xenc douc] 收拾工具

【jabl⁶】像（动词）

[jabl mas] 像妈妈

[jabl jas] 像爸爸

[jabl gos] 像哥哥

[jabl xeex] 像姐姐

[jabl genv] 承袭祖范

【jabx】qant②③aov④拃（动词）拇指食指张开的距离，大约 5 寸长度，民间习惯的丈量尺寸的方法。

[jabx hah] 拃一下

[jabx yac hah] 拃两下

[jabx daic] 拃桌子

[jabx dangv] 拃板凳

[jabx jaol] 拃绳子

▶ jad

【jads】yenv②③印痕（名词）

[jads eex] 屎痕

[bal jads] 烫痕

[baic jads] 伤痕

▶ jag

【jagl】diav②③剁、砍、锄（动词）

[jagl nanx] 剁肉

[jagl lanh] 剁烂

[jagl liant] 剁辣椒

[jagl gual muk] 砍猪脚

[jagl genv bangl] 锄稻草蔸

[jagl yak] 挖稻草蔸

▶ jaem

【jaemc[1]】 gongs②③洞眼、口子（名词）

[jaemc eex] 肛门

[jaemc kap] 耳孔

[jaemc nangl] 鼻孔

[jaemc oc] 咽喉

【jaemc[2]】 躲、藏（动词）

[jaemc jaemc judx judx] 躲躲闪闪

[jaemc yenc] 躲人

[jaemc soih] 躲罪

[jaemc weent] 躲反

[jaemc xangv] 躲债

[jaemc miinl] 躲雨

[jaemc jons] 躲猫猫

[jaemc oc dus] 藏在心里

【jaemc[3]】 爿（量词）

[jaemc dih naih] 这爿土地

[jaemc yeenp naih] 这爿园子

[jaemc das naih] 这爿山坡

【jaemx】 越（副词）

[jaemx qamt jaemx jail] 越走越远

[jaemx dogl jaemx leic] 越下越大

【jaemv】 蚊帐（名词）

[jaemv leic] 大蚊帐

[jaemv niv] 小蚊帐

[jaemv meik] 新蚊帐

[jaemv aov] 旧蚊帐

[jaemv wap] 花蚊帐

[jaemv naeml] 黑蚊帐

[jaemv bagx] 白蚊帐

[jaemv anl] 纻麻蚊帐

[jaemv lanc] 蓝蚊帐

【jaemh】 按、压（动词）

[jaemh dos qit] 按住

[jaemh jens] 压实

▶ jee

【jeel】 jil②③jangl②③吃（动词）

[jeel oux] 吃饭

[jeel mal] 吃菜

[jeel taot] 喝酒

[jeel xic baox] 吃食保 侗族习俗，请身体健康或长寿的人来家里吃饭，为家里体弱的小孩祈福。

[jeel kuiip] 吃亏

[jeel nyangt] 吃草

[jeel eengl] 吃潲

[jeel gueenv xiv] 吃惯势 指吃白食。

[jeel nyunt] 吃得少

[jeel lis qat] 饭量小

[jeel oux lieengs] 吃小米饭

[jeel hongc xaoc] 吃红薯

[jeel yangc liiv] 吃洋芋

[jeel oux yedp] 吃早饭

[jeel oux wenl] 吃午饭

[jeel oux nyaemv] 吃晚饭

[jeel liant] 吃辣椒

[jeel nanx] 吃肉

[jeel baoc tangp] 吃庖汤

[jeel siic] 吃粑

[jeel yanl] 抽烟

[jeel naemx] 喝水

[jeel laemc] 喝西北风

[jeel shuix gox] 吃水果

[jeel taot panp] 吃甜酒

[jeel dangc] 吃糖

[jeel lis lail] 吃得好

[jeel lis sap] 吃得差

[jeel leec] 吃透 指读书理解能力强。

[jeel oux douv] 吃甑子饭

[jeel oux saos] 吃嫁女酒席

[jeel jongc] 吃冤枉多

【jeec】揭（动词）

[jeec gal nanx] 揭肉皮

【jeev】jongc songp②③话多（形容词）

[nyac yav jeev] 你话多

[jeev bail jeev xonv] 说去说来

【jeeh】eeus①bioh②③miees④择（动词）

[jeeh nangc] 择笋子

▶ jeeu

【jeeul】（bieeul）苗条（形容词）

[jeeul xiv] 身材苗条

【jeeuc】geis②③ngeec nyonv④不愿（动词）

[jeeuc saox] 不愿夫家 指女子不愿意嫁去所指婚的夫家。

【jeeuh[1]】轿子（名词）

[jeeuh leic] 大轿子

[jeeuh niv] 小轿子

[suiv jeeuh] 坐轿子

[jongl jeeuh] 抬轿子

【jeeuh[2]】撬（动词）

[jeeuh dol] 撬门

[jeeuh dol guiiv] 撬柜门

[jeeuh dol xangp] 撬箱门

▶ jeen

【jeenv[1]】diinx①②③jinh④垫子（名词）

[jeenv danl] 垫单 指床单。

[jeenv songl] 棕垫

【jeenv[2]】dieenv②③店（名词）

[eip jeenv] 开店

[dov jeenv] 住店

▶ jei

【jeis[1]】lieis③买（动词）

[jeis wok] 买东西

[jeis lis] 买得

[jeis oux] 买米

[jeis mal] 买菜

[jeis nanx] 买肉

[jeis duh] 买衣服

【jeis²】 抬（动词）

[jeis gaos] 抬头、举头

[jeis dal] 抬眼

[jeis gaos jeis kap] 抬头抬脑

▶ jen

【jenl¹】 堤、埂、堤坝（名词）

[jenl nyal] 河堤

[jenl kuit] 溪边堤坝

[jenl yeenp] 菜园埂

[jenl yak] 田埂

【jenl²】 昂、抬、翘、提（动词）

[jenl gaos] 抬头、昂头

[jenl sadl] 翘尾巴

[jenl dinl] 抬脚

[jenl kuk] 提裤子

【jenl³】 卷（动词）

[jenl kinp duh] 卷衣袖

[jenl bal kuk] 卷裤脚

【jenl⁴】 惊、耐（动词）

[jenl wangp] 惊慌

[jenl lis] 耐得住

【jenl⁵】 yenl②③斤（量词）

[jenl liangx] 斤两

【jenc¹】 坡（名词）

[jenc mant] 黄土坡

[jenc sap] 沙土坡

[jenc das] 山上的土地

[jenc yeenp] 菜地、菜园

[jenc wangp] 荒土地

[jenc jaemh] 大山岭、深山

【jenc²】 起（动词）

[jenc map] 起来

[jenc saemp] 起得早

[jenc weep] 起得晚

[jenc bail] 起去

【jenc³】 勤（形容词）

[jenc jeenh] 勤快、勤劳

【jens¹】 顶（名词）

[jens ngeex] 瓦屋脊

[jens yanc] 屋顶

[jens meeut] 帽顶

【jens²】 紧的（形容词）

[jens eeul eeul] 紧巴巴

[jens neengt neengt] 紧绷绷

[jens sinc] 紧缺钱

[jens ongl] 活路紧、活路忙

[jens sais] 性子急

【jenv¹】 劲道（名词）

[jenv lut] 好力气、好手劲

【jenv²】 jeenv②③冠（名词）

[jenv aiv] 鸡冠

【jenv³】 敬（动词）

[jenv xongv] 恭敬、敬重

[jenv taot] 敬酒

【jenv⁴】 留存（动词）

[jenv xongs] 留作种子

[jenv meix] 保留林木

[jenv meix wongp xuit] 留风水树 指村边的大树古木。

[jenv meix laox] 留老木

【jenh】 hangs①②③阵（量词）

[jenh naih] 这阵子

[jenh gav] 那阵子

▶ jed

【jedl¹】 miinh①miinx②③柴（名词）

[jedl xeengp] 生柴

[jedl sos] 干柴

[jedl oh] 光杆柴

[jedl bav] 细枝毛柴

[jedl ngent] 硬质柴

[jedl paok] 泡质柴

【jedl²】 oul④钩（动词）

[jedl dah map] 钩过来

[jedl qak map] 钩上来

[jedl luih map] 钩下来

【jedc¹】 biac④抓、挠（动词）

[jedc qaemp] 抓痒

[jedc gaens] 抓背

[jedc gaos] 抓头

[jedc nas] 抓脸

[jedc nangl] 抓鼻子

[jedc kap] 抓耳朵

[jedc gadl] 挠疮

【jedc²】 挖、刨（动词）

[jedc ens]jedc nanx②③刨土

[jedc put] 刨灰

[jedc sap jinl] 刨沙子

[jedc dah map] 刨过来

[jedc jail] 刨开

【jedx】 kedc②③跑（动词）

[jedx weik] 跑得快

[jedx meent] 跑得慢

[jedx weent] 避灾避难

[jedx kenp] 跑路

[jedx jail] 跑得远

[jedx pieik] 跑得近

[jedx map jedx bail] 跑来跑去

[jedx qak jedx luih] 跑上跑下

▶ ji

【jil】kuup waix②③竹鸡（名词）

【jil joc】地脚枋（名词）

【jic¹】棋（名词）

[jic sans] 打三棋

[jic neix muk] 母子棋

[jic dangl kuuk] 裤裆棋

[jic beengv] 射棋

【jic²】骑（动词）

[jic max] 骑马

[jic max jagl]（max gox）max dongl kuav④骑高脚马 一种民间传统体育活动。

[jic doc] 骑牛

[jic max oc]jic gaos leil①②③骑脖子

【jis buh】地步、程度（名词）

【jis¹】底（名词）

[jis sis] 底子

[jis haip] 鞋底

[jis wac] 袜底

[jis qeip] 犁底

【jis²】抵（动词）

[jis dos] 抵着

[jis sinc] 抵钱

[jis wok] 抵押什物

【jis³】几（数词）

[jis dinl] 几步

[jis joc sinc] 几角钱

[jis kaik sinc] 几块钱

[jis bul yenc] 几个人

[jis nenl dil] 几个梨

[jis paop jis xenc] 几番沉浮

【jix xenl】顶针（名词）

【jix¹】笛子（名词）

[jix yait] 长笛

[jix dent] 短笛

【jix²】dix②③ lionc④追赶（动词）

[jix moh] 追赶他

[jix banx] 追赶伙伴

[jix banx eep]dongc banx eep①②③④跟同伴一样

【jiv¹】蒂（名词）

[jiv jac] 茄子蒂

[jiv liant] 辣椒蒂

[jiv dil] 梨子蒂

[jiv gueel] 黄瓜蒂

[jiv haix jeec] 西红柿蒂

[jiv midx] 柿子蒂

[jiv liix] 麻栗蒂

【jiv gux nyuc】地牯牛（名词）

【jiv²】顶端（名词）

[jiv das] 山顶

[jiv yanc] 屋顶

[jiv gaos] 头顶

[jiv nangl] 鼻尖

[jiv menl] 天顶

【jiv dus】肚脐（名词）

[jiv dus liens] 凸肚脐

[jiv dus op] 凹肚脐

【jiv³】计、记（名词）

[jiv seec] 计策

[jiv senp] 记性

[jiv haok] 记号

【jiv⁴】记（动词）

[jiv ongl] 记工

[jiv xangv] 记账

[jiv siv] 记事

[jiv nyenh] 记住

【jiv⁵】寄（动词）

[jiv leec] 寄书

[jiv sinc] 寄钱

[jiv wok] 寄货物

[jiv duh] 寄衣服

[jiv senv] 寄信

[jiv baol wup] 寄包袱

【jiv⁶】寄（动词）

[jiv meix] 寄古树

[jiv jiuc] 寄古桥

[jiv menv] 寄古井

[jiv bil] 寄古碑

[jiv bial] 寄古石

[jiv miut] 寄古庙

[jiv luc] 寄火炉

[jiv nganv banx] 寄肉摊

[jiv jonh] 寄圈

[jiv gans jas] 寄干爹

[jiv gans mas] 寄干妈

【jih¹】yih①③ lih②辈子（名词）

[jih sunk] 前辈子

[jih naih] 这辈子

[jih lenc] 下辈子

【jih²】忌（动词）

[jih muv] 忌口

[jih dinl] 忌脚 不能去某些地方。

[jih benl] 忌日子

[jih tut] 忌动土

[jih taot] 忌酒

[jih liant] 忌辣

[jih saemt] 忌酸

▶ jiu

【jiul¹】绣、雕刻（动词）

[jiul wap] 绣花

[jiul meeut] 绣帽

[jiul bal wap] 绣花帕子

[jiul siih] 雕字

[jiul xangs] 雕印章

[jiul keet wap] 雕花窗

【jiul[2]】 挑（动词）

[jiul sens] 挑刺

[jiul nax] 挑脓包

[jiul wap bieenl] 挑花边

【jiuc[1]】 条（名词）

[jiuc meix] 木条

[jiuc jaol] 绳索

[jiuc anh] 木杆

[jiuc biedl] 笔杆

[jiuc guunl] 竹竿

[jiuc nyal] 河流

[jiuc kuiit] 溪沟

[jiuc mieengl] 沟渠

[jiuc kuk] 裤条

[jiuc donv]guonv②③手杖

【jiuc[2]】 桥（名词）

[jiuc meix] 木桥

[jiuc jinl] 石桥

[jiuc tadp] 铁桥

[jiuc gongx] 拱桥

【jiuc[3]】 荞（名词）

[jiuc meex] 荞麦

【jius】 haeml①②③④瘦（形容词）

[jius xiv] 瘦弱

[jius nas] 脸瘦

【jiuv[1]】 吊、挂（动词）

[jiuv oc] 吊颈 指上吊自杀。

[jiuv qaemp] 吊针 指吊盐水。

[jiuv wok] 吊东西

[jiuv duh] 挂衣

[jiuv nanx] 挂肉

[jiuv siip] 挂蓑衣

[jiuv daeml] 挂斗笠

【jiuv[2]】 救（动词）

[jiuv minh] 救命

[jiuv wil] 救火

【jiuv[3]】 钓（动词）

[jiuv dal] 钓鱼

[jiuv nyoc] 钓虾

【jiuh】 小锅子（名词）

[dangv jiuh] 架小火锅

▶ jim

【jiml[1]】 金（名词）

[jiml nyenc] 金银

[jiml jingl] 锦鸡

【jiml²】 邀约（动词）

[jiml nyac] 邀你

[jiml banx] 邀伴

[jiml nyac bail] 邀你去

[jiml nyac map] 邀你来

[jiml loux yenc] 邀大伙

【jims¹】 斑点（名词）

[jims naeml] 黑点

[jims yak] 红点

[jims bagx] 白点

[jims mant] 黄点

[jims lanc] 蓝点

[jims maiv] 紫点

[jims ous] 淤点

[jims nguup] 绿点

【jims²】 点（动词）

[jims dengl] 点灯

[jims wil] 点火

[jims xongs] 点种

[jims danl] 点名

[jims naemx] 点水 一种习俗，把化过的符水点在额头上。

【jimx¹】 dax senx①②③④整理（动词）

[jimx leec] 整理书籍

[jimx yanc] 收拾房间

【jimx²】 siic①②③④整齐（形容词）

[jimx lail] 很整齐

[jimx jedl] 齐柴丫

[jimx gaos] 齐头

[jimx biingc] 整平

[jimx lagx oux] 齐秧苗

[jimx nyangt] 齐草把

[jimx bangl] 齐稻草把

▶ jin

【jinl¹】 linl③石头（名词）

[jinl benc] 磨刀石

[jinl oux gix] 软质石头

[jinl sangs yanc] 柱础

[jinl sap] 砂石

[jinl siup] 青石

[jinl woip] 石灰石

[jinl wut lieenc] 火镰岩

[jinl lieenc guangs] 方解石

【jinl²】 疯癫（形容词）

[yenc jinl] 癫子

【jinh】 dinx①②③蓝靛（名词）

▶ jing

【jingl】 dingl①②③钉子（名词）

[jingl tadp] 铁钉

[jingl meix] 木钉

[jingl guunl] 竹钉

【jingc】火钳（名词）

[liangc jingc] 铁钳

【jingv[1]】钉（动词）

[jingv ouk] 钉扣子

[jingv yangh] 钉被子

【jingv[2]】胀（动词）

[jingv dus] 胀肚子

【jingh[1]】订（动词）

[jingh wok] 订货

【jingh[2]】扎稳（动词）

[jingh dinl] 扎稳脚跟

[jingh bal] 扎马步

【jingh[3]】定（动词）

[jingh xip] 定时辰

[jingh kenp] 确定

▶ jo

【jol】声音（名词）

[jol al] 歌声

[jol danl] 名声

[jol laox]（jol leic）大声

[jol qenp] 声音重

[jol qat] 声音轻

[jol nyol] 腔调

[jol pangp] 高音

[jol taemk] 低音

[jol yait] 长音

[jol tent] 短音

【jos[1]】缠、讨（动词）

[jos nyac bail] 讨你去 指求你去。

【jos[2]】nyonv①②③麻利、熟练（形容词）

[dinl miac jos] 手脚麻利

【jos[3]】黏（形容词）

[jos nyuic] 黏稠

【jox[1]】触碰（动词）

[jox yaoc] 触碰我

【jox[2]】gox①②③瞎（形容词）

[jox dal] 瞎眼

【jov[1]】锯子（名词）

[jov niv] 小锯子

[jov laox] 大锯子

[jov sup] 粗锯子

[jov siiv] 细锯子

【jov[2]】锯（动词）

[jov meix] 锯木栋子

[jov piink] 锯木板

[jov dangx] 锯断

【jov[3]】拖（动词）

[jov xiv] 拖沓

【jov[4]】韧的、不慌不忙的（形容词）

[jov jiv] 个性不慌不忙

[jov jiv] 果实蒂韧

[jov nyongt] 韧性足

【jov⁵】残的（形容词）

[jov miac] 手残

[jov dinl] 脚残

▶ jou

【joul】dix①②③赶、撵、围（动词）

[joul nyedt] 赶泥鳅

[joul muk] 赶猪

[joul langc muk] 赶公猪

[joul doc] 赶牛

[joul aiv] 赶鸡

[joul badl] 赶鸭

[joul ngant] 赶鹅

[joul bieev] 赶羊

[joul naemx sens] 赶露水

[joul liait] 撵麻雀

[joul not] 撵老鼠

[joul kuap] 撵狗

[joul xeenv] 围细鱼

【jouc】担忧、愁（动词）

[jouc xiv] 很担忧

[jouc deil] 愁死

【jouc kop】也许、或许（副词）

【jous】篍（名词）竹编或藤编的饭盒。

[jous oux] 饭包

[jous gunl] 竹饭包

[jous laox] 大饭包

[jous niv] 小饭包

[jous meik] 新饭包

[jous aov] 旧饭包

【joux】后跟（名词）

[joux linl] 脚后跟

[joux kinp] 手肘

▶ jon

【jonc】缩、抽（动词）

[jonc gaos] 缩头

[jonc oc] 缩脖子

[jonc miac] 缩手

[jonc gual] 缩腿

[jonc ginl] 缩脚

[jonc enl] 抽筋、蜷缩

【jons】baos①②③ 绕（动词）

[jons kenp] 绕路

[jons nyal jons das] 绕山绕水

【jonh¹】圈（名词）

[jonh doc] 牛圈

[jonh muk] 猪圈

[jonh max] 马圈

[jonh bieev] 羊圈

[jonh tuk] 兔子圈

[jonh aiv] 鸡圈

[jonh badl] 鸭圈

[jonh ngant] 鹅圈

【**jonh**[2]】赚（动词）

[jonh sinc] 赚钱

[jonh lis] 赚得

▶ jong

【**jongl**[1]】gongl②③鼓（名词）

[jongl leic] 大鼓

[jongl niv] 小鼓

【**jongl**[2]】抬（动词）

[jongl dongc meix] 抬木头

[jongl naemx] 抬水

[jongl jinl] 抬石头

[jongl yenc] 抬人

[jongl muk] 抬猪

[jongl daic] 抬桌子

[jongl sangl] 抬丧

[jongl puk meix] 抬棺材

[jongl jeeuh] 抬轿子

【**jongl**[3]】接（动词）

[jongl naemx daoh] 接开水

[jongl naemx liak] 接冷水

[jongl naemx tangp] 接菜汤

[jongl naemx miinl] 接雨水

[jongl naemx jeel] 接水喝

【**jongl**[4]】装（动词）

[jongl qangp] 装模作样

[jongl jic] 假装

[jongl deil] 装死

[jongl biingh] 装病

[jongl nak] 装睡

[jongl jangv] 装醉

[jongl kuut] 装穷

[jongl meec] 装富

[jongl weex] 装做

[jongl jox] 装瞎

[jongl longl] 装聋

[jongl jinl] 装癫

[jongl lieec] 卖乖

[jongl wox] 装懂

[jongl xaoc] 装痴

[jongl wax] 装傻

【**jongl**[5]】dangv gav①②③设、安、套（动词）

[jongl taok] 设圈套

[jongl wat] 设陷阱

[jongl doc nanx] 套野兽

[jongl doc laiv] 套野猪

[jongl nyedc] 安泥鳅篆 泥鳅篆，一种抓泥鳅的工具。

[jongl liic liangc] 架鱼梁

[jongl piat] 安地笼

【jongl[6]】久（形容词）

[jongl xiv] 很久

【jongc】多（形容词）

[jongc weex] 多干

[jongc lis] 多得

[jongc nanh] 多难

[jongc sinc] 钱多

[jongc yenc] 人多

[jongc wok] 东西多

[jongc yanc] 房屋多

[jongc yak] 田多

[jongc lagx] 子孙多

[jongc songp] 话多

[jongc nyih] 多艺

[jongc nyih] 多心眼

【jongs[1]】捶打（动词）

[jongs siic] 捶打糍粑

[jongs siic miangc] 捶打蕨粑

【jongs[2]】jov①②③ loic②③擂（动词）

[jongs liant] 擂辣椒

[jongs sac] 擂药

[jongs baoc] 擂盐

【jongs[3]】guaix②③戳（动词）

[jongs yenc] 戳人

[jongs ongt nogt] 戳鼠洞

▶ jod

【jods】割（动词）

[jods oux] 割稻子

[jods meex] 割麦子

[jods dangx] 割断

[jods yuc ees] 割松油

[jods sadl] 割漆

[jods gaos] 割脑壳

[jods jangs miac] 割伤手

[jods jangs dinl] 割伤脚

[jods nyangt] 割草

[jods mal muk] 割猪菜

[jods songp bav daoc] 割韭菜葱

【jodx[1]】一端（名词）

[jodx naih] 这头

[jodx gav] 那头

[jodx doiv naih] 床这头

[jodx doiv gav] 床那头

【jodx[2]】半（数词）

[jodx benl douc] 上半天

[jodx benl lenc] 下半天

[jodx mianl douc] 上半月

[jodx mianl lenc] 下半月

[jodx nyinc douc] 上半年

[jodx nyinc lenc] 下半年

▶ **ju**

【jul】 舅（名词）

[jul gongs] 舅公

[jul leic] 大舅

[jul mas] 舅妈

[jul niv] 小舅

[jul nyangs] 舅娘

【juc[1]】 jul②③舅辈（名词）

[juc neix]jul mas②③母舅辈

【juc[2]】 求（动词）

[juc nyac] 求你

[juc moh] 求他

[juc yenc] 求人

【jus neengt】 nal②③紧密（形容词）

【jus xinp】 紧身的、身板结实的（形容词）

【jus】 九（数词）

[jus nenl] 九个

[jus benl] 九日

[jus mianl] 九个月

[jus wedx yus] 九月九

[jus nyinc] 九年

▶ **jui**

【juis】 鬼（名词）

[doc juis] 鬼

[weex juis] 装神弄鬼

[jangs juis] 撞着鬼

[shaoh juis] 做鬼

[songp juis] 鬼话

【juiv[1]】 eiv②③疼爱（动词）

[juiv yenc] 疼爱人

[juiv lagx] 疼爱小孩

[juiv liat] 疼爱儿媳

【juiv[2]】 贵（形容词）

[juiv sinc] 贵得很

[wok juiv] 价格高

[juiv sinh] 贵贱

K
k

▶ ka

【kap】 耳朵（名词）

[kap nal] 耳朵厚

[kap muk] 猪耳朵

[kap yenc] 人耳朵

[kap tongt] 戽桶耳

[kap duc] 鼎罐耳

【kat¹】 修、剔除（动词）

[kat aiv] 修鸡

[kat badl] 修鸭

[kat ngant] 修鹅

[kat muk] 修猪

[kat doc] 修牛

[kat bieev] 修羊

[kat xenp] 修身 指动物梳理尾羽。

【kat²】 收拾（动词）

[kat eex] 收拾屎尿片

【kat³】 了结（动词）

[kat xangv] 结账

[kat xeik] 结案

【kat⁴】 拜认（动词）

[kat juc] 拜舅亲 也称"回娘头"，指姑姑家女儿婚配不回舅舅家，择日拜谢舅亲，修复与舅舅的关系。

【kat⁵】 丑（形容词）

[kat xiv] 丑得很

[kat nas] 丢脸

【kak¹】 呛（动词）

[kak liant]qangk siul②③呛辣椒

[kak yuc] 呛油

[kak yeenl] 呛烟

【kak²】 ras①②③嘶哑（形容词）

[kak jol] 声音嘶哑

▶ kai

【kaik】 sins①②③大声喊（动词）

[kaik mangc] 喊啥

[kaik xeengp] 干吼、乱喊

[kaik lail] 喊得好

[kaik menl kaik dih] 喊天喊地

▶ kao

【kaok¹】 赌（动词）

[kaok nyac gueec hangt bail] 赌你不敢去

[kaok nyac gueec hangt weex] 赌你不敢做

[kaok nyac hangt gueec hangt] 赌你敢不敢

【kaok^2】靠（动词）

[kaok banh qaik] 靠板壁

[kaok yix] 靠椅子

[kaok gaos doiv] 靠床头

[kaok saol yanc] 靠屋柱子

[kaok wangp dol] 靠门枋

▶ kam

【kamt】haop②③haox④抢、占（动词）

[kamt dih] 占地盘

[kamt sunk] 抢先

[kamt jongc] 多占

[kamt wih sis] 抢位子

[kamt daic] 抢桌子

[kamt dangv] 抢凳子

[kamt doiv] 抢床位

[kamt duix] 抢碗

[kamt xoh] 抢筷子

▶ kang

【kangp】gangs④缺乏营养的（形容词）

[kangp biiml]mant②③头发发黄

[kangp keeuk] 长得瘦小

▶ kad

【kadp】gaos redl①②③小颗粒（名词）

[kadp oux] 碎米头

[kadp jinl] 碎石子

【kadt^1】qadt②③扫帚（名词）

[kadt xus] 竹扫帚

【kadt^2】houk②③qeenp④骂（动词）

[kadt yenc] 骂人

[kadt neix] 骂娘

[kadt lagx] 骂小孩

[kadt lox wanl] 骂老公

[kadt maix] 骂老婆

[kadt sah] 骂强盗

[kadt os] 骂得凶

[kadt ail] 骂街

[kadt lail] 骂得好

[kadt menl kadt dih] 骂天骂地

▶ kaem

【kaemk】倒（动词）

[kaemk oux] 稻子倒伏

[kaemk beex] 摔倒、跌倒

[kaemk megx] 麦子倒伏

[kaemk baol guuc] 玉米倒伏

[kaemk meix] 树木倒伏

【kaemk sais】决意（动词）

[kaemk saemp kaemk sais] 一心一意

▶ kee

【keep[1]】 qeek②③梳子（名词）

[keep meix] 木梳子

[keep lags] 牛角梳

[keep jaos] 塑料梳

【keep[2]】 梳理（动词）

[keep gaos] 梳头

[keep biiml] 梳理毛发

【keet】 窗（名词）

[keet sis] 窗子

[keet sis sup] 粗格窗子

[keet sis siiv] 细格窗子

[keet sis wap] 花窗子

[keet sis leic] 大窗子

[keet sis niv] 小窗子

[keet sis meik] 新窗子

[keet sis aov] 旧窗子

▶ kei

【keik[1]】 gav lieik②③工具（名词）

[keik laox] 大型工具

[keik niv] 小型工具

[keik leik] 工具

【keik[2]】 打（动词）

[keik beex] 打架

[keik beex laox] 打群架

[keik beex niv] 打小架

▶ ken

【kenp[1]】 路（名词）

[kenp laox] 大路

[kenp niv] 小路

[kenp nyic] 门路

[kenp qongk] 弯路

[kenp diuc] 直路

[kenp dous] 陡路

[kenp biingc] 平路

[kenp wap ail] 花阶路

[kenp doc] 牛路

[kenp weengv] 泥泞路

[kenp xip bans] 石板路

【kenp[2]】 结、生（动词）

[kenp nenl] 结果实

[kenp yenc] 长大成人

[kenp gadl] 生疮

[kenp singl] 生瘰疬

【kenp[3]】 完（动词）

[kenp tangp] 完蛋

[kenp tangp louv mik] 彻底完蛋

[kenp siv] 完事

[kenp ongl] 完工

【kenk】累、辛苦（形容词）

[kenk xiv] 过度劳累

[kenk ongl] 干活辛苦

[kenk suv] 师傅辛苦

▶ kin

【kinp^{1}】袖（名词）

[kinp duh] 衣袖

[kinp duh yait] 长袖

[kinp duh dent] 短袖

【kinp^{2}】胳膊（名词）

[dees kinp] 腋下、腋窝

[gaos kinp] 胳膊上

[jiux kinp] 手臂弯曲处

[dongc kinp] 整只手臂

[genv kinp] 上臂

[teep kinp] 小手臂

▶ kig

【kigt^{1}】锅（名词）

[kigt xeeus mal] 炒菜锅

[kigt niv] 小锅子

[kigt yangk] 中锅子

[kigt laox] 大锅子

[kigt meik] 新锅子

[kigt aov] 旧锅子

【kigt^{2}】轭（名词）

[kigt doc] 牛轭

[kigt wic] 水牛轭

[kigt liout] 黄牛轭

▶ kiu

【kiuk】liangh④停（动词）

[kiuk miinl] 雨停了

[kiuk nil] 雪停了

▶ koi

【koik^{1}】gueds①④ weds②③掏、清理（动词）

[koik maoc] 掏粪

[koik maoc doc] 掏牛圈

[koik maoc muk] 掏猪圈

[koik menv] 掏井

[koik mieengl] 掏沟

【koik^{2}】gueds①②③④刮（动词）

[koik duc oux] 刮鼎罐

[koik gigt] 刮锅子

[koik banc mal] 刮盘子

[koik eex aiv] 刮鸡粪

[koik eex badl] 刮鸭粪

[koik maoc sip] 刮粪坑

▶ kou

【koup[1]】抠、刨（动词）

[koup mieengl] 刨沟

[koup jaemc nangl] 抠鼻孔

[koup eex nangl] 抠鼻屎

[koup eex kap] 抠耳屎

[koup benl dal] 抠眼睛

[koup nyedt] 抠泥鳅

[koup nyot] 抠黄鳝

[koup hongc xaoc] 抠红薯

[koup yangc liiv] 抠土豆

[koup goc xuc] 抠地瓜

[koup wat sengs] 抠花生

[koup naov] 抠竹鼠

[koup ongt not] 抠鼠洞

【koup[2]】凹陷（形容词）

[koup dal] 眼凹 指眼睛往里凹陷。

【kout[1]】(koup）小碗（名词）

[kout oux] 小饭碗

[kout meix] 小木碗

[kout guunl] 小竹碗

[kout yangc diec] 小瓷碗

【kout[2]】萎缩（形容词）

[kout ongl] 过度劳累

[kout maoc] 庄稼缺肥

▶ kong

【kongp[1]】qongk②③wouc④笼（名词）

[kongp muk] 猪笼

[kongp xoh] 筷子笼 指装筷子的器具。

【kongp[2]】拱、钻（动词）

[kongp jonh] 拱圈 指牲畜在圈里不安分。

[kongp ongt] 钻洞

[kongp ens] 钻土

[kongp eengl] 拱食 指牲畜进食时用鼻子翻动槽里的食物。

[kongp laot dongh] 钻进洞

【kongp[3]】beeuc①②③④捅（动词）

[kongp ongt not] 捅老鼠洞

[kongp dal gas] 捅蛇鱼

[kongp ongt nyot] 捅黄鳝

[kongp eex yeenl] 捅烟屎 指用细小的木条或细铁丝捅烟杆里的烟灰。

【kongt】响（动词）

[kongt dinl] 脚步响

[kongt jol] 响声

[kongt dol] 门声响

[kongt keik] 乐器响

[kongt xongv] 枪响

[kongt paok] 炮响

[kongt bias] 雷响

▶ kud

【**kudt**】燃、烧（动词）

[kudt wil] 燃烧

[kudt naemx] 烧水

[wedc kudt] 发烧

▶ kua

【**kuap**】狗（名词）

[kuap bagx] 白狗

[kuap naeml] 黑狗

[kuap mant] 黄狗

[kuap laox] 老狗

[kuap leic] 大狗

[kuap niv] 小狗

[kuap jinl] 疯狗

[kuap jix nanx] 猎狗

【**kuak**】bav④挎（动词）

[kuak miax] 挎柴刀

▶ kuai

【**kuaik**[1]】块、板、枋（名词）

[kuaik piink] 木板

[kuaik wangp] 木枋

[kuaik dol] 门板

[kuaik aiv oh] 橡皮

[kuaik xonp] 穿枋

[kuaik xeengp jinl] 千斤枋

[kuaik jil joc] 地脚枋

[kuaik sags] 木渣块

[kuaik ens] 土块

[kuaik jinl] 石块

【**kuaik**[2]】块（量词）

[kuaik jal] 一块布

[kuaik sinc] 一块钱

[kuaik nanx] 一块肉

[kuaik jedl] 一块柴

▶ kuii

【**kuiip**】亏（动词）

[kuiip yenc] 亏人

[kuiip senp] 亏心

【**kuiit**】guuis②③raok②③溪（名词）

[kuiit leic] 大溪

[kuiit niv] 小溪

▶ kuo

【**kuop**】qop②③怕（动词）

[kuop liak] 怕冷

[kuop dunl] 怕热

[kuop deil] 怕死

[kuop weex ongl] 怕干活

[kuop jeel sac] 怕吃药

[kuop siih] 害怕

[kuop juis] 怕鬼

【**kuok**[1]】goc①②③角（名词）

[kuok dal] 眼角

[kuok qaik] 屋角

[kuok dol] 门背角 指门后面的角落。

[kuok daic] 桌子角

[kuok guaemx] 房内角

[kuok ginc] 堂屋角

【**kuok**[2]】bac gongl②③虾耙（名词）一种捕虾的网。

【**kuok**[3]】撮、赶（动词）

[kuok nyedc] 赶泥鳅

[kuok jagl] 赶蝗虫

[kuok dal] 赶鱼

▶ kuon

【**kuonp**[1]】lionc①②③圈（名词）

[kuonp daeml] 斗笠圈

[kuonp duc] 鼎罐垫圈

【**kuonp**[2]】kuons②③宽（动词）

[kuonp xenp] 宽心

▶ kuu

【**kuup**[1]】油枯（名词）

[kuup sac yuc] 茶籽枯

[kuup saiv yuc] 菜籽枯

[kuup dongc yuc] 桐籽枯

【**kuup**[2]】（ongp）空（形容词）

[kuup dus] 肚子空

[kuup deih] 口袋空

【**kuut**】穷（形容词）

[kuut xiv] 穷得很

[yenc kuut] 穷人

[yanc kuut] 家里穷

【**kuuk**】裤（名词）

[kuuk meik] 新裤

[kuuk diuv] 旧裤

[kuuk yait] 长裤

[kuuk tent] 短裤

[kuuk dangl] 封裆裤

[kuuk lav] 开裆裤

[kuuk bads] 便裤

L

l

▶ la

【**lal**[1]】船（名词）

[lal laox] 大船

[lal niv] 小船

[lal duh] 渡船

[lal meix] 木船

[lal tadp] 铁船

【**lal**[2]】ral ①②③一眼（数量词）

[nuv lal] 看一眼

【**lac**[1]】箩（名词）

[lac laox] 大箩

[lac niv] 小箩

[lac meik] 新箩

[lac aov] 旧箩

[lac diuv] 烂箩

[lac ongk] 空箩

【**lac**[2]】锣（名词）

[dongc lac] 铜锣

【**lac**[3]】jangc ①②③ dac ④个、坨、块（量词）

[lac yenc] 一个人

[lac ens] 一坨泥

[lac nanx] 一坨肉

[lac jinl] 一块石头

【**las**】结巴（动词）

[las songp] 口吃

【**lah**[1]】雇（动词）

[lah yenc] 雇人

[lah ongl] 雇工

【**lah**[2]】催（动词）

[lah xangv] 催帐

【**lat**[1]】胸襟（名词）

【**lat**[2]】longh luh cup ①②③勒（动词）

[lat jedl] 勒柴

[lat nyangt] 勒草

[lat dongc oc] 勒脖子

【**lat**[3]】weec senx ②③限制（动词）

[lat songp] 莫乱说

▶ lai

【**lail benh**】多事、好事（动词）

【**lail**】好（形容词）

[lail sais] 好心肠

[lail nyih] 好手艺

[lail yat] 好看

[lail jol] 好声音

[lail xenp xangv] 好身材

[lail nas langl] 好脸蛋

[lail dal] 好眼力

[lail muv] 好口才

[lail wul yenc] 好个人 指人心肠好。

[lail jeel] 好吃

[lail dengs] 好穿

[lail nyaoh] 好住

[lail menl] 好天气

[lail xiv banx] 好伙伴

[lail jaix nongx] 好兄妹

【laic[1]】 daic①②③ soc④一桌（数量词）

[laic mal] 一桌菜

[laic siih] 一桌宴席

【laic[2]】 wav①②③ waik①②③一片、一畦（数量词）

[laic jenc] 一片山地

[laic meix] 一片山林

[laic yeenp mal] 一畦菜地

[laic yeenp] 一片菜园

[laic lagx liant] 一畦辣椒苗

[laic lagx oux] 一畦秧苗

[laic lagx sans] 一畦䅟子秧

[laic lagx jac] 一畦茄子秧

[laic baol guuc] 一畦玉米苗

[laic hongc xaoc] 一畦红薯秧

[laic songp] 一畦葱苗

[laic sonv] 一畦蒜苗

[laic jeeuh deeuc] 一畦藠头

[laic mal lox wagc] 一畦萝卜菜

【laiv[1]】 yis wanh①②③一带（名词）

[laiv naih] 这一带

[laiv gav] 那一带

【laiv[2]】 野猪（名词）

[laiv dogc] 独野猪 指一只野猪。

[laiv doux] 一群野猪

[laiv jangs xangp] 受伤的野猪

【laiv[3]】 赖、诬陷、抵赖（动词）

[laiv yaoc] 赖我、诬陷我

[laiv lail] 耍赖

[laiv xangv] 赖账

【laiv[4]】 烫（动词）

[laiv xiv] 烫得很

[laiv miac] 烫手

[laiv dinl] 烫脚

【laih[1]】 daih①②④ raih③一代（名词）

[laih yenc] 一代人

【laih[2]】 诬赖（动词）

[laih yenc] 诬赖人

[laih yaoc] 诬赖我

[laih nyac] 诬赖你

[laih maoh] 诬赖他

▶ lao

【laol¹】蜂（名词）

[laol dangc] 蜜蜂

[laol dinl xangc] 长脚蜂

[laol maemx] 虎头蜂

[laol daemc] 马蜂

[laol nyoc] 虾子蜂

[laol biiuv paok] 鞭炮蜂

【laol²】bieel naemx②③jaemc laol④田埂漏洞（名词）

【laol³】daol①②③④一锅（数量词）

[laol oux] 一锅饭

[laol mal] 一锅菜

[laol nanx] 一锅肉

[laol eengl muk] 一锅猪潲

【laop】diees②③找（动词）

[laop kenp] 找路

[laop kenp] 找岔子

[laop yenc] 找人

[laop maix] 找媳妇

[laop ongl weex] 找活路做

[laop jedl] 找柴火

[laop mal muk] 找猪菜

[laop doc] 找牛

[laop sinc] 挣钱

[laop jeel] 觅食

[laop xiis] 找纸

[laop biedl] 找笔

[laop qaemp] 找针

[laop sanv] 找线

[laop lox wanl] 找男人

[laop nangc] 找笋子

[laop mal eeus] 找蕨菜

【laoc¹】吵（动词）

[laoc liop] 把人吵醒

【laoc²】搅、拌、翻（动词）

[laoc oux sanp xeec]xeeus oux kuudt②③搅拌糊米茶“糊米茶”是侗族的一种茶食。

[laoc aemp naemx] 把水搅浑

[laoc mal] 翻菜

[laoc oux] 翻谷子

【laot】(laos) 进（动词）

[laot yanc] 进屋

[laot das] 进山

[laot xenc] 进城

[laot yanc meik] 进新屋

[laot dongh] 进洞

[laot naemx] 进水

[laot jeenv] 进店

[laot xaih] 进寨

【laox】 老（形容词）

[laox lieenv] 老练

[laox xenc] 老成

【laox wot】 as jans④健康（形容词）

【laov[1]】 倒（动词）

[laov gaos] 头朝下

[laov jiv] 颠倒

[laov jail] 倒掉

【laov[2]】 一次（数量词）

[laov guv] 只一次

[laov tot] 独一次

【laok】 一套（数量词）

[laok duh] 一套衣

[laok keik] 一套工具

[laok xenc douc] 一套行头

▶ lam

【lamc】 忘（动词）

[lamc lenc] 忘记

[lamc sins] 忘喊

[lamc jeel] 忘吃

[lamc deic] 忘拿

[lamc weex] 忘做

[lamc kenp] 忘路

[lamc xal dol] 忘关门

[lamc mov wil] 忘壅火 “壅火”指用土覆盖草木灰，防止火种复燃。

[lamc daems denl] 忘关灯

[lamc daems naemx] 忘关水

[lamc yoc xip] 忘钥匙

【lamt】 laml①②③④缆、绳（名词）

[lamt doc] 牛绳

[lamt bangl] 稻草缆绳

[lamt guunl] 竹缆

[lamt songl] 棕缆绳

[lamt laox] 大绳

[lamt nyangt] 捆草绳

【lamk】 碰、撞（动词）

[lamk xap] 碰车

[lamk gaos] 碰头

[lamk miac] 碰手

[lamk dinl] 碰脚

[lamk qaik] 碰壁

[lamk dongs] 遇着

▶ lan

【lanp[1]】 tank①②③摊开（动词）

[lanp oc dih] 摊在地上

[lanp miac] 摊开手

[lanp bal] 摊开腿

【lanp²】lanl②③hank③畜、禽的半爿肉 “半爿”是半边的意思。

[lanp muk] 一爿猪肉

[lanp aiv] 一爿鸡肉

[lanp badl] 一爿鸭肉

[lanp ngant] 一爿鹅肉

[lanp bieev] 一爿羊肉

[lanp nanx kuap] 一爿狗肉

【lanc bangv】走廊（名词）

【lanc】拦（动词）

[lanc dol] 拦门

[lanc kenp] 拦路

[lanc eet] 拦客

[lanc doc] 拦牛

【lanv¹】石（量词）

[lanv oux sanp] 一石米

[lanv oux ot] 一石谷子

[lanv baol guc] 一石玉米

[lanv aol liangc] 一石高粱

[lanv meex] 一石麦子

[lanv oux lieengs] 一石小米

[lanv doh longc] 一石黄豆

【lanv²】摊（量词）

[lanv meix] 一摊木材

[lanv ongl] 一摊工程

【lanh¹】烂（形容词）

[lanh mal] 烂菜

[lanh mal] 坏事

[lanh aox] 烂芯 指内部不团结。

[lanh sais] 烂肠子

[lanh saemp] 烂心肝

[lanh xenp siv] 烂心事

[lanh bih bih] 烂稀巴

[lanh guegx] 烂得很

【lanh²】泥泞（形容词）

[lanh kenp] 泥泞的路

【lanh³】滥（形容词）

[lanh bah] 女人放荡

▶ lang

【langp】longp①haos②③nongl④一棵（数量词）

[langp mal] 一棵菜

[langp oux] 一蔸禾苗

[langp gouc] 一锄头

[langp miax] 一柴刀背

【langc】虚弱（形容词）

[langc xiv] 很衰弱

【langx¹】清洗（动词）

[langx duh] 清洗衣服

[langx mal] 清洗菜

【langx²】讨好（动词）

[langx bieev] 讨好别人

【langv】用凳子打（动词）

[langv nyac deil] 用凳子打你

【langk】rangk①②③一趟（数量词）

[map langk] 来一趟

[bail langk] 去一趟

【langh[1]】浪（名词）

[langh naemx] 水波浪

【langh[2]】（yeep）网（名词）

[langh leic] 大网

[langh niv] 小网

[langh meik] 新网

[langh aov] 旧网

【langh[3]】套（名词）

[langh jil] 竹鸡套

[langh waik mic] 画眉套

【langh[4]】退让（动词）

[langh kenp] 让路

[langh laov] 让一次

[langh yaoc gil] 让我点

[langh maoh gil] 让你点

[langh moh gil] 让他点

【langh[5]】晾（动词）

[langh duh] 晾衣服

[langh yangh] 晾被子

[langh sos] 晾干

[langh yeep] 晾网

[langh anl] 晾麻

[langh jal] 晾布

【langh[6]】祭祀（动词）

[langh yenc laox] 祭祖宗

[langh juis] 祭鬼神

[langh boc sat] 祭菩萨

[langh tut dih] 祭土地

[langh jiuc] 祭桥

[langh meix laox] 祭古树

[langh menv] 祭井神

【langh[7]】一半（数词）

▶ lab

【labl】as xeengp①④ gas xeenp②③夹生的（形容词）

[labl oux] 夹生饭

[labl megx] 夹生麦饭

【labc】学舌（动词）

[labc songp] 学别人说话

【labs[1]】蜡烛（名词）

[labs laox] 大蜡烛

[labs niv] 小蜡烛

[labs bagx] 白蜡烛

[labs yak] 红蜡烛

【labs[2]】蜂蜡（名词）

【labs³】 doc ganh①②③nic lads④蟑螂（名词）

[labs laox] 大蟑螂

[labs niv] 小蟑螂

【labs⁴】 dads④一挑（数量词）

[labs jedl] 一挑柴

[labs mal] 一挑菜

[labs nyangt] 一挑草

[labs oux] 一挑谷子

【labx】 qit①②③dabx④踢（动词）

[labx yaoc] 踢我

[labx nyac] 踢你

[labx maoh] 踢他

[labx nyac deil] 踢死你

▶ lad

【ladl】 一坨（数量词）

[ladl nanx] 一坨肉

[ladl siic] 一坨粑

[ladl oux] 一坨饭

[ladl lags] 一坨骨头

[ladl eex] 一坨屎

[ladl dangc eeup] 一坨饴糖

【ladp¹】 印痕（名词）

[ladp kenp] 踪迹

[ladp doc]kenp doc①②③④牛印痕

[ladp not] 鼠印痕

[ladp jil] 竹鸡印痕

[ladp laiv] 野猪印痕

[ladp jix] 麂子印痕

【ladp²】 滴、流（动词）

[ladp naemx] 滴水

[ladp tadt] 滴血

[ladp mux] 流鼻涕

[ladp naemx dal] 流眼泪水

[ladp naemx mieec] 流口水

[ladp benv] 流汗水

【ladp³】 nas①②③④一垄（数量词）

[ladp oux] 一垄秧苗

[ladp doh] 一垄黄豆

[ladp baol guc] 一垄玉米

[ladp mal] 一垄菜

【ladp⁴】 七天（数量词）

[monx ladp] 满七天

【ladc¹】 aos youc④栗（名词）

[ladc laox] 大板栗

[ladc sov] 锥栗

[ladc xeec] 毛板栗

【ladc²】 剔（动词）

[ladc at meix] 剔树枝

[ladc at guunl] 剔竹丫

[ladc jedl] 剔柴

【ladc³】 biac①②③④爬行（动词）

[ladc dah] 爬过

【**ladx**】划（动词）

[ladx miac] 划手

[ladx gual] 划腿

[ladx hah] 划一下

[ladx dinl] 划着脚

[ladx nas] 划着脸

[ladx nanx] 把肉划开

▶ lag

【**lagl¹**】破开、劈（动词）

[lagl dus] 破开肚子

[lagl sais] 破开肠子

[lagl gaos] 破开头

[lagl bial] 破开石壁

[lagl lanp] 破成两边

[lagl langh] 破浪

[lagl jedl] 劈柴

【**lagl²**】噎（动词）

[lagl mieec] 噎口水

[lagl oux] 噎饭

【**lags**】骨（名词）

[lags muk] 猪骨

[lags doc] 牛骨

[lags kuap] 狗骨

[lags bieev] 羊骨

[lags yenc] 人骨

[lags gix] 脆骨

[lags yedl] 肋骨

【**lagx**】雏、崽（名词）

[lagx ons] 娃崽

[lagx tanp] 孙崽

[lagx aiv] 雏鸡

[lagx badl] 雏鸭

[lagx doc] 牛犊

[lagx max] 马驹

[lagx bieev] 羊羔

[lagx muk] 猪崽

[lagx kuap] 狗崽

[lagx meeux] 猫崽

[lagx not] 鼠崽

[lagx leil] 猴崽

[lagx maemx] 虎崽

【**lagx taot**】酒糟、甜酒（名词）

[lagx taot wedc lail] 酒糟发酵得好

[lagx taot panp lail] 甜酒甜得好

【**lagx gix**】小伙子（名词）

[lagx gix lieec] 帅小伙子

▶ laem

【**laemp**】插、栽（动词）

[laemp yak] 插秧

[laemp oux] 栽禾苗

【laemc¹】 风（名词）

[laemc laox] 狂风

[laemc leic] 大风

[laemc niv] 微风

[laemc liak] 冷风

[laemc kudt] 热风

【laemc²】 angl①② gangl③④一坛（数量词）

[laemc dal wadl] 一坛腌鱼

[laemc nanx wadl] 一坛腌肉

[laemc taot] 一坛酒

[laemc mal maoc] 一坛细盐菜

[laemc lox wat sos] 一坛腌萝卜

[laemc lox wat saems] 一坛酸萝卜

[laemc mal eeus wadl] 一坛腌蕨菜

[laemc liant saems] 一坛酸辣椒

[laemc jeeuh deeuc] 一坛腌藠头

[laemc taot panp] 一坛甜酒

[laemc suv] 一坛醋

【laemt】 同伴（名词）

[laemt banx] 伙伴

【laemh¹】 naemx②③ daemh④沼泽（名词）

[dov laemh] 陷入沼泽

【laemh²】 趁（介词）

[laemh saemp] 趁早

[laemh kudt] 趁热

▶ lee

【leec】 书（名词）

[leec aov] 旧书本

[leec meik] 新书本

[leec gaeml] 侗文

[leec wap] 图画本

[leec al] 歌本

[leec jenl] 经文书

[leec daoh nyenc] 道人书

[leec guus] 故事书

【leex】 reec①②③ nyax④惹（动词）

[leex siv] 惹事

[leex xeiv] 惹官司

【leev¹】 dongx①②③断、散（动词）

[leev guul] 断箍

[leev dous] 散伙

【leev²】 seev①②③ lav④破裂的（形容词）

[leev dol] 破门

[leev lal] 破船

[leev keet] 破窗子

[leev doix] 破碗

[leev banc] 破盘子

[leev xeengs] 破杯子

[leev kigt] 破小锅子

[leev daol] 破大锅子

[leev duc] 破鼎罐

[leev penc] 破盆

[leev wongk] 破桶

[leev bangc] 破大木桶

[leev gaos] 破头

[leev dangl kuuk] 破裤裆

【leeh】 nyangv①②③闲（形容词）

[leeh xiv] 很无聊

▶ lei

【leil】 猴子（名词）

[leil laox] 老猴子

[leil niv] 小猴子

【leip】 陪嫁物（名词）

[yak leip] 陪嫁田

【leic】 大（形容词）

[leic gaos] 头大、脑壳大

[leic kap] 耳朵大

[leic nangl] 鼻子大

[leic miac] 手大

[leic dinl] 脚大

[leic nenl] 大颗

[leic bangh] 大个头

[leic mongt] 大官

[leic qangp] 大太阳

[leic munc] 大雾

[leic miinl] 大雨

[leic piongp] 蒸气大

【leih】 劈（动词）

[bias leih] 被雷劈

▶ liu

【liul】 kuudt②③焦、灼（动词）

[liul oux] 焦饭

[liul wil] 火势灼人

【liup】 清澈（形容词）

[liup lail] 好清澈

[liup dal] 眼睛明亮

【liuc】 桔子（名词）

[liuc saems] 酸桔

[liuc panp] 甜桔

[liuc nyoc] 柚子

【liuv】 饿（动词）

[liuv oux] 饿饭

[liuv taot] 饿酒

[liuv nanx] 饿肉

[liuv xiv] 饿得很

【liuh¹】 giuh①②③④penk②③丢（动词）

[liuh jail] 丢掉

【liuh²】 稀（形容词）

[yanc liuh] 房屋偏僻

▶ lin

【linl[1]】蒿（名词）

[mal linl] 青蒿

【linl[2]】一脚（数量词）

[linl kenp] 一脚路 指距离近。

【linp】sinp①②③④千（数词）

[linp dinl] 一千步

[linp nyinc] 千年

[linp benl] 一千天

[linp kuaik sinc] 一千元钱

【linc】nyinc①②③④年（量词）

[linc jodx] 一年半

[linc dah] 一年多

▶ ling

【lingx】sos①②③④旱（形容词）

[lingx saemp] 旱得早

[lingx weep] 旱得久

[lingx os] 旱得老火

【lingv[1]】蚌（名词）

[lingv leic] 大蚌壳

[lingv niv] 小蚌壳

【lingv[2]】longx②③ hox④逗、骗（动词）

[lingv yenc] 骗人

[lingv sinc] 骗钱、骗吃

[lingv nongx] 逗弟妹

▶ lid

【lids】bads①②③涩（形容词）

[lids muv] 涩口 指吃某种食物使舌头感到麻木干燥。

▶ lo

【lol[1]】dol①②③门（名词）

[nas lol] 门口

【lol[2]】旱稻（名词）

[oux lol] 旱稻

【lop[1]】剥、脱（动词）

[lop gal]lok ral②③ loc biis④剥皮

[lop gal siic] 剥蛇皮

[lop gal meix] 剥树皮

[lop gal] 脱皮

【lop[2]】光、裸（动词）

[lop gaos] 光着头

[lop gual] 光着腿

[lop nanx] 裸身子

【loc】woc①②③ doc④一（数词）

[loc meeux] 一只猫

[loc muk] 一头猪

[loc doc] 一头牛

[loc kuap] 一条狗

[loc not] 一只老鼠

[loc bieev] 一只羊

[loc aiv] 一只鸡

[loc badl] 一只鸭

[loc dal] 一条鱼

[loc siic] 一条蛇

[loc max] 一匹马

[loc nic] 一条虫

[loc nyedt] 一条泥鳅

[loc nyogt] 一条黄鳝

[loc yil] 一只青蛙

[loc tuk] 一只兔子

[loc leil] 一只猴子

[loc sangv] 一头大象

[loc maemx] 一只老虎

【lox】 lax①②③一些侗语名词的前缀词

[lox wanl] 男人

[lox liegc] 女人

[lox wagt yak] 红萝卜

[lox wagt bagx] 白萝卜

[lox wagt das] 山萝卜

▶ loi

【loil】 woil①②③ doil④一堆、一群（数量词）

[loil oux ogt] 一堆谷子

[loil baol guuc] 一堆苞谷

[loil oux jos tanp] 一堆摘禾糯 “摘禾糯” 是糯米的一个品种。

[loil hongc xaoc] 一堆红薯

[loil yangc liiv] 一堆洋芋

[loil daic] 一堆桌子

[loil dangv] 一堆板凳

[loil yenc] 一堆人

[loil aiv] 一群鸡

[loil badl] 一群鸭

【loic[1]】 kaemk①②③ pongk④塌（动词）

[loic yant] 塌坎

[loic jenc] 滑坡

[loic jenl yak] 塌田埂

【loic[2]】 kenk①②③④趴（动词）

[loic doc] 牛累趴

[loic max] 马累趴

[loic yenc] 人累趴

【loit】 jongs④擂（动词）

[loit liant] 擂辣椒

[loit bunl] 擂成粉

[loit sac] 擂药

[loit baoc] 擂盐

[loit ens] 擂土

[loit yenc] 擂人 指打人。

▶ lou

【lous[1]】 rous①②③ dous④一窝（数量词）

[lous aiv] 一窝小鸡

[lous liait] 一窝麻雀

[lous madc] 一窝蚂蚁

[lous lagx not] 一窝老鼠崽

[lous lagx kuap] 一窝狗崽

[lous lagx meeux] 一群猫崽

[lous lagx muk] 一群猪崽

[lous nudc] 一群蝌蚪

【lous²】 一斗（数量词）

[lous oux sanp] 一斗大米

[lous oux lieengs] 一斗小米

[lous aol liangc] 一斗高粱

[lous meex] 一斗小麦

[lous doh longc] 一斗黄豆

【loux】 roux②③一群（数量词）

[loux yenc] 一群人

[loux doc] 一群牛

[loux nogt] 一群老鼠

[loux bieev] 一群羊

[loux badl] 一群鸭

[loux liait] 一群麻雀

【louv¹】 螺蛳（名词）

[louv yak] 田螺

[louv jenc] 旱螺

[louv nyal] 河螺

[louv mik] 毒细螺

【louv²】 eengv①②③ longx②③哄、逗（动词）

[louv nongx] 哄弟妹

[louv lagx ons] 逗小孩

▶ long

【longl¹】 洪水（名词）

[longl laox]sangx naemx mah④大洪水

【longl²】 聋（动词）

[longl kap] 耳聋

【longl³】 一样（数量词）

[longl guv] 只有一样

[longl wok] 一样东西

【longc yac caox】 仙鹤草、龙牙草（名词）

【longc¹】 灌（动词）

[longc naemx yak] 灌田水

【longc²】 yic reec②③ yis nongt④一栋、一筒（数量词）

[longc meix] 一栋木头

[longc doix] 一筒碗

【longt¹】 簸箕（名词）

[longt laox] 大簸箕

[longt banc] 小簸箕

【longt²】 liongt①②③④半截（数量词）

[longt gueel] 半截黄瓜

[longt liant] 半截辣椒

[longt jac] 半截茄子

【longt³】 hongk①②③④一桶（数量词）

[longt naemx] 一桶水

[longt oux ogt] 一桶谷子

[longt oux sap] 一桶米

[longt yuc] 一桶油

[longt taot] 一桶酒

[longt suv] 一桶醋

【longv[1]】 樱桃（名词）

[longv bax] 白樱桃

[longv yak] 红樱桃

[longv saems] 酸樱桃

【longv[2]】 qenk④麻木（形容词）

[longv dinl longv miac] 手脚麻木

[longv gaos longv kap] 头部麻木

【longk】 songv①②③放（动词）

[longk jaol] 放绳索

[longk miac] 放手

[longk aiv] 放鸡

[longk badl] 放鸭

[longk doc] 放牛

[longk bieev] 放羊

[longk dal] 放鱼

[longk naemx] 放水

【longh[1]】 穿山甲（名词）

【longh[2]】 xil maoc②③hoh genc④糊弄（动词）

[longh yenc] 糊弄人

▶ log

【logl[1]】 马陆（名词）俗称千脚虫。

[logl leic] 大千脚虫

[logl niv] 小千脚虫

【logl[2]】 水草（名词）

【logl[3]】 gov①②③蘸（动词）

[logl sac] 蘸药水

[logl naemx] 蘸水

[logl baoc] 蘸盐

[logl bunl liant] 蘸辣椒

[logl bunl siic] 蘸粑面

[logl naemx mieec] 蘸口水

【logc[1]】 jaov②③jonh④笼（名词）

[logc aiv] 鸡笼

[logc badl] 鸭笼

【logc[2]】 撮（动词）指使用撮箕时的动作。

[logc xeenv] 撮细鱼

[logc dal] 撮鱼

[logc nyoc] 撮虾子

▶ lu

【lul】 老二（名词）

[lul jas] 二叔

[lul mas] 二婶

[lul ges] 二哥

[lul saox] 二嫂

【lup[1]】火铺（名词）

【lup[2]】doil①②③④一堆（数量词）

[lup bangl xinl] 一堆稻草

[lup nyangt] 一堆草

[lup oux ogt] 一堆稻谷

[lup maoc doc] 一堆牛粪

[lup maoc muk] 一堆猪粪

[lup eex aiv] 一堆鸡粪

[lup eex badl] 一堆鸭粪

[lup ens] 一堆泥巴

[lup jinl] 一堆石子

[lup sap] 一堆沙子

【luc[1]】收（动词）

[luc mal] 收菜

[luc duh] 收衣服

[luc yangh] 收被子

【luc[2]】撸（动词）

[luc miac luc kinp] 撸衣袖

【lus】dus①②③④一肚子（数量词）

[lus oux] 一肚子饭

[lus leec] 满腹文章

[lus eengl] 一肚子潲

[lus nyangt] 一肚子草

[lus eex] 一肚子屎

【lut】leic①②③④大、强（形容词）

[lut jol] 声音大

[lut soh] 力气大

【lux[1]】meenv①②③④冒（动词）

[lux oc ens] 冒出土

[lux oc naemx] 冒出水面

【lux[2]】lup①②③露（动词）

[lux gaos] 露头

[lux nas] 露脸

[lux miac] 露手

[lux dinl] 露脚

[lux sadl] 露尾巴

【luh】路子（名词）

[luh sis] 门路

[eip luh] 开路 为死人做法事，俗称“开路”。

▶ lui

【luix】一碗（数量词）

[luix naemx] 一碗水

[luix oux] 一碗饭

【luih】下（动词）

[luih dees] 下楼梯

[luih ganx] 下石坎

[luih das] 下山

[luih doiv] 下床

[luih jenc] 下坡

[luih naemx] 下水

▶ lia

【liap】rak①②③肩（名词）

[gaos liap]pup rak①②③boul sap④肩膀

【liac】舔（动词）

[liac denv muv] 舔嘴唇

[liac duix] 舔碗

[liac banc] 舔盘子

[liac nas] 舔脸

[liac biaeml] 舔毛

[liac eex] 舔屎

【liat¹】媳妇（名词）

[liat maix meik] 新媳妇

[liat maix] 儿媳妇

【liat²】偷（动词）

[liat wok] 偷东西

[liat mal] 偷菜

[liat sinc] 偷钱

[liat dal] 偷鱼

[liat aiv] 偷鸡

[liat badl] 偷鸭

[liat ngant] 偷鹅

[liat kuap] 偷狗

[liat doc] 偷牛

[liat max] 偷马

[liat muk] 偷猪

[liat bieev] 偷羊

【liat³】yax①②③nyanv④撒（动词）

[liat oux xongs] 撒谷种

[liat xongs oux lieengs] 撒小米种

[liat xongs mal] 撒菜种

[liat maoc] 撒粪

【liat⁴】悄悄（副词）

[liat liat map] 悄悄来

[liat liat bail] 悄悄去

[liat liat qamt] 悄悄走

[liat liat weex] 悄悄做

[liat liat jeel] 悄悄吃

【liax】锄、薅（动词）

[liax nyangt] 锄草

[liax mal] 薅菜

[liax doh] 薅豆

[liax meex] 薅麦

[liax baol guuc] 薅苞谷

[liax liant] 薅辣椒

[liax meix] 薅树

[liax al liangc] 薅高粱

[liax jiuc] 薅荞麦

[liax sant] 薅䅟子

[liax yuc saiv] 薅油菜

【liav】(lial）瘸（动词）

[liav dinl] 瘸脚

【liak】nok①②③冷（形容词）

[liak miac] 冷手

[liak dinl] 冷脚

[liak oux] 饭放凉

[liak mal] 菜放凉

[liak xiv] 很冷

[liak dus sais] 冷心肠

[liak xenp] 身体冷

▶ liai

【liail】 jongl gix①②③娇气（形容词）

[liail liail ail ail] 娇里娇气

【liait】 麻雀（名词）

[liait yanc] 家麻雀

[liait das] 山麻雀

【liaix】 避（动词）

[liaix jail] 避开

[liaix yenc] 回避人

[liaix nas] 不直视

[liaix xap] 避车

[liaix doc] 避牛

【liaik】 guius①②③聪明（形容词）

[liaik xiv] 很聪明

▶ liao

【liaop】 潦草（形容词）

[liaop lienk] 草率

【liaot】 推（动词）

[liaot jail] 推开

[liaot bangl] 推倒

▶ lian

【lianp】 yuank①②③ miank④一个月（名词）

[lianp ongl] 一月工 指干活只干一个月的短工。

【liant[1]】 siul②③辣椒（名词）

[liant yak] 红辣椒

[liant gix] 嫩辣椒

[liant nguup] 青辣椒

[liant sos] 干辣椒

[liant xih] 烧辣椒

[liant dangl] 香辣椒

[liant xiv menl] 朝天椒

[liant saems] 酸辣椒

[liant bunl] 辣椒面

[liant paok lac] 菜辣椒

【liant[2]】 辣（动词）

[liant muv] 辣嘴巴

[liant dal] 辣眼睛

[liant sais] 辣肠子

[liant dus] 辣肚子

【liant[3]】 辣（形容词）

[liant miac] 辣手、棘手

[liant liouc liouc] 火辣辣

[liant xads xads] 辣乎乎

【lianv】yuanv①②③ bianv④坝（名词）

[lianv yak] 田坝

[lianv wul] 上坝

[lianv dees] 下坝

[lianv laox] 大坝子

[lianv niv] 小坝子

[lianv bah] 前坝

[lianv dens] 后坝

▶ liang

【liangl】leengl①②③瞪（动词）

[liangl yenc] 瞪人

[liangl dal] 瞪眼

【liangp】想（动词）

[liangp yanc] 想家

[liangp banx] 想伙伴

[liangp yaoc] 想我

[liangp nyac] 想你

[liangp moh] 想他

[liangp gongs] 想爷爷

[liangp nais] 想奶奶

[liangp jas] 想爸

[liangp mas] 想妈

[liangp jaix nongx] 想兄弟

[liangp maix] 想老婆

[liangp lagx] 想崽

【liangc jenc】凉亭（名词）

[liangc jenc meik] 新凉亭

[liangc jenc aov] 旧凉亭

【liangc[1]】架、把（名词）

[liangc xas] 纺车

[liangc gaeml] 舂碓架

[liangc qeip] 犁架

[liangc bac] 耙架

[liangc jingc]gas jingc①②③ naox jingc④铁夹

【liangc[2]】凉的（形容词）

[liangc wiut wiut] 凉飕飕

[liangc wiut] 凉爽

[liangc laemc] 乘凉

[liangc sais] 幸灾乐祸

【liangc[3]】miangc①②③④一穗（数量词）

[liangc oux] 一穗稻穗

[liangc oux lieengs] 一穗小米

[liangc sans] 一穗䅟子

[liangc aol liangc] 一穗高粱

【liangs】理睬（动词）

[liangs nyac] 理睬你

【liangv[1]】赌（动词）

[liangv nyac gueec hangt weex] 赌你不敢做

【liangv[2]】炫耀（动词）

[liangv eel yanc] 炫耀钱财

【liangh】 guangl①②③ angk④亮（形容词）

[liangh weds weds] 亮堂堂

[liangh yabs yabs] 亮晶晶

[liangh lail] 明亮的

▶ liee

【lieep】 biees①②③④扁（形容词）

[lieep liangl liil] 扁塌塌

【lieec】 baic sip①②③④漂亮（形容词）

[lieec xiv] 很漂亮

[lieec wul] 漂亮的一个

【lieet[1]】 女孩（名词）

[lagx lox lieet] 小女孩

[lox lieet] 姑娘

【lieet[2]】 weec hoc①②③ geec hoc④撇（动词）

[lieet eep] 撇开人

[lieet banx] 不合伴

▶ lieeu

【lieeuc[1]】 biic mianv①②③ biic liuuc④表面（名词）

[lieeuc pieeup] 表面

【lieeuc[2]】 liiuc①②③焯（动词）

[lieeuc mal] 焯菜

[lieeuc nanx] 焯肉

[lieeuc saems] 焯酸菜

【lieeux】 丢失（动词）

[lieeux wok] 丢东西

[lieeux sinc] 丢钱

[lieeux oux sanp] 丢失大米

[lieeux duh] 丢失衣服

【lieeuv】 yedl①②③扭伤（动词）

[lieeuv dinl] 扭伤脚

[lieeuv miac] 扭伤手

[lieeuv yeeul] 扭伤腰

【lieeuh】 料（名词）

[lieeuh lail] 好料

[lieeuh kagt] 差料

▶ lieen

【lieenc qeet】 脾（名词）

[lieenc qeet yenc] 人脾

[lieenc qeet doc] 牛脾

[lieenc muk] 猪脾

【lieent】 liiup①④ yiuk②③掀（动词）

[lieent jail] 掀开

[lieent yanc] 掀房子

[lieent aiv oh] 掀橡皮

▶ liei

【lieik】 分开（动词）

[lieik lagx liant] 分开辣椒秧

[lieik lagx meix] 分开小树苗

[lieik lagx oux] 分开秧苗

▶ **lien**

【**lienp**】nenc②③④捻（动词）

[lienp anl] 捻麻

[lienp xis] 捻纸

[lienp sinc] 数钱

【**liens**】鼓出（动词）

[liens jiv dus] 肚脐鼓出

[liens gaos sais] 脱肛

【**lient**[1]】dongl①②③萌发（动词）

[lient meix] 树发蔸

[lient boul wap] 萌发苞蕾

【**lient**[2]】长（动词）

[lient bav] 长嫩叶

[lient sangp] 长新根

[lient agt] 长新杈

【**lienx**】领（名词）

[lienx oc]lienx guh①②③衣领

【**lienk**】nyenk①不端庄（形容词）

[lienk xiv] 极不端庄

[liaop lienk] 做事毛糙

▶ **lii**

【**liic**】游（动词）

[liic naemx]laiv xenp④游泳

▶ **liiu**

【**liiup**】weengp②③揭（动词）

[liiup ngeex] 揭瓦

[liiup bic] 揭木皮

[liiup yangh] 揭被子

【**liiuc**[1]】撩（动词）

[liiuc naemx] 撩水

[liiuc duh] 撩衣襟

【**liiuc**[2]】捞（动词）

[liiuc qiak map] 捞上来

[liiuc mal] 捞菜

[liiuc mieenh] 捞面条

【**liiuh**[1]】jaol wangl①②③jaol nyangl④索（名词）

[liiuh nyangt] 草索

[liiuh bangl] 稻草索

[liiuh saos songl] 棕叶索

【**liiuh**[2]】链条（名词）

[liiuh yait] 长链条

[liiuh tent] 短链条

[liiuh meik] 新链条

[liiuh aov] 旧链条

【**liiuh**[3]】滤（动词）

[liiuh oux] 滤米

[liiuh naemx] 滤水

▶ liim

【liimc[1]】淋（动词）

[liimc miinl] 淋雨

[liimc naemx] 淋水

[liimc nil] 淋雪

[liimc eex] 淋屎

[liimc niuv] 淋尿

【liimc[2]】密集地扔（动词）

[liimc jinl] 密集地扔石头

[liimc ens] 密集地扔泥土

【liimt】背后（名词）

[liimt gaems] 后背

[liimt gaos] 后脑勺

[liimt yanc] 屋背后

[liimt al dangc] 神龛背

[liimt das] 坡背

【liimx】檩（名词）

[jiuc liimx] 檩子

▶ liing

【liingl】倾斜（动词）

[liingl doix] 斜着碗

[liingl penc] 斜着盆

【liingc[1]】零（名词）

[liingc sinc] 零钱

[liingc douc] 零头

【liingc[2]】余（动词）

[liingc wul yenc] 余一个人

【liingc[3]】灵验（形容词）

[xods lis liingc] 讲得灵验

【liings】yeens①②③④小米（名词）

[oux liings] 小米饭

[oux liings lanh] 小米粥

[siic oux liings] 小米粑

【liingx】top①②③jaemc④躲（动词）

[liingx miinl] 躲雨

[liingx qangp] 躲阳光

【liingh siip】另外（副词）

▶ liuu

【liuuv】溜趟、溜熟（形容词）

[liuuv xiv] 很溜熟 指对某一事物非常熟悉。

【liuup】不认真（形容词）

[liuup liap] 毛躁

[liuup liuup liap liap] 毛毛躁躁

▶ liui

【liuit】余、尾（动词）

[jac liuit] 茄子尾果

[gueel liuit] 黄瓜尾果

[liant liuit] 辣椒尾果

▶ lio

【**liop**】醒（动词）

[liop xonv] 醒过来

[liop taot] 醒酒

【**lioc**】dogl①②③ denx④落（动词）

[lioc qangp] 太阳落坡、云遮太阳

【**liok**[1]】吓、怕（动词）

[liok deil yenc] 吓死人

[liok yunv] 吓一跳

[liok longl] 怕洪水

[liok jois] 怕鬼

【**liok**[2]】慌张（形容词）

[liok liok jov jov] 慌慌张张、战战兢兢

▶ liou

【**lioul**[1]】laiv④热（动词）

[lioul oux] 热饭

[lioul mal] 热菜

[lioul naemx] 热水

【**lioul**[2]】温（形容词）

[naemx lioul] 温水

[lioul yenc] 暖慰 指讨好他人。

【**liout**】黄牛（名词）

[liout mant] 黄牛

[liout wap] 花黄牛

[liout naeml] 黑黄牛

[liout laox] 老黄牛

[liout gix] 小黄牛

▶ lion

【**lionc**[1]】ganv①②③ lav lol④遗漏（动词）

[lionc yenc] 遗漏人

【**lionc**[2]】wic①②③④围（动词）

[lionc daic] 围桌子

[lionc das] 围绕山坡

[lionc lionv lions] 儿童围圈做游戏

▶ liong

【**liongc**[1]】siih①②③④脊（名词）

[liongc gangh] 山脊

[liongc gaems] 背脊

【**liongc**[2]】龙（名词）

[liongc meex] 龙脉

【**liongh**[1]】wav①②③④脏（形容词）

[liongh naemx] 脏水

[liongh duh] 脏衣服

【**liongh**[2]】nyongc②③浓（形容词）

[liongh tangp] 汤浓

▶ liog

【**liogc**[1]】烧（动词）

[liogc das oux liings] 砍小米山 指焚烧小米

山里的草木，用草木灰为肥料来种小米。

[liogc yant yak] 烧田埂

[liogc das] 烧山

[liogc put] 烧草木灰

[liogc tank] 烧炭

[liogc yenc deil] 烧死人

[liogc jedl] 烧柴

[liogc yanc] 烧房子

[liogc xiis sinc] 烧纸钱

[liogc yangp] 烧香

[liogc duh] 烧衣服

[liogc haip] 烧鞋子

[liogc jal] 烧布

[liogc nyangt] 烧草

[liogc maoc max] 烧垃圾

【liogc²】六（数词）

[liogc wedx liogc] 六月六 指一种民间节日。

[liogc nenl] 六个

[liogc bul yenc] 六个人

[liogc mianl] 六个月

[liogc nyinc] 六岁、六年

M
m

▶ ma

【**mal**】菜（名词）

[mal xogs] 熟菜

[mal xeengp] 生菜

[mal nguup] 青菜

[mal beec saiv] 白菜

[mal baol] 卷心菜

[mal ads] 大菜

[mal lox wagt] 萝卜菜

[mal yuc saiv] 油菜

[mal hongc liix] 苋菜

[mal ugs yangp] 苦马菜

[mal samp xeep] 常春藤

[mal kap muk] 车前草

[mal muv qeip] 紫花地丁

[mal kap maemx] 虎耳草

[mal gongl laol] 夏枯草

[mal jos bias] 蒲公英

[mal wadt] 鱼腥草

[mal naemx oux] 土党参

[mal dih max] 积雪草

[mal dinl badl] 鸭跖草

[mal enl naemx] 野香芹

【**map**】来（动词）

[map yanc] 来家里

[map yop] 来学校

[map map bail bail] 来来去去

【**mac**[1]】两人（名词）

[mac bul] 咱俩

【**mac**[2]】舌（名词）

[mac yait] 长舌条

[mac dent] 短舌条

【**mas**[1]】妈（名词）

[mas mas] 母亲

[mas laox] 伯母

[mas niv] 小妈

【**mas**[2]】软（形容词）

[mas nyoul nyoul] 软绵绵

[mas lieds lieds] 软叽叽

[mas miac] 无力抬手

[mas miac] 下不了手

[mas gual] 腿软

[mas dus] 幸灾乐祸

[mas lieds] 松垮

【**mat**[1]】ngaih①②③ xax④嚼（动词）

[mat oux] 嚼饭

[mat mal] 嚼菜

[mat dangc] 嚼糖

[mat nanx] 嚼肉

[mat aoc] 鸟喂食

【**mat**[2]】埋怨（动词）

[mat yenc] 埋怨人

[mat nyac] 埋怨你

[mat maoh] 埋怨他

[mat yaoc] 埋怨我

【**max**[1]】马（名词）

[max leic] 大马

[max niv] 小马

[max meix] 三脚木马架

[max banx] 木马板

【**max leenp**】(maoc leenp）丝瓜（名词）

【**max lingc**】蚂蟥（名词）

[max lingc jenc] 旱蚂蟥

[max lingc naemx] 水蚂蟥

【**max**[2]】码（动词）

[max jedl] 码柴

[max meix] 码木料

[max genv] 码柴莞

[max jinl] 码石头

【**mak**】oux guudt②③糊米（名词）

[oux mak] 炒糊的米

【**mah**[1]】长（动词）

[mah weik] 长得快

【**mah**[2]】大的（形容词）

[mah dams] 大胆

▶ mai

【**mais**】无力（动词）

[mais mais sais sais] 有气无力

【**maix**】neix①②③ sax④妻子（名词）

[maix meik] 新娘

【**maiv**】ous①②③④紫色（名词）

▶ mao

【**maoc**】粪（名词）

[maoc muk] 猪粪

[maoc doc] 牛粪

[maoc max] 马粪

[maoc max] 沤成的肥料

[maoc sip] 厕所

【**maoc nyenc**】茅草人（名词）

[maoc nyenc] 小草人

【**maot**】炒米（名词）

[maot xenc] 陈年炒米 指往年的炒米。

[maot meik] 新炒米

【**maoh**】他（代词）

[maoh naih] 他们

▶ man

【**mant**[1]】(manh）感冒（动词）

[weex mant] 感冒

【**mant**[2]】黄的（形容词）

[mant laemh laemh] 黄澄澄

[mant daemc daemc] 黄芩芩 指颜色金黄。

[mant dal] 眼睛黄

[mant dal] 忘恩负义

【**manx**[1]】瓣（名词）

[manx liuc] 橘子瓣

[manx sonv] 蒜瓣

[manx eex]mang④屁股瓣

【**manx**[2]】晚（形容词）指幺、小的意思。

[manx saix] 晚崽

[manx gongs] 晚公

[manx nais] 晚奶

[manx jas] 晚叔

[manx mas] 晚妈

[manx jul] 晚舅

[manx jul nyangs] 晚舅妈

【**manv**】轻佻的（形容词）

[manv xiv] 很轻佻

▶ mang

【**mangl**[1]】薄的（形容词）

[mangl gal] 皮薄

[mangl nas] 脸皮薄

[mangl duh] 衣服薄

【**mangl**[2]】稀疏的（形容词）

[mangl biiml] 稀疏的毛

[mangl biiml gaos] 稀疏的头发

[mangl yangc xenp] 稀疏的庄稼

【**mangc**】什么（代词）

[xiv mangc] 是什么

【**mangx joux laox**】菊叶三七（名词）

【**mangx**】suv①乱（副词）

[mangx weex] 乱做

[mangx dens] 乱穿

[mangx jeel] 乱吃

[mangx yongh] 乱用

[mangx xangv] 乱唱

[mangx nguonv] 乱窜

[mangx sins] 乱叫

【**mangv**】reik①②③边（方位词）

[mangv naih] 这边

[mangv gav] 那边

[mangv wul] 上边

[mangv dees] 下边

[mangv xees] 左边

[mangv wap] 右边

[mangv liaemt] 后边

[mangv noup] 哪边

▶ **mab**

【**mabc[1]**】bibc ①②③ mibc 不饱满（形容词）

[oux mabc] 瘪谷子

[mabc maoc] 肥多果虚 指皮厚而果肉少。

【**mabc[2]**】不聪明（形容词）

[mabc xiv] 不很聪明

▶ **mad**

【**madl**】zongx ①②③ wadl ④按（动词）

[madl naemx] 按进水里

【**madl dinl**】光脚的（形容词）

【**madp[1]**】doc kuunk ①②③跳蚤（名词）

[madp leic] 大跳蚤

[madp niv] 小跳蚤

【**madp[2]**】seeh ①②③狭窄（形容词）

[madp dus sais] 心胸狭窄

【**madc**】蚂蚁（名词）

[madc laox] 大蚂蚁

[madc xangp] 蛰蚂蚁

[madc yak] 红蚂蚁

[madc naeml] 黑蚂蚁

[madc nyenl] 臭蚂蚁

[madc niv] 小蚂蚁

【**madx**】menx ①②③ menk ②③绷（动词）

[madx nas] 绷脸

▶ **maem**

【**maemx**】老虎、豹子（名词）

[maemx laox] 大老虎

[maemx niv] 小老虎

[maemx beeuv] 豹子

[maemx wap] 花豹子

▶ **mee**

【**meel[1]**】mis ①②③ 奶（名词）

[jeel meel] 吃奶

[deih meel] 乳房

[naemx meel] 乳汁

[piap meel] 喂奶

【**meel[2]**】霜（名词）

[dov meel] 降霜

[meel naemx] 水霜

[meel bagx] 白霜

[meel leic] 霜大

【**meel[3]**】识（动词）

[wox meel] 认识

[gox meel] 不认识

【**meec**】有（动词）

[meec sinc] 有钱

[meec yenc] 有人

[meec yanc] 有屋

[meec xap] 有车

[meec eel yanc] 有家产

[meec leec] 有知识

[meec jas] 有爸爸

[meec mas] 有妈妈

[meec lox wanl] 有老公

[meec maix] 有老婆

[meec lagx] 有孩子

[meec banx] 有伴

[meec mal] 有菜

[meec oux] 有饭

[meec jeel meec dens] 有吃有穿

[meec xods meec gol] 有说有笑

[meec nas meec nangl] 有头有脸

[meec genv meec dens] 有始有终

[meec sadl meec teep] 有首有尾

[meec dal meec div] 有板有眼

[meec miac meec dinl] 有手有脚

[meec nangl meec kap] 有鼻有耳

【meex[1]】 麦（名词）

[meex laox] 大麦

[meex xangv] 小麦

[meex jiuc] 荞麦

[meex gingv] 燕麦

【meex[2]】 默神（动词）指闭目养神。

[meex hah] 默神一下

【meev】 浪费（动词）

[meev oux] 浪费米饭

▶ meeu

【meeut】 meeuh①②③④帽（名词）

[meeut jal] 布帽

[meeut wap] 花帽

[meeut miinc] 棉帽

[meeut danl] 单帽

[meeut nyinc] 银帽

[meeut leic] 大帽

[meeut niv] 小帽

【meeux】 猫（名词）

[meeux mant] 黄猫

[meeux bagx] 白猫

[meeux naeml] 黑猫

[meeux wap] 花猫

[meeux leic] 大猫

[meeux niv] 小猫

【meeuv】 冒出（动词）

[meeuv naemx] 冒出水

[meeuv ngeec] 冒芽

[meeuv biingl] 冒牙

▶ meen

【meent】meenh①②③ seix④慢（形容词）

[meent lamt] 缓慢

[meent xiv] 慢得很

[meent deil] 慢得要死

[meent lamt] 慢悠悠

▶ mei

【meip】houk①②③ sens④馊的（形容词）

[meip oux] 馊饭

[meip mal] 馊菜

【meis】mil①④不牢固的（形容词）

[meis jenl yak] 田埂不牢固

[meis yant] 坎不牢固

【meix】树（名词）

[meix beens] 杉木

[meix songp] 松树

[meix kap] 构皮树

[meix yaop] 枫木树

[meix lox linl] 櫶木

[meix namc] 樟树

[meix namc dangl] 沉香木

[meix ladc] 板栗树

[meix daiv] 丝栗树

[meix liix yak] 红麻栎

[meix liix bagx] 白麻栎

[meix yint siiv] 细叶青冈

[meix yint sup] 大叶青冈

[meix bial langx] 甜叶菊

[meix langx yak] 红榉木

[meix langx bagx] 白榉木

[meix saol jac] 皂角树

[meix yangc waic] 槐树

[meix huangc tanc] 黄檀

[meix sadl] 漆树

[meix yaemx] 香椿

[meix yedl] 盐肤木

[meix yuc bial] 野山茶

[meix sanp] 木荷

[meix beec lac] 乌桕

[meix bav panp] 青钱柳

[meix dil] 梨树

[meix bic bac] 枇杷树

[meix dil laoc] 桃树

[meix lieenc jenc] 山楂树

[meix aos] 桑树

[meix xip muk] 泡桐树

[meix yangc mic] 杨梅树

[meix minx] 柿子树

[meix yangc lioux] 垂柳

[meix longc nguoc] 黄栀子

[meix guaox] 亮叶桦

[meix liuc] 柑橘树

[meix dongc yuc] 桐油树

[meix longv] 樱桃树

[meix lox langp] 木姜子树

[meix wap siul] 花椒树

[meix sac yuc] 油茶树

[meix taik oul] 钩藤

[meix wak xangl] 化香树

[meix wup yongc] 芙蓉树

[meix sunl oul] 火棘

[meix guenl] 竹子

[meix oux] 稻子

[meix oux jos] 糯稻

[meix oux xinl] 籼稻

[meix meex] 麦子

[meix baol guc] 玉米秆

[meix aol liangc] 高粱

[meix doh longc] 黄豆苗

[meix sonv] 大蒜苗

[meix jangl] 生姜苗

[meix wangc beeh] 黄柏

[meix saemx] 荨麻

[meix lox yingh] 小叶石楠

[meix migt max] 地菍

[meix ids muk] 三裂蛇葡萄

[meix yax jac] 臭牡丹

[meix mal nyebc] 马兰

[meix angl keit] 大百合

[meix yax guaiv] 辣蓼

[meix lox yout] 滇白珠

[meix jiv lingc] 金樱子

[meix doh xiv] 大叶胡枝子

[meix sonv bonc] 算盘子

[meix bav yenc nanc] 角叶鞘柄木

[meix pok hoc] 留兰香，薄荷

[meix lanc] 女贞

[meix saos wuc] 博落回 一种类似薄荷的植物。

[meix dongv menl] 羊蹄甲

[meix lox lugs] 胡颓子

[meix bav bangx] 毛桐

[meix qeet sadl] 楠藤

[meix nyangc daoc] 芸，芒草

[meix ngaic sonv] 忽地笑

[meix jangl jenc] 黄精

[meix jiml jingl] 乌桕

[meix jiuc yeex] 野荞麦

[meix jaol mieec] 威灵仙

[meix xeec] 茶树

[meix gaos guux] 楤木

[meix sac nyat] 枸杞

[meix mal yenl] 淡竹叶

[meix menc] 薯蓣

[meix mal nyenl] 青蒿

[meix jas guac] 紫萁

[meix sas duc] 扛板归

[meix mal ngaiv] 荠菜

[meix sadl kok] 八角枫

[meix dengl longc] 灯笼草

[meix ngaiv] 艾草

[meix songl] 棕榈

[meix jins gangs dous] 菝葜

[meix bav doh xiv] 射干

[meix guangl] 稗子

[meix anl] 苎麻

[meix mal nyenl] 紫苏

[meix mal bias] 大蓟

[meix joux ganx] 山姜

[meix laox] 大树

[meix laox] 棺材

[meix shaos dih] 铁扫把

[meix wangc lal] 八月瓜

[meix wangc lal bagx] 三叶木通

【**meik**】新（形容词）

[meik lail] 新鲜

[meik liedp] 崭新

▶ men

【**menl**】天（名词）

[menl dangl] 天亮

[menl dih] 天地

[menl dongv dih saemx] 天昏地暗

【**menc**】山药（名词）

[menc jos] 糯山药

[menc sanp] 黏山药

【**mens**】bens②③鼓（动词）

[mens muv] 鼓嘴巴

[mens ent ent] 气鼓鼓

【**ment**】晕（动词）

[ment xap] 晕车

[ment gaos] 晕头

[ment kank] 晕炭

[ment lal] 晕船

【**menv**[1]】井（名词）

[menv naemx] 井水

[menv peeuk] 泉水

[menv laox] 古井

[menv niv] 小井

[menv meik] 新井

【**menv**[2]】块（名词）

[menv dol] 门板块

[menv piink] 木板

[menv wangp] 木枋

【**menh**】焖（动词）

[menh oux] 焖饭

▶ mi

【**mil**】mic①②③meis②③朽（动词）

[meix mil] 木朽

[jaol mil] 绳朽

[yanc mil] 房屋朽

[wok mil] 东西朽

【**mik**】gueev xik①②③溺（动词）

[mik lagx] 溺爱小孩

▶ min

【**mint**】tinp①②③席（名词）

[mint guunl] 竹席

[mint nyangt] 草席

【**minx**】柿（名词）

[minx leic] 大柿子

[minx niv] 小柿子

[minx panp] 甜柿子

[minx bads] 涩柿子

▶ mib

【**mibc**】bibc④瘪（形容词）

[mibc oux] 瘪谷

▶ mid

【**midx**】miagx③④deengl①②③刀（名词）

[midx boc xeec] 菜刀

[midx sas muk] 杀猪刀

[midx gaos qap] 尖刀

[midx jav lags] 砍刀

[midx duc daol] 屠刀

[midx qik] 剃刀

[midx mieex] 篾刀、破竹刀

[midx leic] 大刀

[midx niv] 小刀

▶ mo

【**mol**】摸（动词）

[mol biims gaos] 摸头发

[mol dagl biah] 摸额头

[mol banh nas] 摸脸

[mol jiv nangl] 摸鼻子

[mol denv muv] 摸嘴唇

[mol jiv angc] 摸下巴

[mol miac] 摸手

[mol dinl] 摸脚

[mol gaems] 摸背

[mol ongl eex] 摸屁股

[mol wul yenp] 摸身上

[mol meel] 摸乳房

[mol lail] 摸得好

[mol geiv] 摸蛋

[mol dal] 摸鱼

[mol dongv] 摸黑

[mol nyedt] 摸泥鳅

【moc liiv】 魔芋（名词）

[moc liiv yeex] 野魔芋

【moc】 折磨（动词）

[moc lagx] 折磨儿女

[moc yenc laox] 折磨老人

[moc soih] 磨罪 指犯错后心理受折磨。

【mot[1]】 坟、墓（名词）

[mot laox] 老祖坟

[mot xongv] 公坟

[mot meik] 新坟

[dih mot] 坟地

[bil mot] 墓碑

【mot nic】 木鱼（名词）

[eeup mot nic] 敲木鱼

【mot[2]】 磨子（名词）

[mot jinl] 石磨

[mot laox] 大石磨

[mot niv] 小石磨

[mot meik] 新石磨

【mot[3]】 磨（动词）

[mot doh wuk] 磨豆腐

[mot bunl oux] 磨米面

[mot doh] 磨黄豆

[mot baol guc] 磨玉米

[mot megx] 磨麦子

[mot sans] 磨䅟子

[mot aol liangc] 磨高粱

【mot[4]】 蛮（形容词）

[mot xiv] 很蛮 指很蛮横，勇敢。

【mov[1]】 掩（动词）

[mov wil] 掩火种

[mov hongc xaoc] 用火灰掩红苕

【mov[2]】 松弛（形容词）

[mov jaol] 绳子松

[mov guul] 箍松

[mov miac] 手头宽裕

【moh】 他（代词）

[moh naih] 他们

▶ mong

【mongl[1]】 篮（名词）

[mongl mal] 菜篮子

[mongl donc] 圆篮子

[mongl wap] 花篮子

[mongl siiv wangp] 四方篮子

[mongl meik] 新篮子

[mongl aov] 旧篮子

[mongl leic] 大篮子

[mongl niv] 小篮子

[mongl sup] 粗篮子

[mongl siiv] 细篮子

[mongl jaol] 藤篮子

【**mongl²**】gaemv①②③盖（动词）

[mongl ngeex] 盖瓦

[mongl beeh] 盖棚子

[mongl yanc] 盖房子

【**mangp**】茫（名词）

[dangl mangp] 长白茫 指腌制物变质。

【**mongt**】官（名词）

[mongt laox] 大官

[mongt niv] 小官

[mongt meik] 新官

▶ mu

【**mut**】戊（名词）

[benl mut] 戊日

【**mux**】mup①②③ eex nyangl④鼻涕（名词）

[mux liup] 清鼻涕

[mux liongh] 浓鼻涕

[mux bangh] 黄鼻涕

【**muv¹**】嘴巴（名词）

[muv laox] 大嘴巴

[muv niv] 小嘴巴

[muv leev] 破嘴巴

[aox muv] 口腔

[denv muv] 嘴唇

[kok muv] 嘴角

[eip muv] 张嘴

【**muv²**】端口（名词）

[muv bangc] 庞桶口 “庞桶”指口径比较大的桶。

[muv douv] 甑子口

[muv benc] 盆口

[muv wongk] 桶口

[muv daol] 锅子口

[muv duc] 鼎罐口

[muv duix] 碗口

[muv daemc] 坛子口

[muv banc] 盘子口

[muv qeip] 犁嘴

[muv guanl] 斧子口

[muv miagx] 柴刀口

[muv gingc] 镰刀口

[muv midx] 刀刃

[muv langl] 口才

[muv xongv] 枪口

[muv piinc] 瓶子口

[muv boih] 背笼口

[muv boiv] 背篓口

[muv lac] 箩筐口

[muv piuup] 笆篓口

[muv wudc] 细撮箕口

[muv yaih] 粗撮箕口

[muv longt] 簸箕口

[muv xaip] 筛子口

【muk[1]】 猪（名词）

[muk bic] 肥猪

[muk qangp] 条猪

[muk niv] 小猪

[muk naeml] 黑猪

[muk bagx] 白猪

[muk wap] 花猪

[langc muk] 公猪

[neix muk] 母猪

【muk[2]】 蠢（形容词）

[muk xiv] 很蠢

[muk deil] 蠢死

▶ mia

【mial】 yal①②③抓、摸（动词）

[mial dos] 抓着

[mial gaos oc] 抓脖颈

[mial nas] 抓脸

[mial biaeml gaos] 抓头发

[mial gaos liap] 抓肩头

[mial bal kuuk] 抓裤脚

[mial dongc kinp] 抓手臂

[mial kap] 抓耳朵

[mial muv] 抓嘴巴

[mial yenc] 摸人

[mial qaik] 摸板壁

[mial deih]mol deih①②③摸口袋

【miac[1]】 手（名词）

[miac leic] 大手

[miac niv] 小手

[miac sup] 粗手

[miac siiv] 细手

[miac yait] 手长

[miac dent] 手短

[gaemc miac] 手背

[bans miac] 手板

[ngous miac] 手腕

[nangl miac] 手指

【miac[2]】 栽（动词）

[miac meix] 栽树

[miac mal] 栽菜

[miac doh] 栽豆

[miac jac] 栽茄子

[miac sans] 栽穇子

[miac aol liangc] 栽高粱

[miac guunl] 栽竹子

[miac meix dil] 栽梨树

[miac ids] 栽葡萄

[miac ladc] 栽板栗

[miac wap] 栽花

[miac hongc xaoc] 栽红苕

[miac lagx liant] 栽辣椒

[miac lagx baol guc] 栽苞谷

▶ miai

【**miais**】麻子（名词）

[miais nas] 麻子脸

【**miait**】yal①②③挠（动词）

[miait gaems] 挠背

[miait nas] 挠脸

[miait kap] 挠耳

[miait gadl] 挠疮

[miait qaemp] 挠痒

[miait gaos]qedt gaos①②③挠头

▶ mian

【**mianl**[1]】月亮（名词）

[mianl donc] 圆月亮

[mianl lieep] 弯月亮

[sadl mianl] 星星

【**mianl**[2]】月（名词）

[mianl mah] 大月

[mianl nyeeus] 小月

[mianl nyinc] 腊月

[nyaoh mianl] 坐月子

[mianl douc] 上个月

[mianl naih] 这个月

[mianl lenc] 下个月

[monx mianl] 满月

[genv mianl] 月初

[teep mianl] 月底

【**mianc**[1]】mingc①②③④用力抻（动词）

[mianc jal] 抻布

[mianc deih jal] 抻布袋

【**mianc**[2]】leenv①②③瞪眼（动词）

[mianc dal dos eep] 瞪眼看人

[mianc dal mianc nyuit] 瞪眼竖鼻

【**mianc**[3]】mink①②③蛮（形容词）

[mianc xiv] 蛮得很 指很蛮横。

【**miank**[1]】半干半湿的（形容词）

[jedl miank] 柴半干半湿

[jeenv danl miank] 垫单半干半湿

[duh miank] 衣服半干半湿

[kuuk miank] 裤子半干半湿

[haip miank] 鞋子半干半湿

【**miank**[2]】半生半熟的（形容词）

[oux miank] 饭半生半熟

[oux miank] 谷子半青半黄

▶ miang

【**miangc**】穗（名词）

[miangc oux] 谷穗

[miangc oux lieengs] 小米穗

[miangc sans] 䅟子穗

[miangc meex] 麦穗

[miangc aol liangc] 高粱穗

【**miangc eeus**】蕨粑（名词）

▶ miab

【**miabl**】yedl①kok nangl mac②③④甲（名词）

[miabl miac] 手指甲

[miabl dinl] 脚指甲

▶ miag

【**miagx**】miax goul①②③miax oul④柴刀（名词）

[miagx leic] 大柴刀

[miagx niv] 小柴刀

[miagx meik] 新柴刀

[miagx aov] 旧柴刀

[miagx yaih] 柴刀锋利

[miagx ac] 柴刀钝

[miagx mingv] 缺口柴刀

▶ mieen

【**mieenh**】mieenv①②③④面条（名词）

[mieenh sup] 粗面条

[mieenh siiv] 细面条

[mieenh xeengp] 湿面条

[mieenh sos] 干面条

▶ mieeng

【**mieengl**】miing①②③沟（名词）

[mieengl dangc juc] 阳沟

[mieengl kuadt] 大沟

[mieengl xeeh] 窄沟

[mieengl yaeml] 深沟

[mieengl ningv] 浅沟

[mieengl naemx] 水沟

[mieengl yak] 田沟

[mieengl jenc] 山沟

【**mieengh**】绺子（名词）

[xangc mieengh] 吊绺子

▶ mied

【**miedl**】yedl①②③扭（动词）

[miedl yeeul] 扭腰

[miedl jaol] 扭绳

[miedl oc] 扭脖颈

[miedl miac] 扭手

[miedl gual] 扭腿

[miedl kinp] 扭手臂

[miedl nas] 扭转脸

[miedl wangk] 扭一边

▶ miud

【miuds[1]】 胡须（名词）

[miuds bagx] 白胡须

[miuds yait] 长胡须

[miuds dent] 短胡须

[miuds naeml] 黑胡须

【miuds[2]】 拗、拧（名词）

[miuds yangh] 拗被子

[miuds duh] 拗衣服

[miuds kuuk] 拗裤子

[miuds pak] 拗帕子

[miuds mal] 拗菜

▶ miiu

【miiul】 苗（名词）

[songp miiul] 苗语

[siih miiul] 苗文

[leec miiul] 苗语书

【miiut】 miiuh①②③④ 庙（名词）

[miiut leic] 大庙

[miiut niv] 小庙

[miiut gonl yenl] 观音庙

[miiut boc sas] 菩萨庙

[miiut tut dih] 土地庙

[miiut xanp xenc] 山神庙

N

n

▶ na

【nal】厚（形容词）

[nal nas] 脸皮厚

[nal eel yanc] 家底厚

[nal nut nut] 厚墩墩

【nas】脸（名词）

[nas langl] 面目

[nas donc] 圆脸

[nas bic] 肥脸

[nas gais] 瘦脸

[nas yait] 长脸

[nas siiv wangp] 国字脸

[nas qap] 尖脸

[nas bal] 疤子脸 指脸上有疤。

[nas nal] 厚脸皮

[nas xangv] 肿脸

[nas lol] 门口

【nat】qit gaos nat①②③④行（名词）

[eip nat] 开行、破秧田 指插秧季节，插秧最直的人从田中间起行。

[qit nat] 起头

【nax[1]】脓（名词）

[nax jongc] 脓多

[nax nyunt] 脓少

[nax bagx] 白脓

[nax mant] 黄脓

[ladp nax] 流脓

[xangv nax] 胀脓

【nax[2]】bous①②③④吹捧（动词）

[nax yenc] 吹捧人

[nax mongt] 捧官 指吹捧官员。

【nax[3]】miax①②④滑（动词）

[nax nil angv] 雪地滑

[nax kenp] 路面滑

【nax[4]】滑（形容词）

[nax nuis][nax liedx] 滑溜溜

[nax lail] 光滑

【nax[5]】整齐（形容词）

[nax liedx] 整齐 指一致无瑕疵。

【nav】邀请（动词）

[nav banx] 邀伴 指邀请伙伴。

【nak】lak①②③④睡觉（动词）

[nak jangv] 睡足

[nak liop] 睡醒

[nak yaeml] 睡深

[nak ninv] 睡浅

[nak saemp] 睡早

[nak weep] 睡晚

[nak gueec lail] 睡不好

[nak jangl] 睡得久

[nak lail] 睡得好

[nak gaos wen] 睡午觉

▶ nai

【nais】 neis②③祖母（名词）

[nais laox] 大祖母

[nais niv] 晚祖母

【nait weenc】 naih①②③④耐烦（动词）指麻烦、请求、细心、耐心的意思。

[nait nait weenc weenc] 耐耐烦烦

[nait weenc nyac] 耐烦你

[nait weenc dah lic] 耐烦大家

[nait weenc loux yenc] 耐烦众人

[nait weenc yenc laox] 耐烦老人

[nait wenc lagx ons] 耐烦小孩

【naih guiih】 东西（名词）

[jabl naih guiih] 收捡东西

【naih】 hah naih④这、这里（代词）

[mangv naih] 这边

[jiuc kenp naih] 这条路

[oc yanc naih] 屋这边

▶ nao

【naol】 闹（形容词）

[naol leec]naov reec①②③ naov yeeh④热闹

[naol naol leec leec] 热热闹闹

[naol leec xiv] 很热闹

【naot】 naoh①②③④投毒（动词）

[naot nogt] 毒老鼠

[naot aiv] 毒鸡

[naot nyedc] 毒鱼鳅

[naot dal] 毒鱼

[naot kuap] 毒狗

[naot badl] 毒鸭子

[naot ngant] 毒鹅

[naot muk] 毒猪

【naox】 脑（名词）

[naox guanl] 斧头脑

[naox gouc] 锄头脑

[naox jingc] 火钳头

【naov】 竹鼠（名词）

[not naov] 竹鼠

▶ nam

【namc】 楠（名词）

[namc dangl] 香楠树

[namc eex] 野楠树

[bav namc] 楠木叶

▶ nan

【nanx】 肉（名词）

[nanx bic] 肥肉

[nanx yaeml] 精肉、瘦肉

[nanx saos] 粉蒸肉

[nanx xac] 红扣肉、炸肉

[nanx yeenl] 腊肉、烟熏肉

[nanx xangx] 风干肉

[nanx wadl] 腌肉

[nanx gaos] 头肌肉

[nanx dagl] 胸肌

[nanx dus] 腹肌

[nanx sadl] 肌肉

[nanx kinp] 上肢肌

[nanx gual] 大腿肌

[nanx ongl eex] 屁股肉

[nanx doc] 牛肉

[nanx aiv] 鸡肉

[nanx badl] 鸭肉

[nanx badl wadl] 腌鸭肉

[nanx ngant] 鹅肉

[nanx kuap] 狗肉

[nanx muk] 猪肉

[nanx weix muk] 母猪肉

[nanx muk xail] 瘟猪肉

[nanx dal] 鱼肉

[nanx laiv] 野猪肉

[nanx bieev] 羊肉

[nanx max] 马肉

▶ nang

【nangl[1]】 nongl 鼻（名词）

[aox nangl] 鼻腔

[jiv nangl] 鼻尖

[jaemc nangl] 鼻孔

[miuds nangl] 鼻毛

[lags nangl] 鼻骨

[guaems nangl] 鼻梁

[nangl muk] 猪鼻子

[nangl doc] 牛鼻子

[nangl sangv] 象鼻子

[nangl meeux] 猫鼻子

[nangl max] 马鼻子

[nangl kuap] 狗鼻子

[nangl not] 鼠鼻子

[jiv nongl oul] 勾鼻子 指鹰钩鼻。

【**nangl**[2]】指、趾（名词）

[nangl miac] 手指

[nangl miac laox] 大拇指

[nangl miac aiv] 食指

[nangl miac xongv] 中指

[nangl miac nyenp] 无名指

[nangl miac niv] 小指

[nangl dinl] 脚趾

[nangl dinl laox] 脚拇趾

[nangl dinl aiv] 脚次趾

[nangl dinl xongv] 脚中趾

[nangl dinl nyenp] 脚无名趾

[nangl dinl niv] 脚小趾

【**nangc**】竹笋（名词）

[nangc naemx] 水竹笋

[nangc seiv] 石竹笋

[nangc kuap] 毛竹笋

[nangc aemc] 苦竹笋

[nangc naemc] 斑竹笋

[nangc jos] 糯竹笋

[nangc panp] 甜竹笋

[nangc wap] 花竹笋

[nangc daoc xiil] 凤尾竹笋

[nangc bav beev] 箬竹笋

[nangc naeml] 黑竹笋

[nangc laox] 楠竹笋

[nangc sos] 干竹笋

【**nangt**】jedc①②③bids④奔（动词）

[nangt senl] 私奔

▶ nab

【**nabl**】bic①②③④肥壮（形容词）

[nabl lail] 很肥壮

▶ naem

【**naeml**】黑（形容词）

[naeml meeup meeup] 黑黝黝

[naeml miul miul] 黑漆漆

[naeml liongx liongx] 黑鸦鸦

[naeml nas] 黑着脸

[naeml dus sais] 黑心肠

【**naemx**】水、汤（名词）

[naemx liak] 凉水

[naemx daoh] 开水

[naemx lioul] 温水

[naemx laiv] 热水

[naemx nyal] 河水

[naemx kuiit] 溪水

[naemx yak] 田水

[naemx mieengl] 沟水

[naemx sac] 药水

[naemx xeec] 茶水

[naemx menv] 井水

[naemx dal] 泪水

[naemx mux] 鼻涕

[naemx mieec] 口水

[naemx nyiuv] 尿液

[naemx aemp] 浑水

[naemx liup] 清水

[naemx miinl] 雨水

[naemx nil] 雪水

[naemx dadc] 血水

[naemx benv] 汗水

[naemx bieev yanc] 屋檐水

[naemx xux dinl] 洗脚水

[naemx xux nas] 洗脸水

[naemx xux xenp] 洗澡水

[naemx xux gaos] 洗头水

[naemx xux miac] 洗手水

[naemx yeenc daemc] 沿坛水 指加在坛盖上用来阻断空气的水。

[naemx wav] 脏水

[naemx seenp] 干净水

[naemx xux oux] 淘米水

[naemx muk] 潲水

[naemx maoc] 粪水

[naemx douv xeeup] 天锅水 烤酒时蒸锅上的冷却水。

[naemx oux] 米汤

[naemx mal] 菜汤

[naemx tangp aiv] 鸡汤

[naemx tangp nanx] 肉汤

【**naemv**[1]】唠叨（动词）

[naemv lail] 唠叨得很

【**naemv**[2]】念叨（动词）

[naemv nyac] 念叨你

[naemv moh] 念叨他

▶ nee

【**neel**[1]】jaic①②③ gaic④扯、拉（动词）

[neel neel jaic jaic] 拉拉扯扯

[neel neel qedt qedt] 扯扯拽拽

[neel nyangt] 扯草、拔草

[neel jail] 扯开

[neel miac] 扯手

[neel jal] 扯布

[neel biaeml gaos] 扯头发

[neel kap] 扯耳朵

【**neel**[2]】撕（动词）

[neel jal] 撕布

[neel xiis] 撕纸

[neel leec] 撕书

[neel duh] 撕衣服

[neel kuuk] 撕裤子

[neel lanh] 撕烂

[neel muv] 撕嘴

【**neel**[3]】meel①②③薅（动词）

[neel yak] 薅秧

[neel oux lieengs] 薅小米

[neel doh] 薅豆苗

▶ neeng

【**neengs**】yings①②③影（名词）

[neengs yenc] 人影

[neengs meix] 树影

[neengs mianl] 月影

[neengs baoc] 影子虫 学名隐翅虫。

▶ nei

【**neip**】动（动词）

[neip lail] 好动

[neip miac] 动手

[neip xenp] 动身

[neip ongl] 动工

[neip naemx] 动水

[neip biegl] 动笔

[neip muv] 动口

[neip dinl] 动脚

[neip dinl neip miac] 动手动脚

[neip midx neip xongv] 动刀动枪

【**neic**】mongp①②③蠓子（名词）

[dangl neic] 长蠓子

【**neit**】jangv① dongv②③吃过量的（形容词）

[neit dus] 肚子胀饱

【**neix**】妇人（名词）

[neix laox] 老妇人

[neix sax] 婆婆、妇人

[neix lagx] 母子

[neix teel] 岳母

[neix neix] 老婆的昵称

[neix miank] 半老妇人

▶ nen

【**nenl**[1]】mienl①②③虱子（名词）

[doc nenl] 虱子

[geiv nenl] 虱蛋 指虱子卵。

【**nenl**[2]】果（名词）

[nenl dil] 梨子

[nenl ladc] 板栗果

[nenl daiv] 丝栗果

[nenl kap] 猴栗果

[nenl ladc sov] 锥栗果

[nenl dil laoc] 桃子

[nenl yangc mic] 杨梅

[nenl minx] 柿子

[nenl longc nguoc] 栀子果

[nenl longv] 樱桃

[nenl dongc yuc] 桐油果

[nenl lox langp] 木姜子

[nenl meex] 麦粒

[nenl baol guc] 玉米粒

[nenl aol liangc] 高粱籽

[nenl gueel] 黄瓜

[nenl jac] 茄子

[nenl liant] 辣椒

[nenl haix jeec] 西红柿

[nenl max leenp] 丝瓜

[nenl doh longc] 黄豆

[nenl sonv] 大蒜

[nenl jangl] 生姜

[nenl liuc] 柑橘

[nenl liuc nyoc] 柚子

[nenl hongc xaoc] 薯

[nenl hongc xaoc bagx] 白薯

[nenl hongc xaoc yak] 红薯

[nenl oux ogc] 谷子

【nenl[3]】 个（量词）

[nenl onx] 淋巴结

[nenl ol] 甲状腺肿

[nenl gadl] 疮

【nenc[1]】 山药（名词）

[nenc jos] 糯山药

[nenc sanp] 散山药

【nenc[2]】 long②③ eengv②③ hox④哄骗（动词）

[nenc yenc][wangt genc] 哄骗人

[nenc lail] 爱哄骗

【nenc[3]】 可以、能够（动词）

[nenc seik nenc dic] 能讲能打

【nenv[1]】 震动（动词）

[nenv menl] 震天

[nenv dih] 震地

[nenv daic] 震动桌子

[nenv dangv] 震动凳子

[nenv doll] 震动门

[nenv bias] 震雷

[nenv menl nenv dih] 震天动地

[nenv yanc nenv sox] 震动房子

【nenv[2]】 dangc①②③抵（动词）

[gueec nenv siv] 不抵事

▶ ni

【nil】 雪（名词）

[nil angv] 冰雪

[nil sanp] 沙雪

[nil bah] 铺雪

【nic】 虫（名词）

[nic mal] 菜虫

[nic mux] 鼻涕虫

[nic nguup] 青虫

[nic dus] 蛔虫

[nic yuc] 茶油籽虫

[nic taik] 葛藤虫

[nic baol guuc] 苞谷虫

[nic oux] 稻谷虫

[nic maoc xangl] 毛毛虫

[nic lagx kuap] 狗崽虫

[nic senx] 蚯蚓

[nic nunl] 蛆虫

[nic aos] 蚕虫

【niv】 nius②③/小（形容词）

[niv poip] 身材小

[niv bul] 个子小

[niv dinl niv miac] 小手小脚

[gouc niv] 小锄头

[neix niv] 小老婆

[lagx niv] 小崽

[niv baos] 小宝贝

▶ niu

【niux】 带子（名词）

[niux anl] 麻线带子

[niux mieec] 纱线带子

[niux binx] 腰带

[niux wap] 花带子

[niux kuuk] 裤带

▶ nid

【nidx】 nal①②③④密（形容词）

[nidx mal] 菜密

[nidx meix] 树密

[nidx bav] 叶子密

[nidx agt] 树枝密

[nidx yanc] 房屋密集

[nidx nenl] 果实累累

[nidx dids dids] 密密麻麻

[nidx hangp] 行距窄

▶ no

【nol】 seiv④缓慢（形容词）

[nol xiv] 很缓慢

【nop[1]】 傩（名词）

[lagx nop] 小鬼神

[neix nop] 女鬼神

【nop[2]】 疟疾（名词）

[douh nop] 染疟疾

【nop[3]】 颤（动词）

[liak nop] 冷得打抖

[qeeuk nop] 打冷颤

【noc】 揉、搓（动词）

[noc miac] 揉手

[noc nas] 揉脸

[noc dinl] 揉脚

[noc wul yenp] 揉身子

[noc gaems] 揉背

[noc jail] 搓污垢

[noc mal baoc] 搓盐菜

[noc mal] 搓洗蔬菜

[noc duh] 搓衣服

【not】 鼠（名词）

[not laox] 大老鼠

[not niv] 小老鼠

[not nic]（not yangs yuc）蝙蝠

[not jens] 松鼠

▶ nou

【noup】 哪里（代词）

[sax noup] 哪个地方

【nouc】 谁（代词）

[nouc lis] 谁的

[nouc map] 谁来

[nouc qamt] 谁走

[nouc yanc] 谁家

[nouc lagx] 谁的小孩

[nouc maix] 谁的老婆

[xiv nouc] 是谁

【nout】 nouh①②③唠叨（动词）

[nout yenc] 唠叨人

[nout lail] 爱唠叨

【nouv】 吝啬（形容词）

[nouv xiv] 很吝啬

▶ nong

【nongc】 绒毛（名词）

[nongc nas] 脸上绒毛

[nongc kinp] 手上绒毛

[nongc gual] 腿上绒毛

【nongt】 截、段（量词）

[nongt kenp] 路段

[nongt nyal] 河段

[nongt meix] 一截木条

[nongt guangs] 一截甘蔗

[nongt gueel] 一截竹竿

【nongx】 弟妹（名词）

[nongx niv] 小弟妹

[nongx saot] 弟媳

【nongh neengh】 liinc①②③④响铃（动词）

[nongh neengh doc] 牛响铃

[nongh neengh bieev] 羊响铃

[nongh neengh suv] 法事响铃

▶ nu

【nux】 lioul①②③ laiv④加热（动词）

[nux mal] 热菜

[nux oux] 热饭

[nux tangp] 热汤

[nux xeec] 热油茶

【nuv】 看（动词）

[nuv leec] 看书

[nuv yenc] 看人

[nuv duh meik] 看新衣服

[nuv maix meik] 看新娘

[nuv lis qak dal] 看得上眼

[nuv qat nyac] 看轻你

[nuv doc dic beex] 看牛打架

[nuv yiv] 看戏

[nuv yenc laox] 探望老人

[nuv doc] 看牛

[nuv bieev] 看羊

[nuv das] 巡山

[nuv naemx yak] 看田水

[nuv doc jeel meec] 看牛吃麦

[nuv doc jeel nyangt] 看牛吃草

[nuv aiv] 看守鸡群

[nuv badl] 看守鸭群

[nuv benl] 看日子、看时辰

[nuv yangp] 看香 指占卜。

[nuv wok] 看东西 指勘验货物。

[nuv dih] 看地 指对坟地或屋地基进行选址。

▶ nun

【nunl】 蛆（名词）

[dangl nunl] 生蛆

[nunl eex] 屎蛆

[nunl nanx] 肉蛆

▶ nud

【nudc】 蝌蚪（名词）

[doc nudc] 蝌蚪

▶ nya

【nyal[1]】 河（名词）

[nyal laox] 大河

[nyal niv] 小河

【nyal[2]】 挨、沾（动词）

[nyal nyac] 挨你

[nyal yaoc] 挨我

[nyal moh] 挨他

[nyal xaop] 挨着你们

[nyal bieenl] 沾边

【nyal[3]】 粘（动词）

[nyal lail] 粘得好

[nyal miac] 粘手

[nyal xiis] 粘纸

[nyal duh] 粘衣

[nyal leec] 粘书本

【**nyac**】你（代词）

[nyac lail] 你好

[nyac weex mangc] 你做什么

[nyac map yeeuc] 你来玩

【**nyat**】插（动词）

[nyat lagx oux] 插秧苗

[nyat sangh doh] 插豆棚 指在松过的土地里插上竹竿或细木枝用于豆苗攀爬。

[nyat yangp] 插香 指将点燃的香插在器皿里。

[nyat wap] 插花

[nyat xoh] 插筷子

[nyat gic yeenp] 插篱笆

【**nyav**[1]】doc ngav ngis①②③打屁虫（名词）

[nyav xuc]（nyav meix）彩色打屁虫

[nyav oux] 绿色打屁虫

[nyav naemx] 黑色打屁虫

[nyav pap] 灰色打屁虫

【**nyav**[2]】凌乱（形容词）

[nyav dih] 地上脏乱、不干净

▶ nyai

【**nyais**】皱（动词）

[nyais nas nyius nangl] 蹙眉蹙眼

[nyais biah] 皱眉头

▶ nyao

【**nyaop**】乱（形容词）

[nyaop gaos] 头绪乱

[nyaop dus] 心里乱

[gaos nyaop] 头发乱

[nyaop laoc] 乱得很

[oc yanc nyaop] 家里乱

[nyaop nyent nyent] 乱糟糟

【**nyaoc**】geeuc②③拌、搅（动词）

[nyaoc mal] 拌菜

[nyaoc sap] 拌沙子

[nyaoc eengl muk] 拌猪潲

[nyaoc naemx aemp] 搅浑水

【**nyaoh**】住、坐（动词）

[nyaoh yanc gudx] 宅在家

[nyaoh oup] 住哪里、在哪里

[nyaoh yop] 在学校

[nyaoh yanc xonl] 住砖房

[nyaoh menl dangl] 住世间

[nyaoh yanc meix] 住木屋

[nyaoh bongc doc] 住牛棚

[nyaoh yeeuc ngueex] 住瓦窑

[nyaoh laoc] 坐牢

[nyaoh mianl] 坐月子

[nyaoh gaos hanl] 坐夜

[nyaoh yeek] 情人幽会

▶ nyan

【**nyank**】撒（动词）

[nyank lenp dih] 乱撒一地

[nyank xongs mal] 撒菜种

[nyank sinc] 挥霍钱财

[nyank oux] 挥霍粮食

▶ nyang

【**nyangs**】嬢（名词）

[lul nyangs] 二嬢

[manx nyangs] 晚嬢

【**nyangt**】草（名词）

[nyangt gix] 嫩草

[nyangt daoc] 芭芒草

[nyangt denl saos] 灯芯草

[nyangt liongc kuap] 狗尾草

[nyangt jal] 茅草、穿山龙

【**nyangx**】liaoh④推搡（动词）

[nyangx hak] 推搡一下

【**nyangh**】酿（动词）

[nyangh haix] 酿海 侗族的一项婚礼仪式，指新娘回门时由新娘房客摆酒祭祀唱歌。

[nyangh dus] 肚子膨胀

▶ nyab

【**nyabl**[1]】睫毛（名词）

[nyabl dal] 眼睫毛

【**nyabl**[2]】眨（动词）

[nyabl dal] 眨眼

【**nyabl**[3]】jaol①②③扎（动词）

[nyabl yangh] 扎被子

[nyabl duh] 扎衣服

[nyabl kuuk] 扎裤子

【**nyabl**[4]】miv①②③④潜（动词）

[nyabl naemx] 潜水

[nyabl lis jangl] 潜得久

▶ nyad

【**nyads**】ngeec nyongc muv①②③④吃不香（形容词）

[jeel lis nyads] 吃饭不香

▶ nyaem

【**nyaeml**[1]】yual①②③拿、握、捉（动词）

[nyaeml wok] 拿东西

[nyaeml jens] 拿得紧

[nyaeml yenc] 捉拿人

[nyaeml sah] 捉强盗

[nyaeml gouc] 握锄头

[nyaeml midx] 握刀子

[nyaeml xoh] 拿筷子

[nyaeml duix] 拿碗

[nyaeml xeens] 拿杯子

[nyaeml sins daol] 握剪刀

[nyaeml xop] 握瓢

[nyaeml miac] 握手

[nyaeml sav dih] 拿扫帚

【**nyaeml²**】掌管（动词）

[nyaeml sinc] 掌管钱财

[nyaeml yoc xip] 掌管钥匙

【**nyaemv**】晚（名词）

[gaos nyaemv] 晚上

[yedp nyaemv] 早晚

[nyaemv nyongl] 昨晚

[nyaemv gunv] 前晚

[nyaemv moh] 明晚

[nyaemv nas] 后晚

▶ nyee

【**nyeel**】mieel 吐（动词）

[nyeel oux] 吐饭

[nyeel taot] 吐酒

[nyeel sac] 吐药

【**nyeeh**】nyeet①②③微笑（动词）

[nyeeh nyeeh lis] 微微笑

[yuv nyanc gueec nyeeh] 哭笑不得

▶ nyeeu

【**nyeeup**】qeeuk①②③④翘（动词）

[nyeeup muv] 翘嘴

[nyeeup nas] 翘着脸

【**nyeeus**】细小（形容词）

[weex nas nyeeus] 充小样 指不出头。

[donc nyeeus] 小弟妹

[beel nyeeus] 卖小 指谦虚。

▶ nyeen

【**nyeenx**】捻（名词）

[nyeenx baol] 炮捻

【**nyeenh**】砚池（名词）

[nyeenh sic leic] 大砚池

[nyeenh sic niv] 小砚池

[nyeenh sic donc] 圆砚池

[nyeenh sic siiv wangp] 方砚池

[nyeenh sic dongc] 铜砚池

[nyeenh sic tadp] 铁砚池

▶ nyen

【**nyenl**】臭（形容词）

[nyenl eex] 臭屁、臭屎

[nyenl niuv] 臭尿

[nyenl saop] 臭臊

[nyenl sinp] 臭腥

[nyenl nyut] 臭糊

[nyenl maoc] 臭粪

[nyenl saems] 臭酸

[nyenl jail] 臭汗腻

[nyenl enc] 臭烟气

[nyenl benv] 臭汗

[nyenl mongc] 臭霉

[nyenl kak] 臭哈 指食物变质的味道。

[nyenl xiv] 臭得很

[nyenl piedp] 臭狐骚

[nyenl nanx] 肉臭

[nyenl dinl] 脚臭

[nyenl haip] 鞋臭

【nyenp】狐狸（名词）

[nyenp jal] 黄鼠狼

【nyenc】银（名词）

[xoh nyenc] 银筷子

[xinh nyenc] 银手镯

[duix nyenc] 银碗

[meeut nyenc] 银帽子

[jaeml nyenc] 金银

[qaemk dous nyenc] 银簪

[ouk nyenc] 银扣

[qonp nyenc] 银项圈

[qonp kak nyenc] 银耳环

[yabl nyenc] 银戒指

【nyent】推（动词）

[nyent dah bail] 推过去

[nyent dah map] 推过来

[nyent dah] 推一下

[nyent nyac] 推你

[nyent moh] 推他

[nyent yaoc] 推我

[nyent qak bail] 推上去

[nyent luih map] 推下来

【nyenx】lonc douv①②③mangx douv④乱放（动词）

[mangx nyenx] 乱放、随手放

【nyenh[1]】峰包（名词）

[nyenh oc] 峰包

[nyenh liout] 黄牯峰包

[nyenh das] 峰丘

【nyenh[2]】记、认（动词）

[nyenh lail] 记得好

[nyenh siih] 认字

[nyenh yenc] 认人

[nyenh xangv] 认账

[menh xeik] 时刻记着

[nyenh senp] 认亲

[nyenh jaoh] 认错

[nyenh kenp] 认路

[nyenh siv] 记事

[nyenh ongl] 记工天

【**nyenh**[3]】nyenx①②③潮湿（形容词）

[yanc nyenh] 屋回潮

[oux sanp nyenh] 米回润

[duh nyenh] 衣服潮湿

[kuuk nyenh] 裤子潮湿

[haip nyenh] 鞋子回潮

[wac nyenh] 袜子回潮

[jags nyenh] 草鞋湿

[qaip nyenh] 板壁潮湿

▶ nyeb

【**nyebs**[1]】amv④缝（动词）

[nyebs duh] 缝衣服

[nyeds kuuk] 缝裤子

[nyebs dinl kuuk] 缝裤脚

[nyebs deih] 缝口袋

【**nyebs**[2]】as④夹（动词）

[nyebs doc nic] 夹虫子

[nyebs qak map] 夹上来

[nyebs mal] 夹菜

[nyebs xongs wil] 夹火种

▶ nyed

【**nyedp**[1]】nyimv①④nyav②③掐（动词）

[nyedp gaos daol] 掐头虱

[nyedp doc nenl] 掐虱子

[nyedp doc madp] 掐跳蚤

【**nyedp**[2]】寻（动词）

[nyedp songp] 寻话头

[nyedp kenp] 寻路径

【**nyedt**[1]】野菜（名词）

[mal nyedt] 禾良菜 一种野菜。

【**nyedt**[2]】miudc①nyidc②③ap sov④泥鳅（名词）

[nyedt leic] 大泥鳅

[nyedt niv] 小泥鳅

[nyedt nyal] 冈鳅

[nyedt yak] 田泥鳅

[nyedt xangx] 干泥鳅

【**nyedt**[3]】教训（名词）

[deil nyedt] 得到教训

【**nyedt**[4]】记事（动词）

[gueec nyedt]gueec jiv nyenh①②③④不记事

▶ nyi

【**nyit**】高兴（形容词）

[wanp nyit xiv] 很高兴

[wanp wanp nyit nyit] 高高兴兴

【**nyih**[1]】艺（名词）

[wop nyih] 学艺

【**nyih**[2]】事端（名词）

[laop nyih] 挑事端

【nyih³】议约（动词）

[nyih sax] 约地点

[nyih benl] 约时间

【nyih⁴】二（数词）

[nyih wedx] 二月份

[nyih wedx nyih] 二月初二

[nyih xabl] 二十

[nyih xidp] 二十一

[nyih xih nyih] 二十二

[nyih xih lamp] 二十三

[nyih xih lik] 二十四

[nyih xih nguox] 二十五

[nyih xih logc] 二十六

[nyih xih ladp] 二十七

[nyih xih weds] 二十八

[nyih xih yus] 二十九

[nyih xih wul yenc] 二十个人

▶ nyiu

【nyius】皱（形容词）

[nas nyius] 皱眉

[gal nyius] 皱皮

[nyius nyov nyov] 皱巴巴

【nyiuv】尿（名词）

[nyiuv mant] 黄尿

[nyiuv liup] 清尿

[nyiuv tads] 血尿

[nyiuv yil] 小便淋漓不尽

[nyiuv max] 马尿

[nyiuv doc] 牛尿

[nyiuv muk] 猪尿

[nyiuv kuap] 狗尿

[nyiuv meeux] 猫尿

[nyiuv nogt] 老鼠尿

▶ nying

【nyingv】nyeenv①ninv②③miingv④葛根（名词）

[nyingv oux] 米葛根

[nyingv jaol] 苦葛根

[nyingv xeengp] 生葛根

[nyingv xoh] 熟葛根

▶ nyid

【nyidx】（jix）dix①②③lionc④驱（动词）

[nyidx juis] 驱鬼

[nyidx liait] 驱麻雀

[nyidx laiv] 驱野猪

[nyidx doc] 驱牛

[nyidx aiv] 驱鸡

[nyidx badl] 驱鸭子

[nyidx nyongx] 驱蚊子

[nyidx kuap] 驱狗

[nyidx aeml] 驱老鹰

▶ nyo

【nyoc¹】虾（名词）

[nyoc leic] 大虾

[nyoc niv] 小虾

[nyoc xeengp] 鲜虾

[nyoc sos] 干虾

【nyoc²】戏谑（动词）

[nyoc maix meik] 戏谑新娘

[nyoc lagx saox] 戏谑关亲郎 指伴郎和伴娘互相嬉戏的过程。

[nyoc taot] 强劝喝酒

【nyot¹】(nyoh) 黄鳝（名词）

【nyot²】插（动词）

[nyot meix] 插木棍

[nyot biius] 插草标

【nyok¹】凸出的小包（名词）

[kenp nyok] 生小包

【nyok²】翘出、伸出（动词）

[nyok muv] 翘嘴

[nyok bieev] 翘檐

[nyok biah] 前额突出

[nyok kanx] 外坎斜逸

[nyok wuh map] 伸出来

▶ nyog

【nyogx】触碰（动词）

[nyogx jians] 触碰着

▶ nyou

【nyoul】拈（动词）

[nyoul mal] 拈菜

[nyoul oux] 拈饭

【nyoul nyanl¹】抠搜（动词）

[nyoul nyoul nyanl nyanl] 抠抠搜搜

【nyoul nyanl²】贪小便宜的（形容词）

【nyoup】ngouv①②③生气（动词）

[nyoup xiv] 很生气

【nyous】萎靡（形容词）

[nyous xiv] 虚弱

▶ nyon

【nyonx】nyonx muv①②③④刀口钝（形容词）

[nyonx muv midx] 刀卷口

[nyonx muv gouc] 锄头卷口

[nyonx muv huanl] 斧刃卷

【nyonv】jongl④久（形容词）

[nyonv xiv] 很久

[yav nyonv] 这么久

▶ nyong

【**nyongl**】昨（名词）

[benl nyongl] 昨天

[nyaemv nyongl] 昨晚

【**nyongc**】浓（形容词）

[nyongc nyeenh] 浓艳

[nyongc muv] 胃口好

[nyongc oux] 吃饭香

[nyongc tangp] 汤味醇香

【**nyongs**】diongs①②③戳（动词）

[nyongs yenc] 戳人

[nyongs dous laol] 戳蜂巢

[nyongs dous liait] 戳雀巢

[nyongs dous gingv] 戳燕子窝

[nyongs ongt not] 戳鼠窝

[nyongs ongt siic] 戳蛇洞

[nyongs dous al] 戳乌鸦窝

[nyongs dous oul wax] 戳猫头鹰窝

[nyongs dous xeis] 戳芒冬鸟窝

【**nyongv**】搭、抓（动词）

[nyongv piap] 搭肩

[nyongv miac] 搭把手

[nyongv meix] 抓木条

[nyongv jaol] 抓藤条

[nyongv nyangt] 抓草

[nyongv jinl] 攀岩

【**nyongx**】蚊子、苍蝇（名词）

[nyongx oux] 红头苍蝇

[nyongx eex] 绿头苍蝇

[nyongx aiv] 鸡蚊子

[nyongx jaemv] 长脚蚊

▶ nyui

【**nyuit**】眼珠（名词）

[jox dal jox nyuit] 有眼无珠

【**nyuiv**】掐（动词）

[nyuiv kap] 掐耳朵

[nyuiv gaems miac] 掐手背

[nyuiv banh gual] 掐大腿

[nyuiv banh nas] 掐脸蛋

[nyuiv ongv mal] 掐菜薹

[nyuiv songp] 掐葱

[nyuiv muv] 掐嘴

[nyuiv nangl] 掐鼻子

[nyuiv yenc] 掐人

[nyuiv kinp] 掐手臂

[nyuiv ongl eex] 掐屁股

[nyuiv gaos nangl miac] 掐指头

▶ nga

【**ngal**】啄木鸟（名词）

【**ngas**】呆傻样（形容词）

[eip muv ngas ngas] 张开嘴巴样

【**ngav**】弱小（形容词）

[lax ngav] 婴儿

【**ngax**】死板、固执（形容词）

[ngax deil] 死板得很

[ngax ngids ngids] 死死板板

[ngax jac ngax jiv] 死板不转变

[ngax xiv] 很固执

【**ngah**】搁碰（动词）

[ngah jangs] 碰伤

[ngah dinl] 硌脚

▶ ngao

【**ngaol[1]**】角（名词）

[ngaol doc] 牛角

[ngaol liout] 黄牛角

[ngaol wic] 水牛角

[ngaol doc magc dous] 牛角墨斗

[ngaol bieev] 羊角

[ngaol wangc jix] 黄麂角

【**ngaol[2]**】拐角处（名词）

[ngaol yanc] 屋拐角

[ngaol yak] 田角

[ngaol xenp] 身侧

[ngaol dol] 门侧

[ngaol kenp] 路拐角

【**ngaoc**】nguous①④摇（动词）

[ngaoc biinl] 摇牙齿

[ngaoc dol] 摇门

[ngaoc xap] 摇车

[ngaoc gaos] 摇头

[ngaoc tak] 摇木桩

[ngaoc nongh neengh] 摇铃铛

[ngaoc at meix] 摇树枝

[ngaoc meix dil] 摇梨树

[ngaoc ngaoc ngidx ngidx] 摇摇晃晃

【**ngaov**】较（动词）

[ngaov av sinc] 较价钱 指买卖双方讨价还价。

【**ngaoh**】熬（动词）

[ngaoh yuc muk] 熬猪油

▶ ngan

【**nganl[1]**】庵（名词）

[nganl dangc] 庵堂

[nganl meik] 新庵

【**nganl[2]**】嵌（动词）

[nganl angl midx] 嵌刀钢

[nganl angl gingc] 嵌镰刀钢

[nganl angl miagx] 嵌柴刀钢

[nganl angl gouc] 嵌锄头钢

[nganl angl guanl] 嵌斧子钢

【**nganl[3]**】安（动词）

[nganl dol] 安门

[nganl keet sis] 安窗子

[nganl bos lic] 安玻璃

[nganl al dangc] 安神龛

[nganl yenc lao] 安祖宗神位

[nganl tut dih] 安土地公

[nganl beis] 安碑

【nganc】 严（形容词）

[nganc lail] 严丝合缝

【ngant】 nganh 鹅（名词）

[ngant menl] 天鹅

[ngant pap] 灰鹅

[ngant bax] 白鹅

▶ ngang

【ngangl】 呆（形容词）

[ngangl deil] 呆得要死

[neix ngangl] 笨拙的婆娘

【ngangc】 炕（名词）

[ngangc laox] 大炕

[ngangc niv] 小炕

▶ ngad

【ngadp】 低（动词）

[ngadp gaos] 低头

【ngadx】 碱（名词）

[naemx ngadx] 碱水

[qenp ngadx] 重碱

[qat ngadx] 轻碱

▶ ngei

【ngeit】 浮萍（名词）

[ngeit yak] 紫浮萍

[ngeit siiv] 细浮萍

[ngeit nguup] 青浮萍

[ngeit aemc] 苦浮萍

[ngeit bav] 大朵浮萍

▶ ngen

【ngent】 gas①④ guas②③硬（形容词）

[ngent xiv] 硬得很

[ngent lenv lenv] 硬邦邦

【ngenx】 嗅（动词）

[ngenx saop] 嗅骚味

▶ nguo

【nguox】 五（数词）

[nguox wedx] 五月份

[nguox wedx nguox] 五月初五

[nguox wenp] 五分

[nguox joc] 五角

[nguox kuaik] 五元

[nguox nenl] 五个

[nguox bul] 五个人

[nguox jiuc] 五条

[nguox xabl] 五十

[nguox xigt] 五尺

[nguox deenl] 五步

【nguot[1]】 痰（名词）

[nguot bagx] 白痰

[nguot mant] 黄痰

[nguot jos] 浓痰

【nguot[2]】 贪婪（动词）

[nguot sinc] 贪钱

【nguot[3]】 馋（形容词）

[nuv lis nguot]nguot oc②③眼馋

▶ nguu

【nguup】 绿、青（形容词）

[nguup ngids ngids] 绿油油

[nguup nguis nguis] 绿莹莹

[nguup ngidx ngidx] 青黝黝

【nguut】 瞌睡（动词）

[nguut liax] 睡着了

【nguuh】 误事（动词）

O

o

▶ o

【ol[1]】甲状腺（名词）

[dangl ol] 甲状腺肿大

【ol[2]】磨损（动词）

[ol midx] 刀磨损

[ol gingc] 镰刀磨损

[ol miax] 柴刀磨损

[ol xip xeens] 锅铲磨损

[ol guanl] 斧子磨损

[ol kigt] 锅子磨损

[ol jinl penc] 磨石磨损

[ol mot] 石磨磨损

【ol[3]】好表现的（形容词）

[ol seep] 相当好表现的

【ol[4]】光滑（形容词）

[ol daic] 桌面光滑

[ol dangv] 凳面光滑

[ol kenp] 路面光滑

[ol biingv] 手柄光滑

【ol[5]】熟（形容词）

【op[1]】窝（名词）

[op taot] 小酒窝

[op miac] 手心窝

[op dinl] 脚心窝

【op[2]】坑（名词）

[op dinl doc] 牛脚印坑

[op yenv dinl] 人脚印坑

[op naemx] 水坑

【op[3]】窠（名词）

[op gaeml] 碓窠

【oc[1]】goc①②③脖（名词）

[dongc oc] 脖子

[jaemc oc] 喉咙

[gaos oc] 颈部

[lags oc] 颈椎

【oc[2]】sap①②③方位（名词）

[oc aih] 这里

[oc noup] 哪里

[oc yanc] 家里

[oc gav] 那里

[oc yop] 学校

[oc das] 山里

[oc yeenp] 园里

[oc yak] 田里

[oc jenc] 土里

【os】凶（形容词）

[os xiv] 凶得很

[os deil] 凶得要死

[os piangk] 凶巴巴

【ot】gox①②③④壳（名词）

[ot oux] 谷子壳

[ot leec] 书壳

[ot lingv] 蚌壳

[ot geiv] 蛋壳

[ot ladc] 板栗壳

[ot daiv] 丝栗壳

[ot liant] 辣椒壳

[ot wap wenl] 瓜子壳

[ot wap sens] 花生壳

[ot dongc yuc] 桐籽壳

[ot sac yuc] 茶籽壳

[ot xongv] 枪套

【ov】小叔子（名词）

[ov niv] 丈夫的弟弟

【ov nyih】不庄重（形容词）

[ov nyih xiv] 很不庄重

【ok[1]】gav①②③ kok③ gov④搁（动词）

[ok dongc meix] 搁木头

【ok[2]】架（动词）

[ok nyaoh kenp wul] 架在上面

【oh[1]】abs① gads②③结交（动词）

[oh gens] 结老庚

[oh banx] 结伴

[oh senp] 结亲

【oh[2]】goh②③ guangl②③秃（形容词）

[oh gaos] 秃头

[oh oip oip] 光秃秃

▶ ou

【oul[1]】goul①②③钩（名词）

[oul yedl] 钩子

[oul wax] 猫头鹰

[oul douc siih] 乌头

[oul siih] 钓钩

[oul diuv] 秤钩

[anc oul] 担水钩 指拴在扁担上的钩子，用来挑水。

【oul[2]】goul①②③弯（动词）

[oul yeeul] 弯腰

[oul kinp] 弯手肘

[oul gual] 弯腿

[oul luih map] 弯下来

[oul gaos oul kap] 低头耷脑

【oul[3]】勾、绊（动词）

[oul dinl] 绊脚

[oul bal kuuk] 勾裤脚

[oul duh] 勾衣服

[oul meeut] 勾帽子

[oul biiml gaos] 勾头发

[oul daeml] 勾斗笠

【oup】 nouk①②③哪里（代词）

[oup map] 哪里来

[oup meec] 哪里有

【ouc】 guus②③蹲（动词）

[ouc loih map] 蹲下来

[ouc lis jangl] 蹲得久

【ous】 瘀（动词）

[ous ment] 乌紫

[ous tadt] 瘀血

【oux】 稻、米、饭（名词）

[oux songc] 稻禾

[oux miangc] 稻穗

[oux ot] 稻谷

[oux tanp] 糯禾

[oux sanp] 米粒

[oux lieengs] 小米

[oux jos] 糯米

[oux xinl] 籼米

[oux xinl yak] 红籼米

[oux xul] 薏仁米

[oux xeengp] 生米

[oux xoh] 饭

[oux sos] 干饭

[oux liingc] 多吃的餐食

[oux lanh] 稀饭

[oux weenp xeengp] 夹生饭

[oux meev] 馊饭

[oux meex] 麦饭

[oux soiv] 碎米

【ouv¹】 焐（动词）

[ouv dinl] 焐脚

[ouv xot] 焐熟

【ouv²】 闷热（形容词）

[menl naih ouv xiv] 天很闷热

【ouk¹】 kiuk④扣子（名词）

[ouk nyenc] 银扣

[ouk jal] 布扣

[ouk duh] 衣扣

[ouk haip] 鞋扣

[ouk dadp] 铁扣

【ouk²】 扣、系（动词）

[ouk duh] 扣衣服

[ouk haip] 系鞋带

[ouk bail] 扣除、扣掉

[ouk sinc] 扣钱

[ouk xangv] 扣账

[ouk wenp] 扣分

[ouk benh] 扣股份

▶ on

【**onl**】扛（动词）

[onl dongc meix] 扛木头

[onl jedl] 扛柴

[onl tongt] 扛谷桶

[onl xongv] 扛枪

[onl deih] 扛口袋

[onl jinl] 扛石头

▶ ong

【**ongl**[1]】gongl①②③ angt④活路（名词）

[ongl qenp] 重活

[ongl qat] 轻活

[ongl leic] 大工程

[ongl niv] 细活

[ongl oc yanc] 家务活

[ongl oc das] 山上活

【**ongl**[2]】功（名词）

[ongl nguup] 功夫

[ongl nguup lail] 好功夫

【**ongl eex**】臀部（名词）

[ongl eex leic] 臀部大

[ongl eex niv] 臀部小

【**ongp**】空（形容词）

[meix ongp] 树空心

[binc ongp] 空瓶子

[deih ongp] 空口袋

[yanc ongp] 空房子

[sox ongp] 空仓

[dus ongp] 空肚子

【**ongt**】洞（名词）

[ongt not] 鼠洞

[ongt yant] 坎窟窿

[ongt laol] 田埂窟窿

[ongt siic] 蛇洞

[ongt ens] 土洞

[ongt naov] 竹鼠洞

【**ongv**】薹（名词）

[ongv mal nguup] 白菜薹

[ongv mal ads] 青菜薹

[ongv sonv] 蒜薹

[ongv xongv dangc] 虎杖 一种草本植物。

【**ongk**[1]】间隙（名词）

[ongk qaik] 板壁缝隙

[ongk nangl miac] 手指缝

[ongk nangl dinl] 脚趾缝

[ongk biaeml gaos] 头发缝

【**ongk**[2]】空闲（形容词）

[ongk xiv] 很空闲

P
p

▶ pa

【pap】 灰色的（形容词）

[pap benx] 纯灰色的

[pap put put] 灰蒙蒙、雾沉沉

[pap benx benx] 一片灰色的

[pap menl] 天蒙蒙亮

[pap pap put put] 朦朦胧胧

[pap dal] 眼睛看不清

【pak】 帕（名词）

[pak nas] 洗脸帕

[pak wap] 花帕

[pak bax] 白帕

[pak yak] 红帕

[pak yeek] 孝帕

[pak longc] 毛巾

[pak siiv wangp] 手帕

▶ pai

【pait[1]】 摆（动词）

[pait daic] 摆桌子

[pait dangv] 摆椅子

[pait tant] 摆摊

[pait lail] 摆好了

[pait lail] 乱摆

【pait[2]】 摆谈（动词）

[pait guus] 摆故事

【paik】 派（动词）

[paik ongl] 派工

[paik bov benl] 派遣报日子

[paik oux] 派粮

[paik sinc] 派钱

▶ pao

【paop】 抛、扔、让（动词）

[paop jinl] 扔石头

[paop jul] 抛阄

[paop seenp] 抛签

[paop dal diuv] 让称

【paok[1]】 炮（名词）

[paok toup] 铁炮

[paok niv] 小炮

[paok laox] 大炮

[paok goul] 鞭炮

【paok²】 泡（名词）

[paok miac] 手泡

[paok dinl] 脚泡

[paok muv] 嘴泡

[paok naemx] 水泡

[paok bux] 泡沫

【paok³】 泡、失败（动词）

[paok oc naemx] 泡在水里

[paok tangp mal] 泡菜汤

[paok tangp] 泡汤

[paok tangp] 做不成

▶ pan

【panp】 甜（形容词）

[panp muv] 嘴甜

[panp lail] 甜得好

[panp jeemx] 甜蜜蜜

▶ pang

【pangp】 高（形容词）

[pangp leic] 高大

[meix pangp] 树高

[yenc pangp] 人高

[yanc pangp] 房子高

[menl pangp] 天高

▶ pab

【pabt】 肺（名词）

[pabt muk] 猪肺

[pabt doc] 牛肺

[pabt max] 马肺

[pabt bieev] 羊肺

[pabt kuap] 狗肺

[pabt yenc] 人肺

▶ pad

【padt¹】 泼（动词）

[padt naemx] 泼水

[padt maoc] 泼粪

[padt niuv] 泼尿

[padt taot] 泼酒

[padt tangp] 泼汤

【padt²】 飘（动词）

[padt miinl] 飘雨

[padt nil] 飘雪

▶ pee

【peet¹】 吆喝（动词）

[peet doc] 吆喝牛向右

【peet²】 bees①②③④弯（动词）

[peet yeeul] 弯腰杆

▶ peeu

【**peeuk**】冒（动词）

[peeuk ugs] 冒出

[peeuk naemx] 冒水

[peeuk oux] 饭在锅里沸腾

[peeuk gaos songp] 冒出一个话题

▶ peen

【**peenk**[1]】扣（动词）

[peenk dol] 扣门

[peenk xangp] 扣箱子

【**peenk**[2]】触（动词）

[peenk dongs kinp] 触着肘

[peenk dongs yenc] 触着人

[peenk jangs] 触伤

▶ peeng

【**peengp**】yedl①②③挤（动词）

[peengp yenc] 挤人

[peengp laot bail] 挤进去

[peengp wuh map] 挤出来

[peengp dah bail] 挤过去

[peengp dah map] 挤过来

▶ pen

【**penp**】灰尘（名词）

[penp jongc] 灰尘多

[penp dal] 眼尘 指掉进眼里的灰尘。

[penp duh] 衣服有灰尘

【**penk**[1]】怒骂（动词）

[penk yenc] 怒骂人

[penk laov] 怒骂一次

【**penk**[2]】喷（动词）

[penk naemx] 喷水

[penk sac] 喷药水

[penk tadt] 喷血

[penk sadl] 喷漆

[penk yuc] 喷油

【**penk**[3]】benv①②③④挣（动词）

[penk dangx] 挣断

[penk dangx jaol] 挣断绳

[penk dangx nangl doc] 挣断牛鼻绳

▶ piu

【**piup**】kongp①piuk②③拱（动词）

[piup jonh] 拱圈

[piup yant] 拱坎

▶ pib

【**pibt**】mibc④秕（名词）

[oux pibt] 秕谷子

▶ po

【pot[1]】 鸽（名词）

[doc pot] 鸽子

【pot[2]】 温顺（形容词）

[pot xiv] 很温顺

[kuap pot] 狗温顺

[aiv pot] 鸡温顺

[badl pot] 鸭温顺

[doc doc pot] 牛温顺

【pok】 泼（动词）

[pok naemx] 泼水

[pok oux] 泼饭

[pok tangp] 泼汤

[pok tangp] 失败

▶ pou

【pout】 kueep①②③beex④矮（形容词）

[pout xiv] 很矮小

[dangv pout] 矮板凳

【pouk】 上下抖动、打（动词）

[pouk os] 抖动得厉害

[pouk yenc] 打人

[pouk deil nyac] 抖死你

▶ pon

【pont[1]】 劆（动词）

[pont nyangt] 劆草

[pont das] 劆山

[pont jenl yak] 劆田坎

[pont kenp] 劆路

[pont yeengp] 劆园边

[pont mot] 劆坟

【pont[2]】 ponx①歪（形容词）

[jah pont] 草鞋歪

[pont dinl] 绊脚

▶ pong

【pongt】 wongt①②③一摊（数量词）

[pongt eex] 一摊屎

[pongt eex doc] 一摊牛粪

[pongt eex kuap] 一摊狗粪

[pongt eex aiv] 一摊鸡粪

[pongt eex badl] 一摊鸭粪

[pongt eex ngant] 一摊鹅粪

▶ pu

【pup】 铺（动词）

[pup doiv] 铺床

[pup jeenv danl] 铺垫单

[pup yangh] 铺被条

[pup kenp] 铺路

[pup sap] 铺沙

[pup jinl] 铺石头

[pup meix] 铺木头

[pup bangl xinl] 铺稻草

[pup nyangt] 铺草

[pup bav meix] 铺树叶

[pup xis] 铺纸

[pup mint] 铺席子

[pup maoc] 铺粪

【put¹】 wut①②③灰（名词）

[put jedl] 柴灰

[put xis] 纸灰

[put nyangtl] 草木灰

[put bangl oux lieengs] 小米秆灰

[put bangl xinl] 稻草灰

【put²】 灰溜溜（形容词）

[nas put] 灰头土脸

【puk】 铺（名词）

[puk doiv] 床铺

[puk meix]yanc laox①②③④棺材

▶ pia

【piap】 piat②③喂（动词）

[piap oux] 喂饭

[piap meel] 喂奶

[piap naemx] 喂水

[piap sac] 喂药

[piap doc] 喂牛食

【piat】 小布片（名词）

[piat eex] 尿片

[piat nyiuv] 尿片

[piat duc] 抽锅布 指提取锅子、鼎罐的工具。

【piat nyedc】 泥鳅篆（名词）

[piat nyedc meik] 新泥鳅篆

[piat nyedc aov] 旧泥鳅篆

【piak】 捏、挤压（动词）

[piak qunc touc] 攥拳头

[piak oux baol] 捏饭团

[piak meel] 挤奶

[piak nax] 挤脓疮

[piak siic jongs] 捏糍粑

▶ piao

【piaop】 烤、晒（动词）

[piaop wil] 烤火

[piaop qangp] 晒太阳

【piaot】 daoh laoh①②③④暖（形容词）

[piaot lail] 很暖和

[piaot xenp] 身上暖和

[piaot waemk waemk] 暖烘烘

▶ piaem

【piaemk】 钹、铙（名词）

[piaemk pieek] 钹

[piaemk pieek laox] 铙

▶ piee

【**pieek**】分（动词）

[pieek oux] 分饭

[pieek mal] 分菜

▶ pieeu

【**pieeuk**】漂（动词）

[pieeuk duh] 漂衣服

[pieeuk jal] 漂布

[pieeuk geiv al] 漂鱼卵 指孵化鱼卵。

▶ pieen

【**pieenp**】偏、扁（形容词）

[pieenp pieenp lieenl lieenl] 歪歪斜斜

[pieenp gaos] 偏头

[pieenp xenp] 偏身

[pieenp saemp] 偏心

[pieenp dongl] 偏东方

[pieenp siip] 偏西方

[pieenp songs] 扁桶

[pieenp xax] 偏厦

【**pieenk**】骗（动词）

[pieenk yenc] 骗人

[pieenk sinc] 骗钱

[pieenk oux denv] 骗饭吃

[pieenk taot yaemx] 骗酒喝

【**pieengp**】烘、烤（动词）

[pieengp duh] 烘烤衣服

[pieengp sos] 烘干

[pieengp hongc xaoc] 烤红苕

[pieengp yangc liiv] 烤洋芋

[pieengp baoc guuc] 烤苞谷

[pieengp kuuk] 烘裤子

[pieengp haip] 烘鞋子

[pieengp yangh] 烘被子

▶ piei

【**pieik[1]**】聚拢（动词）

[pieik map] 聚拢来

【**pieik[2]**】近（形容词）

[pieik kenp] 路近

[pieik yanc] 屋近

[pieik das] 近山

[pieik naemx] 近水

[pieik benl] 接近时辰

▶ pii

【**piip[1]**】kuiik①②③④流（动词）

[piip naemx] 流水

[piip tadt] 流血

[piip benv] 流汗

[piip mux liup] 流清鼻涕

[piip naemx dal] 流眼泪

[piip nagx] 流脓

【piip²】 tiik①②③削（动词）

[piip gal] 削皮

[piip at meix] 削树枝

[piip genv meix] 削树桩

[piip jedl] 削柴

[piip biedl] 削笔

[piip sags] 削木屑

[piip logc wat] 削萝卜

[piip gueel] 削黄瓜

[piip dil] 削梨

[piip jac] 削茄子

[piip yangc liiv] 削洋芋

[piip hongc xaoc] 削红薯

【piint】 biingc①②③整平（动词）

[piint dih] 整地平

[piint dih yanc] 整屋地基

[piint dih jonh] 整猪圈地基

【piiup】 笆篓（名词）

▶ piong

【piongp】 piongk①②③ bongc④蒸汽（名词）

[piongp mal] 菜蒸汽

[piongp oux] 饭蒸汽

[piongp naemx] 蒸汽

[piongp eengl] 浉蒸汽

[piongp sac] 煨药蒸汽

▶ piuu

【piuup】 笆篓（名词）

[piuup daemc] 大笆篓

[piuup yeep] 格笆篓

[piuup oul] 弯笆篓

[piuup jagl] 虫篓

[piuup siiv] 细笆篓

【piuuk¹】 吐（动词）

[piuuk naemx mieec] 吐口水

[piuuk nguot] 吐痰

[piuuk lags] 吐骨头

[piuuk oux] 吐饭

[piuuk mal] 吐菜

[piuuk taot] 吐酒

[piuuk sac] 吐药

[piuuk xongs] 吐核

[piuuk ot] 吐壳

【piunk²】 损耗（动词）

Q

q

▶ qa

【qap[1]】 tiik①②③piip④削、戳（动词）

[qap sah] 削木屑

[qap wongt] 削陀螺

[qap anc qap] 削草杠

[qap anc biees] 削扁担

[qap anc guunl] 削竹扁担

[qap donv] 削拐棍

[qap dongl gual] 戳南瓜

[qap hongc xaoc] 戳红苕

【qap[2]】 投掷、穿透（动词）

【qap[3]】 qeengk①②③sadl④尖（形容词）

[qap judl] 溜尖 指东西的形状非常尖。

[qap laiv] 颗粒稀疏

[qap laiv] 耍奸猾

【qat[1]】 zal①②③抓（动词）

[qat yenc] 抓人

[qat biiml gaos] 抓头发

[qat linx oc] 揪衣领

[qat duh] 抓衣服

[qat miac] 执手 指掐手。

【qat[2]】 轻（形容词）

[qat wiut wiut] 轻悠悠

[qat ngoul ngoul] 轻飘飘

[qat soh] 力气小

[qat dinl qat mica] 轻手轻脚

[qat songp] 话少

[qat yenc]（qat genc）轻浮的人

【qak[1]】 上（动词）

[qak bail] 上去

[qak louc] 上楼

[qak dees] 上楼梯

[qak jenc] 上山坡

[qak meix] 上树

[qak liangc] 上梁

[qak liangc] 上粮

[qak doiv] 上床

[qak dal] 看得上眼 指中意、喜欢。

[qak kenp] 上路

[qak dangv] 上当

[qak ganx] 上台阶

[qak daic] 上台

[qak lenh] 上任

[qak xuiv] 交税

[qak yenl] 走阴间

[qak yangp] 上香

[qak naemx] 上水

[qak taot] 上酒

[qak yuc] 上油

【qak²】滋生（动词）

[qak yax]qak singv①②③④生锈

[qak xinp] 怀孕

▶ qai

【qait¹】踩（动词）

[qait nyangt] 踩草

[qait naemx] 踩水

[qait eex] 踩屎

[qait dangv] 踩板凳

[qait seenp] 踩生 孕妇生产时不知情的人到访。

[qait denl] 踩灯 妇女去世后做的一种法事。

【qait²】裁（动词）

[qait liix] 裁决

【qait³】缝纫（动词）

[qait duh] 缝衣服

[qait kuuk] 缝裤子

[qait meeut] 缝帽子

【qaik】板壁（名词）

[qaik meix] 木板壁

[qaik sup] 粗板壁

[qaik siiv] 精制板壁

[xeemh qaik] 装板壁

▶ qao

【qaop】kaot①②③ qeenc④抄（动词）

[qaop leec] 抄书

[qaop siih] 抄字

[qaop al] 抄歌

【qaok】caok①②③④翻（动词）

[qaok oux] 翻搅谷子

[qaok jenc] 翻土

[qaok maoc] 翻搅干粪

▶ qam

【qamt】走（动词）

[qamt kenp] 走路

[qamt kenp laox] 走大路

[qamt kenp niv] 走小路

[qamt kenp bieenl] 走路边

[qamt qak qamt luih] 走上走下

[qamt map qamt bail] 走来走去

[qamt kenp sunk] 走前面

[qamt kenp senc] 走后面

[qamt dangl dav] 走中间

[qamt mangv wap] 走右边

[qamt mangv xees] 走左边

[qamt kenp diuc] 走直路

[qamt kenp qongk] 走弯路

[qamt bail] 走过去

[qamt map] 走回来

[qamt senp nyenc] 走亲戚

[qamt nyangt] 走草 指牲畜发情。

[qamt jeenx sis] 走运

[qamt taip kuap] 走狗屎运

[qamt senl xaih] 走村串寨

[qamt xaih] 儿童迷魂

▶ qan

【qank】 掺（动词）

[qank naemx] 掺水

[qank sap] 掺沙

[qank mal] 掺菜

[qank bah] 掺糠

[qank oux] 掺米

[qank as] 掺假

[qank liant] 掺辣椒

[qank dangc] 掺糖

[qank bav bangx] 掺绒菜

[qank gingv] 掺黄草

[qank jaol panp] 掺甜藤

[qank oux lieengs] 掺小米

[qank baol guc] 掺苞谷

[qank hongc xaoc] 掺红苕

▶ qang

【qangp[1]】 kangp①阳光（名词）

[qangp lut] 阳光强烈

[lail qangp] 好太阳

[xal qangp] 遮阳光

[eip qangp] 出太阳

[xav qangp] 晒太阳

[piaop qangp] 向太阳

[lioc qangp] 太阳西沉

【qangp[2]】 样子（名词）

[qangp dangv] 模样、嘴脸

[qangp lail] 好样子

[qangp heek] 丑样子

【qangp buc】 菖蒲（名词）

[qangp buc naemx] 石菖蒲

[qangp buc qeeuk] 半夏

【qangp[3]】 jaic①②③伸、探（动词）

[qangp gaos] 探头

[qangp mac] 伸舌条

[qangp miac] 伸手

[qangp yeeul] 伸腰

[qangp xenp] 伸身子

[qangp gual] 伸腿

[qangp dinl] 伸脚

[qangp yait] 伸长

【**qangk**】猛扯（动词）

[qangk bail] 用力扯去

[qangk kinp] 猛扯手臂

[qangk miac] 猛扯手

[qangk gual] 猛扯腿

[qangk duh] 猛扯衣服

▶ qab

【**qabt**】yac①②③as④压（动词）

[qabt dinl] 压脚

[qabt miac] 压手

[qabt not] 压老鼠

[qabt jinl] 压石头

[qabt leec] 压书页

[qabt gal biic] 压木皮

[qabt gaos] 压头

[qabt anl] 压麻条

[qabt dangl] 压糯稻茎

[qabt doh wuk] 压豆腐

[qabt jens yanc] 压屋脊

▶ qaem

【**qaemp1**】diaemk①②③针（名词）

[qaemp wap] 绣花针

[qaemp leic] 大针

[qaemp oul] 钩针

[qaemp guunl] 竹针

[qaemp sup] 粗针

[qaemp tadp] 铁针

【**qaemp2**】痒（形容词）

[qaemp yaemh yaemh] 痒得很

[qaemp gaos] 头痒

[qaemp gaos daol] 头虱痒

[qaemp gadl] 疮痒

[qaemp gadl] 无事找事

[qaemp gaems] 背上痒

[qaemp bans dinl] 脚板痒

[qaemp gaems dinl] 脚背痒

[qaemp nas] 脸部痒

[qaemp nas] 害臊

[qaemp miac] 手痒

[qaemp miac] 手不安分

[qaemp sais] 忍不住

[qaemp sais] 花心思

【**qaemk1**】sunl①②③④刺（名词）

[qaemk beens] 杉木刺

[qaemk liuc] 桔树刺

[qaemk mint] 刺猬刺

[qaemk laol] 蜂子刺

[qaemk ladc] 板栗刺

[qaemk jiv linc] 蜂糖罐刺

[qaemk yangc waic] 槐树刺

[qaemk mint] 刺猬

【qaemk²】 gous①②③④簪（名词）

[qaemk dous]xeds gous①②③④簪子

▶ qee

【qeep】 ninv①②③④浅（形容词）

[daol qeep] 浅锅子

[banc qeep] 浅盘子

[benc qeep] 浅盆子

[duix qeep] 浅碗

【qeet¹】 帖子（名词）

[luih qeet] 请柬

[biins qeet] 诉状

【qeet²】 贴（动词）指亏本、补偿。

[qeet sinc] 贴钱

[qeet bens] 贴本

[qeet ongl] 贴工

[qeet taot] 贴酒

[qeet oux dengv] 贴餐食

【qeet³】 贴（动词）指粘贴。

[qeet xiis] 贴纸

[qeet xis wap] 贴图画

[qeet div] 贴对联

【qeet⁴】 胆怯（形容词）

[qeet maoh] 畏惧他

▶ qeeu

【qeeup¹】 翘（动词）

[qeeup miuds] 翘胡子

[qeeup sadl] 翘尾巴

[qeeup ongl eex] 翘屁股

[qeeup qak menl] 翘上天

[qeeup anc] 翘扁担

[qeeup piink] 翘木板

【qeeup²】 挺（动词）

[qeeup yeeul] 挺腰杆

[qeeup dav] 挺胸

[qeeup xenp] 挺身

【qeeut】 换（动词）

[qeeut sinc liingc] 换零钱

[qeeut wok] 换东西

[qeeut ongl] 换工

【qeeuk¹】 跳（动词）

[qeeuk louc] 跳楼

[qeeuk naemx] 跳水

[qeeuk luih bail] 跳下去

[qeeuk qak map] 跳上来

[qeeuk jail] 跳远

【qeeuk²】 颤（动词）

[qeeuk nop] 冷得发颤

▶ qeen

【qeenp[1]】 乾（名词）

[qeenp kunp] 乾坤

[qeenp yak] 天下

【qeenp[2]】 骂（动词）

[qeenp genc] 骂人

[qeenp neix] 骂娘

[qeenp yaoc] 骂我

[qeenp nyac] 骂你

[qeenp moh] 骂他

【qeenp[3]】 添加（动词）

[qeenp yenc meik] 添人丁

[qeenp saic xix] 添财喜

▶ qei

【qeip[1]】 犁（名词）

[liangc qeip] 一副犁具

[qeip bac] 犁耙

[qeip meik] 新犁

[qeip aov] 旧犁

【qeip[2]】 耕、犁（动词）

[qeip yak] 犁田

[qeip jinc] 犁土

▶ qen

【qenp】 重（形容词）

[qenp dinl qenp miac] 重手重脚

[qenp nyangv nyangv] 沉甸甸

[qenp ongl] 活路繁重

【qent】 loit①②③④ eeup①②③④揍、推（动词）

[qent beex] 打架

[qent yis yunc] 揍一拳

▶ qed

【qedp[1]】 循（动词）

[qedp kenp] 循路

[qedp kenp laop] 循路找

[qedp yenv dinl] 循脚印

【qedp[2]】 迎娶（动词）

[qedp maix meik] 迎娶新娘

【qedt】 挠（动词）

[qedt qaemp] 挠痒

[qedt gaems] 挠背

[oup qaemp qedt gav] 哪痒挠哪

▶ qi

【qip】 欺侮（动词）

[qip yenc] 欺侮人

[qip yenc laox] 欺侮老人

[qip lagx ons] 欺侮小孩

[qip yenc xeengp] 欺侮陌生人

【qit[1]】踢（动词）

[qit qiuc] 踢球

[qit yenc] 踢人

[qit dinl] 踢脚

[qit aiv] 踢毽子

【qit[2]】起（动词）

[qit genv] 起头

[qit nat] 起行

[qit wil] 起火

[qit yiv] 起意

[qit xenp] 起身

[qit jos] 起脚

[qit ongl] 起工

【qik[1]】气味（名词）

[qik dangl] 香气

[qik nyenl] 臭气

[qik dinl] 脚气

[qik taot] 酒气

[qik yenc] 人气味

[qik muk] 猪臊气

[qik doc] 牛臊气

[qik singp] 腥气

[qik bieev] 羊臊味

[qik piedp] 狐骚味

【qik[2]】生气（动词）

[qik deil yenc] 气死人

[qik yenc] 受气

[qik taemp houp] 气登喉 指生气到极点。

[qik dangx sais] 气断肠

[qik taemp dingv] 气到顶

【qik[3]】wanh④替、补（动词）

[qik yenc] 顶替人

[qik gas] 补秧苗

[qik lagx liant] 补辣椒秧

[qik lagx jac] 补茄瓜秧

[qik lagx meix] 补树苗

[qik xongs] 补种子

[qik ongl] 替工

▶ qiu

【qiup[1]】gas①②③④夹（动词）

[qiup mal] 夹菜

[qiup nanx] 夹肉

[qiup liant] 夹辣椒

【qiup[2]】tiik①②③撬（动词）

[qiup yenc] 牛撬人

[qiup ens] 牛撬土

[qiup meix] 牛撬树

[qiup doil bangl] 牛撬草堆

[qiup tup maoc] 牛撬粪堆

【qiut】nyunt①②③缺（动词）

[qiut jeel] 缺吃

[qiut dens] 缺穿

[qiut sinc] 缺钱

[qiut wok] 缺货

[qiut oux] 缺粮

[qiut baoc] 缺盐

[qiut yuc] 缺油

▶ qin

【qinp】增、添（动词）

[qinp yenc] 增加人口

[qinp oux] 添饭

[qinp mal] 添菜

▶ qing

【qingk】尝、品（动词）

[qingk baoc] 尝盐巴

[qingk taot] 品酒

▶ qo

【qot】dinv②③ xov①摇（动词）

【qok】gos①②③角（名词）

[qok qaik] 屋角

[qok dol] 门角

[qok dol] 仓角

[qok yanp] 菜园角

[qok jonh] 圈角

▶ qou

【qouk】kouk②③④抖（动词）

[qouk duh] 抖衣服

[qouk penp] 抖灰尘

[qouk deih leil] 抖空口袋

[qouk madp] 抖跳蚤

▶ qon

【qonp^{1}】konp 环、圈（名词）

[qonp kap]kak jiml④耳环

[qonp oc] 项圈

[qonp tadp] 铁环

[qonp xinh] 手镯

[qonp guunl] 竹圈

[qonp dal] 眼圈

【qonp^{2}】圈（动词）

[qonp siih] 圈字

[qonp dih] 圈地皮

【qonk】劝（动词）

[qonk maoh] 劝他

[qonk taot] 劝酒

[qonk beex] 劝架

[qonk xeiv] 调解

▶ qong

【qongp】gongp①②③jongx④拱（动词）

[qongp ongl eex] 拱屁股 指将屁股翘起。

[qongp yeeul] 拱腰杆 指弯腰。

【qongt】牵（动词）

[qongt doc] 牵牛

[qongt max] 牵马

[qongt miac] 牵手

[qongt jaol] 牵绳子

[qongt lagx] 牵小孩

[qongt kuap] 牵狗

[qongt maix] 牵新娘

[qongt jenc map] 扶起来

【qongk】弯曲（形容词）

[qongk qongk eeus eeus] 弯弯曲曲

[meix qongk] 树弯

[kenp qongk] 路弯

[yenc qongk] 性格执拗的人

▶ qui

【quit】跪（动词）

[quit menl] 跪天

[quit dih] 跪地

[quit jas] 跪父

[quit mas] 跪母

[quit baiv] 跪拜

[quit al dangc] 跪神龛

[quit buc sas] 跪菩萨

[quit yenc laox] 跪老人

[quit gaos mot] 跪坟头

【quik】结（名词）

[wadp quik] 打结

▶ qud

【qudt】woik①②③wik④快（形容词）

[qudt bail] 飞快跑去

[qudt map] 飞快跑来

S

s

▶ sa

【sap[1]】沙（名词）

[sap jinl] 沙石

[sap ens] 沙土

[sap sup] 粗沙

[sap siiv] 细沙

【sap[2]】dangs④搓（动词）

[sap jaol] 搓绳子

[sap jix soc] 搓麻线

[sap xongs jah] 搓草鞋的骨架

[sap lagx jah] 搓草鞋耳子

[sap lanc jah] 搓草鞋带

【sap[3]】滑（动词）

[sap lagx yat]sas dinl①②③踩东西滑倒

【sap[4]】差（形容词）

[sap dal] 眼力差

[sap jail] 差得远

【sac[1]】药（名词）

[sac aemc] 药苦

[sac dal] 眼药水

[sac nogt] 老鼠药

[sac qoup] 迷魂药

[sac nic] 蛔虫药

[sac nic] 农药

【sac[2]】缝纫（动词）

[sac duh]bangl guh①②③pangp guus④缝纫衣服

[sac kuuk] 缝纫裤子

【sas[1]】扎（动词）

[sas bongc] 扎棚

[sas wap] 扎花

[sas sids] 扎锲子 破柴时插入锲子。

[sas maoc nyenc] 扎茅人 指扎茅草人。

[sas gic yeenp] 扎篱笆

【sas[2]】杀（动词）

[sas yenc] 杀人

[sas aiv] 杀鸡

[sas badl] 杀鸭

[sas ngant] 杀鹅

[sas bieev] 杀羊

[sas muk] 杀猪

[sas doc] 杀牛

【sax[1]】 yanc①②③住所（名词）

[sax nyaoh] 居住地

[sax naih] 这里

[sax gav] 那里

【sax[2]】 neip①②③④妻子（名词）

[sax lagx] 娘崽

[sax liat] 婆媳

【sav[1]】 cup①②③ rav②③洗（动词）

[sav duh] 洗衣服

[sav kuuk] 洗裤子

[sav haip] 洗鞋子

[sav wac] 洗袜子

[sav yangh] 洗被子

[sav pak] 洗帕子

[sav deih leec] 洗书包

【sav[2]】 sav kenk④歇息（动词）

[sav soh] 歇气

[sav hak] 歇一下

【sav[3]】 围（动词）

[sav yeenp] 围菜园

[sav jenc] 围山地

【sav[4]】 堵、塞（动词）

[sav kenp] 堵路

[sav binv yak] 塞田缺口

[sav nyal] 塞河坝

[sav dangc op] 塞水坑

[sav beel] 塞堰

[sav mieengl] 塞沟渠

【sak】 houx①②③ xilqeenp④吵（动词）

[sak beex] 吵架

【sah[1]】 rah①②③贼（名词）

[sah laox] 大贼

[sah niv] 小贼

[sah douc] 贼头

【sah[2]】 木渣（名词）

[sah toip]①②③ sah beeux 刨木渣

[sah kuaik] 大木渣

【sah[3]】 排扇（名词）

[sah yanc] 木房排扇

[sah jonh] 圈排扇

【sah[4]】 舂（动词）

[sah oux lieeng] 舂小米

[sah liant] 舂辣椒

[sah siic] 舂粑

【sah[5]】 耕种（动词）

[sah xenp] 耕种庄稼

[sah yak] 种田

[sah jenc] 种地

[sah yeenp] 种菜园

【sah[6]】 胀（动词）

[sah nax] 胀脓

▶ sai

【saip[1]】kaik nac①②③差（名词）

[jax saip] 差役

【saip[2]】seik③haip④送（动词）

[saip wok] 送东西

[saip sinc] 送钱

[saip duh] 送衣服

[saip oux] 送大米

[saip mal] 送蔬菜

[saip gueec saip] 送不送

【saic wongp】裁缝（名词）

[laox saic wongp] 老裁缝

[gix saic wongp] 新裁缝

【saic[1]】裁（动词）

[saic duh] 裁衣服

[saic kuuk] 裁裤子

[saic went] 裁裙子

[saic xiis] 裁纸

【saic[2]】解析（动词）

[saic songp] 分析话语的寓意

【saic[3]】aot①kaot④才（副词）

[saic map] 才来

[saic bail] 才去

[saic qamt] 才走

[saic jeel oux] 才吃饭

[saic nak] 才睡觉

[saic jenc] 才起床

[saic saic] 刚才

【sais[1]】zais②肠子（名词）

[sais laox] 大肠

[sais niv] 小肠

[sais muk] 猪肠子

[sais doc] 牛肠子

[sais kuuap] 狗肠子

[sais aiv] 鸡肠子

[sais badl] 鸭肠子

[sais ngant] 鹅肠子

[sais dal] 鱼肠子

【sais[2]】细长（形容词）

[jiuc kenp sais] 路狭长

[wul yenp sais] 身子瘦长

[yuh sais yuh yait] 又细又长

▶ sao

【saol】ngaol①②③柱子（名词）

[saol yanc] 屋柱子

[saol yanc douc]（saol yanc dav）中柱

[saol yanc nih] 二柱

[saol gual] 瓜柱

[saol jonh muk] 猪圈柱子

[saol jonh doc] 牛圈柱子

[saol lot aiv] 鸡圈柱子

【**saol nyeec**】可怜（动词）

[saol nyeec lagx] 可怜孩子

【**saop wil**】lup②③kok①②③火铺（名词）

[saop wil laox] 大火铺

[saop wil niv] 小火铺

【**saop**】骚、轻浮（形容词）

[saop bal] 很轻浮

【**saoc**】凹处（名词）

[saoc kuiit] 小河谷

[saoc nyal] 大河谷

【**saos junc**】棕裙（名词）

[saos junc meik] 新棕裙

[saos junc aov] 旧棕裙

【**saos liac**】秧耙（名词）一种农具。

[saos liac meix] 木秧耙

[saos liac gaol doc] 牛角秧耙

【**saos liiuh**】草绳（名词）

[saos liiuh yait] 长草绳

[saos liiuh tent] 短草绳

【**saos^{1}**】蒸（动词）

[saos oux] 蒸饭

[saos siic] 蒸粑

[saos hongc xaoc] 蒸红薯

[saos nanx] 蒸肉

[saos geiv] 蒸蛋

[saos baol guc] 蒸苞谷

【**saos^{2}**】(saot) 操练（动词）

[saos wap av] 练武、习武

【**saos^{3}**】(saot) 扫（动词）

[saos yanc] 扫舍

[saos dih] 扫地

[saos penp] 扫灰尘

[saos nas] 丢面子

【**saox^{1}**】婿（名词）

[lagx saox] 女婿

[lagx saox mah] 大女婿

[lagx saox niv] 小女婿

[lagx saox meik] 新女婿

【**saox^{2}**】maix④嫂子（名词）

[dal saox] 大嫂

[erl saox] 二嫂

[manx saox] 晚嫂

【**saov^{1}**】灶（名词）

[saov xonl] 砖灶

[saov ens] 土灶

[saov meik] 新灶

[wul saov] 灶面

[douh saov] 灶孔

【**saov^{2}**】撬（动词）

[saov jonh] 撬圈

[saov jinl] 撬石头

【**saoh^{1}**】weex④建造（动词）

[saoh yanc] 建造房屋

[saoh dol laox] 造大门

[saoh jonh] 造圈

[saoh logc aiv] 造鸡舍

【**saoh**[2]】顽皮（形容词）

[saoh xiv] 很顽皮

▶ san

【**sanp**[1]】粒、沙（名词）

[oux sanp] 大米粒

[nil sanp] 沙雪

【**sanp**[2]】sanv①②③④松散（形容词）

[sanp lieev] 不黏

【**sanv**[1]】伞（名词）

[sanv leic] 大伞

[sanv niv] 小伞

[sanv meik] 新伞

[sanv aov] 旧伞

[sanv xis] 油纸伞

[sanv jal] 布伞

[sanv wap] 花伞

[sanv naeml] 黑伞

[sanv yak] 红伞

【**sanv**[2]】散、发（动词）

[sanv dangc] 散糖

[sanv yeenl] 散烟

[sanv wok] 散东西

【**sanh**】zanx①②③镌（动词）指雕刻。

[sanh siih] 镌字

[sanh bil] 镌碑

[sanh jinl] 镌石头

[sanh mot] 镌磨子

[sanh op gaeml] 镌碓窠

▶ sang

【**sangl**】henk②③hens④恨（动词）

[sangl nyac] 恨你

[sangl moh] 恨他

[sangl xaop] 恨你们

[sangl moh naih] 恨他们

【**sangp**】根（名词）

[sangp wadc] 折耳根

[sangp meik] 新根

[sangp aov] 旧根

[sangp meix] 树根

[sangp nyangt] 草根

[sangp nyingv] 葛根

[sangp mal] 菜根

[sangp biinl] 牙根

【**sangc**】层（量词）

[sangc pangp] 高层

[sangc taemk] 低层

[sangc naih] 这层楼

[sangc gav] 那层楼

【**sangs**[1]】磉礅石（名词）

[sangs yanc] 磉礅石

[sangs jonh] 畜圈礅

[sangs jinl] 磉石

【**sangs**[2]】垫（动词）

[sangs pangp map] 垫高点

[sangs taemk gil] 垫矮点

[sangs gaos] 垫头部

[sangs dinl] 垫脚

【**sangs**[3]】liangk①②③想（动词）

[sangs touk] 想到

[sangs senh] 想尽

[sangs nyac] 想你

[sangs yanc] 想家

[sangs qak yop] 想上学

[sangs dogt leec] 想读书

[sangs yeeuc] 想玩

[sangs jeel] 想吃

[sangs dens] 想穿

[sangs sinc] 想钱

[sangs banx] 想同伴

[sangs mangc] 想什么

[sangs yis hah] 想一下

[sangs bail sangs map] 想来想去

【**sangx**[1]】sangp①②③饲养（动词）

[sangx yangx xeengp] 饲养牲畜

[sangx aiv] 养鸡

[sangx badl] 养鸭

[sangx ngant] 养鹅

[sangx muk] 养猪

[sangx max] 养马

[sangx doc] 养牛

[sangx bieev] 养羊

[sangx kuap] 养狗

[sangx meeux] 养猫

[sangx pot] 养鸽子

[sangx waik miic] 养画眉

[sangx tuk] 养兔

[sangx dal] 养鱼

【**sangx**[2]】xeengk①②③ dangl④生（动词）

[sangx lagx] 生小孩

【**sangv**[1]】(sanggk）相（名词）

[sangv sis] 相貌

【**sangv**[2]】wongk④埋葬（动词）

[sangv yenc] 埋葬人

[sangv xeengp] 活埋

[sangv doc] 埋瘟牛

[sangv muk] 埋瘟猪

【**sangh**】sav④栅（名词）指栅栏。

[sangh doh] 豆栅

[sangh gueel] 黄瓜栅

[sangh guux gual] 苦瓜栅

▶ sab

【**sabl**】捉（动词）

[sabl yenc] 捉人

[sabl aiv] 捉鸡

[sabl badl] 捉鸭

[sabl ngant] 捉鹅

[sabl not] 捉老鼠

[sabl siic] 捉蛇

[sabl liait] 捉麻雀

[sabl muk] 捉猪

[sabl dal] 捉鱼

[sabl jux] 捉土画眉

[sabl waik miic] 捉画眉

[sabl jil] 捉竹鸡

▶ sad

【**sadl**[1]】尾巴（名词）

[sadl doc] 牛尾巴

[sadl wic] 水牛尾巴

[sadl liout] 黄牛尾巴

[sadl max] 马尾巴

[sadl muk] 猪尾巴

[sadl bieev] 羊尾巴

[sadl aiv] 鸡尾巴

[sadl kuap] 狗尾巴

[sadl meeux] 猫尾巴

[sadl not] 老鼠尾巴

[sadl siic] 蛇尾巴

[sadl dal] 鱼尾巴

[sadl xih] 野鸡尾巴

[sadl leil] 猴尾巴

[sadl maemx] 老虎尾巴

[sadl lav] 野猪尾巴

[sadl nyenp] 狐狸尾巴

[sadl meix] 树梢

【**sadl**[2]】漆（动词）

[sadl dangv] 漆凳子

[sadl daic] 漆桌子

[sadl guiv] 漆柜子

[sadl puk meix] 漆棺材

[sadl banh qaik] 漆板壁

【**sadl**[3]】senk③滤（动词）

[sadl naemx] 滤水

[sadl sos] 滤干

[sadl miangc] 滤蕨粑

【**sadl**[4]】静（形容词）

[sadl siul] 宁静

【**sadl**[5]】sadp③七（数词）

[sadl wedx] 七月

[sadl wedx banv] 七月半

[sadl nenl dil] 七个梨

[sadl nenl gueel] 七个黄瓜

[sadl nenl dangc] 七颗糖

[sadl meix duh] 七件衣服

[sadl jiuc kuuk] 七条裤子

[sadl songl mal] 七样菜

[sadl bul yenc] 七个人

[sadl doc muk] 七头猪

[sadl doc doc] 七头牛

[sadl doc dal] 七条鱼

【sadt】碾压、踩压（动词）

[douh xiap sadt] 遭车碾压

▶ saem

【saemp¹】心（名词）

[saemp douc] 心头

[saemp sais] 心肠

[saemp mal] 菜心

[saemp meix] 树心

【saemp²】肝（名词）

[saemp muk] 猪肝

[saemp doc] 牛肝

[saemp max] 马肝

[saemp bieev] 羊肝

[saemp kuap] 狗肝

[saemp aiv] 鸡肝

[saemp badl] 鸭肝

[saemp ngant] 鹅肝

[saemp tuk] 兔肝

【saemp³】早（形容词）

[saemp xiv] 早得很

[saemp eev] 早嫁

[saemp deic] 早娶

[saemp seik] 早讲

[saemp xods] 早说

[saemp jeel] 早吃

[saemp bail] 早去

[saemp map] 早来

[saemp xonv] 早回

[saemp nak] 早睡

[saemp jenc] 早起

【saems】酸（形容词）

[saems yaemv yaemv] 酸溜溜

[saems lis lail] 酸得好

【saemx】昏暗（形容词）

[saemx menl] 天色暗淡

[saemx menl saemx dih] 天昏地暗

▶ see

【seel】布带（名词）

[seel beeh]xas beev④背带

[seel wap] 花背带

[seel lanc] 蓝背带

[seel naenl] 黑背带

[seel pap] 灰背带

[seel meik] 新背带

[seel aov] 旧背带

[seel xuc] 绸带

[seel kuadt] 宽腰带

【**seep**】嗉囊（名词）

[seep aiv] 鸡嗉囊

[seep badl] 鸭嗉囊

[seep ngant] 鹅嗉囊

▶ seen

【**seenp wenp**】灵魂（名词）

【**seenp**[1]】签（名词）

[seenp meix] 木签

[seenp guunl] 竹签

[seenp tadp] 铁签

【**seenp**[2]】senp qik④干净（形容词）

[seenp lail] 干净得很

[seenp penk] 非常干净

[seenp seenp penk penk] 干干净净

【**seenv**】sanv①②③④线（名词）

[seenv magc] 墨线

[seenv yak] 红线

[seenv bagx] 白线

[seenv mant] 黄线

[seenv nguup] 绿线

[seenv naeml] 黑线

[seenv lanc] 蓝线

[seenv pap] 灰线

[seenv yait] 长线

[seenv tent] 短线

[seenv anl] 麻线

[seenv miinc] 棉线

[seenv sup] 粗线

[seenv siiv] 细线

[seenv wap] 花线

[seenv xuc] 丝绸线

[seenv ngeex] 铁线

▶ sei

【**seis**】公（名词）

[seis aiv] 公鸡

[seis badl] 公鸭

[seis ngant] 公鹅

[seis dal] 公鱼

【**seiv**】牸（名词）

[seiv liout] 黄牸牛

[seiv wic] 水牸牛

【**seik**】xodt①②③④ gangs③讲（动词）

[seik lis doiv] 讲得对

[seik songp] 讲话

[seik lail] 讲得好

[seik siiv] 讲事情

[seik jax] 讲汉话

[seik guaeml] 讲侗话

[seik miiul] 讲苗话

▶ sen

【senp nyic】 生日（名词）

[dah senp nyic] 过生日

[doc senp nic] 牛生日

【senp[1]】 kees banx④亲（名词）

[senp nyenc] 亲戚

【senp[2]】 亲（动词）

[ogs senp] 结亲

[senp yenc] 亲近人

[senp senp tak tak] 亲亲切切

【senp kuut】 辛苦（形容词）

[senp senp kuut kuut] 辛辛苦苦

【senc[1]】 jenx①②③ geengl④跟随（动词）

[senc map]xih lenc①②③④跟随来

[senc bail] 跟随去

[senc nyac] 随你

[senc yenc laox] 跟随老人

【senc[2]】 kangk①②③④炕（动词）

[senc nanx] 炕肉

[senc jedl] 炕柴

[senc oux jos tanp] 炕糯禾

[senc oux lieengs] 炕小米穗

[senc gingv sans] 炕穇子穗

[senc hongc xaoc] 炕红苕

【senv[1]】 信（名词）

[xas senv] 写信

[jiv senv] 寄信

[ot senv] 信封

[sunp senv] 送信

[bouv senv] 报信

[xup senv] 收信

[nuv senv] 看信

[dogc senv] 读信

【senv[2]】 听信（动词）

[senv songp] 听话

[senv nyac] 听你

[senv moh] 听他

[senv yaoc] 听我

【senv[3]】 信奉（动词）

[senv juis] 信鬼神

[senv buc sas] 信菩萨

[senv xenc xeenp] 信神仙

【senv[4]】 攒（动词）

[senv sinc] 攒钱

[senv eel yanc] 攒家底

【senv[5]】(senk) 撑（动词）指搭建的意思。

[senv av yanc] 撑房屋

[senv av beeh] 撑木棚

[senv jonh] 撑圈

【senh】尽、完（动词）

[laop senh] 找尽

[seik senh] 话讲尽

[senh sinc] 钱花尽

▶ sii

【siil】jimx①②③④按（动词）

[siil gaos] 按头

[siil dinl] 按脚

[siil oc] 按脖颈

[siil muk] 按猪

【siip[1]】蓑衣（名词）

[siip meik] 新蓑衣

[siip aov] 旧蓑衣

[siip leic] 大蓑衣

[siip niv] 小蓑衣

[siip songl] 棕蓑衣

[siip bangl] 草蓑衣

【siip[2]】另（副词）

[siip liingc]xip liingh①②③另外

【siic[1]】suic①②③蛇（名词）

[siic neengs] 四脚蛇

[siic naemx] 水蛇

[siic sadl] 乌梢蛇

[siic tat bac] 烙铁头蝮蛇

[siic ngup] 竹叶青蛇

[siic wax] 眼镜蛇

[siic yac jodx gaos] 摺棒蛇、两头蛇

[siic wangc houp] 黄喉蛇

[siic dal diuv] 星秤蛇

【siic[2]】粑（名词）

[siic jongs] 糍粑

[siic beev] 棕粑

[siic gingv] 黄草粑

[siic samp wedx] 三月粑

[siic panp] 甜藤粑

[siic aol liangc] 高粱粑

[siic oux lieengs] 小米粑

[siic sans] 䅟子粑

[siic baol guuc] 苞谷粑

[siic miangc] 蕨粑

[siic menc] 糯苕粑

[siic liix] 麻栗粑

[siic hongc xaoc] 红苕粑

[siic yangc liiv] 洋芋粑

【siiv】细（形容词）

[siiv nyiul] 细得好

[siiv nyit] 细腻

【**siih**[1]】sinp①②③jil kaot mal④宴席（名词）

[jeel siih] 吃宴席

【**siih**[2]】sidc 楔子（名词）

[siih gouc] 锄楔子

[siih guanl] 斧楔子

[siih yanc] 榫头楔子

[siih jedl] 柴楔子

[siih guunl] 竹楔子

[siih meix] 木楔子

[siih tadp] 铁楔子

[siih yuc] 油榨楔子

【**siih**[3]】ziih③leec④字（名词）

[siih guaeml] 侗文

[siih miiul] 苗文

[siih jax] 汉字

[siih leic] 大字

[siih niv] 小字

[siih yak] 红字

[siih naeml] 黑字

[siih bagx] 白字

[siih mant] 黄字

【**siih**[4]】锡（名词）

[siih yeep] 网坠

[siih yonc] 锡砣吊坠

[siih oul] 钓钩

【**siih**[5]】冷清（形容词）

[siih wiut]kop juis④害怕

【**siih**[6]】sids①②③④淡（形容词）

[siih baoc] 盐味淡

[mal siih] 菜淡盐

[tangp siih] 汤淡盐

▶ siu

【**siup**[1]】秋（名词）

[eeul siup] 交秋、立秋

[siup qeenp] 秋天

【**siup**[2]】siuk①②③xup④修（动词）

[siup yinl] 修阴 指修阴德。

[siup kenp] 修路

【**siup**[3]】消、销（动词）

[siup xangv][siup pov] 消肿

[siup wok] 销东西

【**siup**[4]】saoh①②③削（动词）

[siup biingv gouc] 削锄把

[siup biingv miax] 削柴刀把

[siup biingv gingc] 削镰刀把

[siup biingv guanl] 削斧子把

[siup biingv siuv] 削凿子

[siup biingv midx] 削刀把

[siup anc biees] 削扁担

[siup anc nyangt] 削草扁担

[siup anc bangl] 削稻草扁担

【siup⁵】 青（形容词）

[menl siup] 蓝天

【siuv¹】 悼粑（名词）指清明节时，用来祭拜祖先的食物。

[siuv oux lieengs] 小米悼粑

[siuv das] 粘米悼粑

【siuv²】（sink）凿（动词）

[siuv dal saol] 凿柱孔

[siuv dal qaik] 凿板壁

▶ sin

【sinl】 zenl①②③④精（形容词）

[nanx sinl] 精肉、瘦肉

【sinp¹】 腥的（形容词）

[sinp qik] 腥气

[nyenl sinp] 臭腥

【sinp²】 千（数词）

[sinp wanh] 千万

【sinc】 钱（名词）

[sinc liingc] 零钱

[sinc ngenx] 整钱

[sinc leic] 大钱

[sinc niv] 小钱

[sinc aov] 旧钱

[sinc meik] 新钱

[sinc jongc] 钱多

[sinc nyunt] 钱少

【sins daol】 剪刀（名词）

[sins daol leic] 大剪刀

[sins daol niv] 小剪刀

[sins daol meik] 新剪刀

[sins daol aov] 旧剪刀

[sins daol qap] 尖剪刀

【sins¹】 喊（动词）

[sins menl] 喊天

[sins dih] 喊地

[sins dol] 喊门

[sins jas] 喊爸

[sins mas] 喊妈

[sins jul] 喊舅

[sins nyangs] 喊孃

[sins jongx nongx] 喊兄妹

[sins guunl] 喊魂

[sins eet] 喊客

【sins²】 剪（动词）

[sins dangx] 剪断

[sins jaol] 剪绳子

[sins jal] 剪布

[sins wap] 剪花

[sins xis] 剪纸

[sins nyabl miac] 剪手指甲

[sins nyabl dinl] 剪脚指甲

[sins biaeml gaos] 剪头发

【**sinv**[1]】sink①劁、骟（动词）

[sinv muk] 劁猪

[sinv doc] 劁牛

[sinv aiv] 骟鸡

[sinv badl] 骟鸭

[sinv kuap] 骟狗

[sinv max] 骟马

【**sinv**[2]】姓（动词）

[sinv mangc] 姓什么

【**sinh**】贱（形容词）

[lanh sinh] 烂贱

▶ sing

【**singt**】senv bans①②③砧板

[singt meix] 木砧板

[singt guenl] 竹砧板

[singt siiv wangp] 方形砧板

[singt donc] 圆形砧板

▶ sib

【**sibs**】接（动词）

[sibs yenc] 接人

[sibs eet] 接客人

[sibs banl] 接班

[sibs wok] 接物

[sibs maix meik] 接新娘

▶ sid

【**sids**[1]】楔子（名词）

[sids guanl] 斧楔子

[sids gouc] 锄楔子

[sids jedl] 柴楔子

【**sids**[2]】genx④切（动词）

[sids mal] 切菜

[sids nanx] 切肉

[sids logx wat] 切萝卜

[sids liant] 切辣椒

[sids mal baoc] 切盐菜

▶ so

【**sop**[1]】gos④滑（动词）

[sop max nyal] 滑滑梯

[sop loih map] 滑下来

【**sop**[2]】sap④搓（动词）

[sop jaol] 搓索子

[sop doc nic] 搓虫子

【**sos**[1]】锁（名词）

[sos tadp] 铁锁

[sos meix] 木锁

[sos leic] 大锁

[sos niv] 小锁

[sos meik] 新锁

[sos aov] 旧锁

[sos jiml] 金锁

[sos nyenc] 银锁

[sos mingh] 长命锁

【sos[2]】 锁（动词）

[sos dol] 锁门

[sos sox] 锁仓

[sos xangp] 锁箱子

[sos guiiv] 锁柜子

【sos】 干（形容词）

[sos teeuk] 干透

[sos naemx][sos angp yit] 干涸

[sos naemx yak] 干田水

【sox】 sop①②③仓（名词）

[sox oux] 粮仓

【sov biiul】 梭镖（名词）

[sov biiul yait] 长梭镖

[sov biiul tent] 短梭镖

【soh[1]】 wox①②③力气（名词）

[soh lut] 力气大

[soh qat] 力气小

【soh[2]】 wov①②③bov④肿（动词）

[soh gual] 腿肿

▶ soi

【soiv】 碎（形容词）

[soiv nyit] 粉碎

[soiv jinl] 碎石

▶ son

【sonp】 栽（动词）

[sonp beex] 栽倒 指跌倒。

[sonp nguut] 栽瞌睡 指打瞌睡。

【sons】 选（动词）

[sons penp] 选渣滓

[sons xongs] 选种

[sons xongs oux] 选谷种

[sons xongs doh] 选豆种

[sons xongs baol guc] 选苞谷种

[sons xongs mal] 选菜种

[sons xongs hongc xaoc] 选红苕种

[sons xongs yangc liiv] 选洋芋种

[sons yenc] 选人

【sonv banc】 算盘（名词）

[sonv banc leic] 大算盘

[sonv banc niv] 小算盘

[sonv banc meik] 新算盘

[sonv banc aov] 旧算盘

[sonv banc tadp] 铁算盘

【sonv[1]】 蒜（名词）

[sonv boul] 蒜球

[sonv bagx] 白蒜

[sonv yak] 红蒜

[sonv ongv] 蒜薹

[sonv wadl] 腌蒜

【sonv²】 算（动词）

[sonv xangv] 算账

[sonv sinc] 算钱

[sonv mingh] 算命

[sonv ongl benl] 算工天

▶ song

【songp¹】 话（名词）

[songp gaeml] 侗话

[songp miiul] 苗话

[songp jax] 汉话、客话

[songp wangt] 哄人的话

[songp xenl] 真话

[songp lingv] 谎话

[songp bagx] 白话

[songp qenp] 重话

[songp qat] 轻话

[songp lail] 好话

[songp heek] 坏话

[songp bieenl anl] 梦话

[songp wap] 玩山讲的白话

[songp soiv] 碎言碎语

【songp²】 葱（名词）

[songp jus saiv] 韭菜葱

[songp siv jiv] 四季葱

[songp bol] 菹葱 一种葱名。

[songp max] 马葱

[songp jeeuh deeuc] 藠头

【songp³】 松（形容词）

[songp wop] 松活

[songp lags] 松筋骨

【songc】 怂（形容词）

[songc xiv] 很怂

[songc sangv] 无能的样子

【songs】 介绍（动词）

[songs xenc maix] 介绍媳妇

【songt】 桶（名词）

[songt oux] 米桶

[songt biees] 扁桶

【songv¹】 松开（动词）

[songv jaol] 松开绳子

【songv²】 想、思考（动词）

[songv bail songv map] 想来想去

[songv yodx benl] 思考半天

【songv³】 出、放、绞（动词）

[songv qik] 出气

[songv baic meix] 放木排

[songv songp] 放话

[songv yenc] 放人

[songv yop] 放学

[songv doc] 放牛

[songv bieev] 放羊

[songv aiv] 放鸡

[songv badl] 放鸭

[songv naemx] 放水

[songv naemx yak] 放田水

[songv dadl][songv eex] 放屁

[songv qik] 放气

[songv jaol] 放绳索

[songv jaol lamt] 绞缆绳

[songv jaol lac] 绞棕索

▶ sod

【sods】 撮（动词）

[sods penp] 撮垃圾

[sods ens] 撮泥巴

[sods oux ogt] 撮谷子

[sods sap jinl] 撮沙石

【sodx】 sodc①②③绝（动词）

[sodx xongs] 绝种

[sodx genv] 绝代

[sodx kenp] 死绝

▶ su

【sup[1]】 粗（形容词）

[sup poip] 粗胚

[sup saov] 粗糙

【sup[2]】 caic①②③kaot④初（副词）

[sup wik] 初会

[sup map] 初来

【suc】 足够（动词）

[suc yiv] 满意

[suc diuv] 足秤

【sux[1]】 捆（动词）

[sux jedl] 捆柴

[sux nyangt] 捆草

[sux biiml gaos] 捆头发

[sux dinl] 捆脚

[sux miac] 捆手

[sux yeeul] 捆腰

[sux dus] 捆肚子

[sux seel] 捆大腰带

[sux oc] 捆脖子

【sux[2]】 ciic②③系（动词）

[sux jaol haip] 系鞋带

[sux niux] 系小腰带

[sux jens gil] 系紧点

【sux[3]】 阻止、阻拦（动词）

[sux ongl] 阻止做工

[sux lanc beex weex] 阻拦莫做

[sux lanc beex map] 阻拦莫来

【suv¹】 先生、师傅（名词）

[suv laox] 老先生

[suv laox] 老师傅

[suv gix] 小师傅

【suv²】 醋（名词）

[suv oux] 米醋

[suv saems] 酸醋

▶ sui

【suiv】 nyaov④坐、乘（动词）

[suiv dangv] 坐板凳

[suiv nyangt] 坐草坪

[suiv dih] 坐地上

[suiv jinl bans] 坐石板

[suiv xap] 坐车

[suiv banc bangv] 坐廊沿

[suiv dangl siic] 坐耙槽

[suiv tongt] 坐谷桶

[suiv jeeuh] 坐轿子

[suiv xap] 乘车

[suiv lal] 乘船

▶ sun

【sunl】 刺（名词）

[sunl oul] 虎刺

[sunl oul] 勾藤

[sunl daemh deengh] 小米莓刺

[sunl daemh al] 火炭莓刺

[sunl daemh doc] 牛莓刺

[sunl jeeuv liangc] 救兵粮刺“救兵粮”是一种野果，学名火棘。

[sunl gouc] 火棘

[sunl yangc waic] 槐树刺

【sunp¹】 qonl①②③戳、穿（动词）

[sunp dal div] 穿孔

[sunp nangl doc] 穿牛鼻

[sunp seenv] 穿线

[sunp kap] 穿耳洞

[sunp qaemp] 穿针

[sunp ap nyangt] 穿草捆

[sunp ap jedl] 穿柴捆

【sunp²】 串（动词）

[sunp dal] 串鱼

[sunp nyedt] 串泥鳅

【sunp³】 刺（动词）

[sunp dus] 刺肚子

[sunp kinp] 刺手臂

[sunp gal] 刺皮肤

[sunp dinl] 刺脚板

[sunp jaemc oc] 刺喉咙

[sunp duix] 刺碗 葬礼上的法事。

【**sunx**】送（动词）

[sunx oux] 送饭

[sunx mal] 送菜

[sunx liix] 送礼

[sunx sinc] 送钱

[sunx duh] 送衣服

[sunx yeenl] 送烟

[sunx taot] 送酒

[sunx wok] 送东西

[sunx senv] 送信

[sunx lagx gas] 送秧苗

[sunx xenc douc] 送工具

[sunx lagx qak yop] 送小孩上学

[sunx juis] 送鬼

[sunx eet] 送客

[sunx senp nyenc] 送亲戚

[sunx wot jil] 送朋友

[sunx soh] 断送气息

[sunx mingh] 断送性命

【**sunk**】xic wunk①②③ xic gonk④前（方位词）

[bail sunk] 先走

[kenp sunk] 前面

T
t

▶ ta

【tap】 踏盆（名词）一种用来装木炭烤火的工具。

[tap luc] 火盆

▶ tai

【taik】 祖宗（名词）

[taik mangx] 高曾祖

[taik menl] 曾祖父

[taik dih] 曾祖母

[taik siiv] 太岁

【taip】 胎（名词）

[qamt taip] 走胎、失魂

▶ tao

【taot[1]】 kuaot②③ kaok④酒（名词）

[taot oux] 米酒

[taot sac] 药酒

[taot hadp] 高度酒

[taot lail] 好酒

[taot baol guuc] 苞谷酒

[taot aol liangc] 高粱酒

[taot hongc xaoc] 红薯酒

[taot oux lieengs] 小米酒

[taot meex] 麦酒

[taot xeeup] 烧酒

[taot saemv] 泡酒

[taot panp] 甜酒

【taot[2]】 qeeut① wanh④更换（动词）

[taot yangh] 换被子

[taot duh] 换衣服

[taot kuuk] 换裤子

[taot wac] 换袜子

[taot haip] 换鞋子

【taok[1]】 套子（名词）

[taok leic] 大套子

[taok niv] 小套子

[taok meik] 新套子

[taok aov] 旧套子

【taok[2]】 套（动词）

[taok dinl] 套脚

[taok mica] 套手

[taok gual] 套腿

▶ tan

【**tanp**[1]】kank②③kanp④孙（名词）

[lagx tanp] 孙崽

【**tanp**[2]】tank①②③摘（动词）

[tanp oux jos] 摘糯谷穗

[tanp nyangt] 摘草

[tanp oux lieengs] 摘小米

[tanp aol liangc] 摘高粱

[tanp sans] 摘䅟子

【**tanp**[3]】qongp①伸（动词）

[tanp mac] 伸舌条

[tanp mac kuap] 狗伸舌

[tanp mac doc] 牛伸舌

【**tank**】炭（名词）

[tank wil] 炭火

[tank ngent] 硬木炭

[tank lix] 麻栎炭

[tank ingt] 青冈炭

[tank paok] 杂木炭

[tank peeuc] 刨炭

[tank beens] 杉木炭

▶ tang

【**tangp**】汤（名词）

[tangp aiv] 鸡汤

[tangp badl laox] 老鸭汤

[tangp geiv] 蛋汤

[tangp mal baoc] 盐菜汤

[tangp mal saems] 酸菜汤

[tangp nanx] 猪肉汤

[tangp kuap] 狗肉汤

[tangp lags] 骨头汤

【**tangt**】镗（名词）指一种武术器械。

[dah tangt] 过镗

[sids tangt] 接镗

[lieeux tangt] 丢镗

【**tangk**[1]】烫、熨（动词）

[tangk ngant] 烫鹅

[tangk muk] 烫猪

[tangk aiv] 烫鸡

[tangk badl] 烫鸭

[tangk kuap] 烫狗

[tangk miac] 烫手

[tangk dinl] 烫脚

[tangk muv] 烫嘴

[tangk mac] 烫舌条

[tangk oc] 烫喉咙

[tangk saemp] 烫心

[tangk kuuk] 熨裤子

[tangk dux] 熨衣服

【**tangk**[2]】烫的（形容词）

▶ tad

【**tadp**[1]】铁（名词）

[tadp diuv] 废铁

【**tadp**[2]】懒（形容词）

[tadp deil] 懒死

【**tadt**[1]】diadc①②③ kadt④血（名词）

[tadt yenc] 人血

[tadt bieev] 羊血

[tadt dal] 鱼血

[tadt aiv] 鸡血

[tadt badl] 鸭血

[tadt ngant] 鹅血

[tadt muk] 猪血

[tadt doc] 牛血

[tadt kuap] 狗血

【**tadt**[2]】aol xods①②③说（动词）

[tadt songp] 说话

【**tadt**[3]】漏、冒（动词）

[tadt eex] 漏屎

[tadt nyiuv] 漏尿

[tadt wil] 冒火

[tadt yuiv songp] 冒出一句话

▶ taem

【**taemp**】抵、到（动词）

[taemp xenp] 抵身

[taemp dingv] 到底

[taemp yant] 抵坎

[taemp naemx] 顶点

[taemp houp] 抵喉

[taemp menl] 顶天

【**taemk**】gueec②③ beex④矮（形容词）

[taemk xiv] 很矮

[yenc taemk] 个子矮

[yanc taemk] 房子矮

[meix taemk] 树子矮

[dangv taemk] 矮板凳

▶ tee

【**teep**】sadl①②③④梢、尖、顶（名词）

[teep meix] 树梢

[teep ongv] 菜薹尖

[teep das] 山顶

[teep bieev yanc] 屋檐尖

[teep jens yanc] 屋顶

【**teek**[1]】pieek①②③ gedl④庹（动词）指张开两手丈量尺寸。

[teek jaol] 庹绳子

[teek yait] 庹长

[teek tent] 庹短

[teek jal] 庹布

[teek meix] 庹木栋子

[teek guunl] 庹竹竿

[teek naemx] 自由泳

【teek²】忒（副词）

[teek lail] 忒好

[teek heek] 忒坏

▶ **teeu**

【**teeuk**】湿透的（形容词）

[teeuk duh] 湿透的衣服

[teeuk kuuk] 湿透的裤子

[teeuk haip] 湿透的鞋子

[teeuk wac] 湿透的袜子

[teeuk benv] 湿透汗

[teeuk miinl] 湿透雨水

▶ **tei**

【**teik**】toik①②③ langh④让（动词）

[teik kenp] 让路

[teik xap] 让车

[teik doc] 让牛

[teik yenc] 让人

[teik jail gil] 让远点

▶ **ten**

【**tenp**】吞、咽（动词）

[tenp oux] 咽饭

[tenp sac] 吞药

[tenp naemx] 咽水

[tenp naemx mieec] 咽口水

[tenp mal] 咽菜

【**tent**】短（形容词）

[tent mingh] 短命

[tent duh] 衣服短

[tent jaol] 绳子短

[tent qik] 脾气短 指脾气暴躁，没有耐心。

[tent soh] 气短

【**tenk¹**】台阶（名词）

[tenk pangp] 台阶高

[tenk taemk] 台阶低

[tenk wul] 上面台阶

[tenk dees] 下面台阶

[tenk jinl] 石台阶

【**tenk²**】较劲（动词）

[tenk ongl] 怠工

【**tenk³**】争（动词）

[tenk jeel] 争吃

[tenk weex] 争做

▶ **to**

【**top**】拖、拉（动词）

[top xip] 拖时辰

[top haip] 穿趿鞋

[top meix] 拖木头

[top wok] 拉货物

▶ toi

【**toip**[1]】beeuh①②③刨子（名词）

[toip yait] 长刨子

[toip tent] 短刨子

[toip sup] 粗刨子

[toip siiv] 细刨子

[toip seis] 凸刨子

[toip weix] 凹刨子

【**toip**[2]】刨（动词）

[toip pink] 刨木板

[toip saol yanc] 刨柱子

[toip wangp] 刨木枋

【**toip**[3]】推（动词）

[toip qamt] 推走

[toip jail] 推开

[toip bangl] 推倒

[toip qak] 推上

[toip luih] 推下

[toip xap] 推车

[toip mot] 推磨子

[toip benl xip] 推算日时

▶ tou

【**toup**】guonv①②③罐子（名词）

[toup sac] 药罐子

[toup baoc] 盐罐子

[toup baoc jinl] 擂盐钵

[toup yuc] 油罐子

【**touk**】到（动词）

[touk aih] 到这

[touk sax] 到达目的地

[touk yanc] 到家

[touk sax] 到点

▶ ton

【**tonk**】掉、脱、落（动词）

[tonk jiv] 蒂落

[tonk nenl] 落果实

[tonk biiml gaos] 脱头发

[tonk biinl] 掉牙齿

▶ tong

【**tongp jeeuc**】通条（名词）

[tongp jeeuc tadp] 铁通条

[tongp jeeuc meix] 木通条

[tongp jeeuc guunl] 竹通条

[tongp jeeuc muk] 猪通条

【**tongp**[1]】畅通（动词）

[tongp naemx] 通水

[tongp qik] 通气

[tongp sais] 通肠子

[tongp kenp] 通路

[tongp xap] 通车

[tongp lal] 通船

【**tongp**[2]】diongs①②③nyot④捅（动词）

[tongp nyogt] 捅黄鳝

[tongp dous laol] 捅蜂窝

【**tongt**[1]】wok①②③raemk②③谷戽（名词）收稻子的用具。

[tongt leic] 大谷桶

[tongt niv] 小谷桶

[tongt meik] 新谷桶

[tongt aov] 旧谷桶

【**tongt**[2]】漏（动词）

[tongt miinl] 漏雨

[tongt naemx] 漏水

[tongt qik] 漏气

[tongt laemc] 漏风

[tongt qangp] 漏光

【**tongt**[3]】移、搬（动词）

[tongt wok] 搬货物

[tongt yanc] 移房子

[tongt sox] 搬仓库

[tongt jonh] 移圈舍

【**tongt**[4]】diongs①②③截（量词）

[yac tongt] 两截

▶ tod

【**todt**】脱（动词）

[todt duh] 脱衣服

[todt kuuk] 脱裤子

[todt haip] 脱鞋

[todt soih] 脱罪

[todt meeut] 脱帽

[todt wac] 脱袜子

▶ tu

【**tup**[1]】woil①②③④堆（名词）

[tup oux ogt] 谷堆

[tup ens] 泥土堆

[tup bangl] 稻草堆

[tup maoc] 粪堆

[tup jinl] 石堆

[tup leic] 大堆

[tup niv] 小堆

【**tup**[2]】堆（量词）

[yac tup] 两堆

[samp tup] 三堆

[siiv tup] 四堆

【**tuk**[1]】兔（名词）

[yeex tuk]（kap longc）野兔

[tuk yanc] 家兔

[tuk bagx] 白兔

[tuk naeml] 黑兔

[tuk wap] 花兔

【tuk^2】狠毒（形容词）

[tuk xiv] 狠毒

[tuk deil] 狠毒得要命

▶ tui

【tuik】dods①②③ kuiik④逃脱、失（动词）

[tuik muk] 猪逃脱

[tuik doc] 牛逃脱

[tuik aiv] 鸡逃走

[tuik badl] 鸭逃走

[tuik dal] 鱼逃脱

[tuik miac] 失手

[tuik songp] 失言

[tuik muv] 脱口而出

[tuik guanl] 握斧子失手

[tuik miagx] 握柴刀失手

[tuik gingc] 握镰刀失手

W

w

▶ wa

【**wap**[1]】花（名词）

[wap xeeh luc] 映山红

[wap dil laoc] 桃花

[wap sac yuc] 油茶花

[wap bagx] 白花

[wap yak] 红花

[wap mant] 黄花

[wap maiv] 紫花

[wap lanc] 蓝花

[wap oux] 稻花

[wap yuc saiv] 油菜花

[wap mal] 菜花

[wap jac] 茄子花

[wap gueel] 黄瓜花

[wap dongl gual] 南瓜花

[wap liant] 辣椒花

[wap haix jeec] 西红柿花

[wap doh] 豆子花

[wap yangc xoc] 阳雀花

[wap miabl miac] 凤仙花

[wap wenl] 葵花

[wap liait] 花斑

[wap av] 花架、民间武术

【**wap**[2]】花、哄骗（动词）

[wap dal] 眼花

[wap yenc] 诱骗他人

【**wap**[3]】划（动词）

[wap gal meix] 划树皮

【**wap**[4]】多样（形容词）

[wap xinp] 花心

[wap av] 虚招 指假动作。

【**wac**】袜子（名词）

[wac nal] 厚袜子

[wac mangl] 薄袜子

[wac bagx] 白袜子

[wac naeml] 黑袜子

[wac yak] 红袜子

[wac wap] 花袜子

【**was**】一把（数量词）

[was sinc] 一把钱

[was guanl] 一把斧子

[was sins daol] 一把剪刀

[was gouc] 一把锄头

[was gingc] 一把镰刀

[was miax] 一把柴刀

[was sav dih] 一把扫把

[was kadt] 一把竹扫把

[was mal] 一把菜

[was sanv] 一把伞

[was xeenk] 一把扇子

[was jaol] 一把绳子

[was nyangt] 一把草

[was nangc] 一把笋子

[was mal eeus] 一把蕨菜

[was sonv] 一把蒜苗

[was keep] 一把梳子

【**wat**】套子（名词）

[jongl wat] 装套子

[jongl wat] 设局

【**wax**[1]】哑（形容词）

[yenc wax] 哑巴

【**wax**[2]】傻（形容词）

[wax deil] 傻得很

【**wav**】粘、弄脏（动词）

[wav tadt] 粘血渍

[wav ens] 粘泥土

[wav eex] 粘屎

[wav kuuk] 弄脏裤子

[wav duh] 弄脏衣服

[wav miac] 弄脏手

[wav dinl] 弄脏脚

【**wak**[1]】wal①②③画（动词）

[wak wap] 画图画

[wak qaik] 画板壁

[wak miit lal] 画眉毛

[wak nas] 画脸

[mangx wak] 乱画

【**wak**[2]】化缘（动词）

[wak oux] 化米

[wak sinc] 化钱

[wak ongl os] 化功果

▶ wai

【**waic**】扇、搧、煽（动词）

[waic laemc] 煽风

[waic xeengk] 搧扇子

[waic bal xamhs] 搧耳光

[waic wil] 煽火

【**waik**】招、摇（动词）

[waik miac] 招手

[waik jic] 摇旗

【**waih**】坏（动词）

[waih dus] 坏肚子

[waih keik] 弄坏行头

[waih poip] 坏胚

▶ wan

【wanp】 慢（形容词）

[wanp gil] 慢点

[wanp map] 慢来

[wanp jedx] 慢跑

[wanp seik] 慢讲

[wanp xangv] 慢唱

[wanp qamt] 慢走

[wanp bail] 慢去

[wanp jeel] 慢吃

[wanp weex] 慢做

【wanp nyit】 高兴（形容词）

[wanp nyit xiv] 很高兴

[wanp nyit gabl keip] 高兴至极

[wanp wanp nyit nyit] 高高兴兴

【wanx】 挽（动词）

[wanx miac] 挽手

[wanx kinp duh] 挽袖子

[wanx bal kuuk] 挽裤脚

[wanx dous] 挽发髻

【wanv】 一半（数词）

[wanv wongk] 半桶

[wanv mianl] 半月

[wanv anl] 半夜

[wanv kigt] 半锅

[wanv duix] 半碗

[wanv xeens] 半杯

[wanv xop] 半瓢

【wank】 叫（动词）

[wank kuux] 叫苦

[wank kuut] 叫穷

[wank kenk] 叫累

【wanh[1]】 换（动词）

[wanh duh] 换衣服

[wanh kuuk] 换裤子

[wanh haip] 换鞋子

[wanh wok] 交换东西

[wanh ongl] 换工

[wanh yangh] 换被子

[wanh yanc] 换房子

[wanh mica qedt gaems] 换手抓背

【wanh[2]】 外面（方位词）

[mangv wanh] 外面

[dah wanh] 出门

【wanh[3]】 万（数词）

[wanh sinp] 万千

▶ wang

【wangp[1]】 木枋（名词）

[wangp leic] 大木枋

[wangp niv] 小木枋

[wangp yait] 长木枋

[wangp tent] 短木枋

[wangp cup] 粗木枋

[wangp siiv] 细木枋

【**wangp[2]**】方位（名词）

[wangp yangk] 方向

【**wangp[3]**】荒（动词）

[wangp yak] 荒田

[wangp dih] 荒地

[wangp jenc] 荒坡

[wangp xenp] 撂荒

【**wangc**】房族（名词）

[wangc suc leic] 大房族

[wangc suc niv] 小房族

[wangc suc senp] 亲房

【**wangc xic**】槌（名词）

[wangc xic meix] 木槌

[wangc xic leic] 大木锤

[wangc xic niv] 小木锤

[wangc xic tadp] 铁锤

【**wangt**】eengv①②③hov④哄、骗（动词）

[wangt juis] 哄鬼

[wangt yenc] 骗人

[wangt eep] 骗别人

【**wangk senp**】放心（动词）

[wangk senp nyac] 放心你

[wangk senp yaoc] 放心我

[wangk senp moh] 放心他

[wangk senp jeel] 放心吃

[wangk senp nak] 放心睡

[wangk senp bail] 放心去

[wangk senp map] 放心来

【**wangk**】半（数词）

[wangk yanc]yic heik ranc①②③一边屋

[wangk eel]wangv geel yanc①②③半个家产

[wangk xenp]wanv heik xenp 半个身子

[wangk xenl wangk as] 半真半假

[wangk senv wangk gueec senv] 半信半疑

【**wangh[1]**】旺（形容词）

[wangh yenc] 人丁兴旺

[wangh eel yanc] 旺家产

【**wangh[2]**】一棒（数量词）

[wangh meix] 一棒木头

[wangh jedl] 一棒柴

[wangh tadp] 一棒铁

[wangh tadp] 一棒铁

【**wangx hanp**】过去、从前（名词）

▶ wad

【**wadl[1]**】wudl①②③腌（动词）

[wadl nanx] 腌肉

[wadl dal] 腌鱼

[wadl nanx badl] 腌鸭肉

[wadl lox wagt] 腌萝卜

[wadl mal baoc] 腌酸菜

【wadl²】 hank②③塞（动词）

[wadl ṃuv] 塞嘴

[wadl kap] 塞耳

[wadl jaemc nangl] 塞鼻孔

【wadc¹】 padt①②③泼（动词）

[wadc jail] 泼出去

【wadc²】 waic①②③一排（数量词）

[wadc daic] 一排桌子

[wadc dangv] 一排板凳

[wadc yanc] 一排房子

【wadt】 折耳根（名词）

[sangp wadt] 折耳根

【wadx】 稠（形容词）

[wadx kenp] 路面泥泞

[wadx tangp] 汤稠

[wadx oux] 饭稠

▶ wee

【weel】 yueep①②③变形（动词）

[weel lieep] 严重变形

[weel muv] 嘴歪

【weep】 迟（形容词）

[weep yop] 上学迟到

[map weep] 来迟

[bail weep] 去迟

[nak weep] 睡迟

[jenc weep] 起迟

【weex¹】 eex①②③干、做（动词）

[weex ongl]eex gongl①②③干活

[weex jedl] 砍柴

[weex ongl qenp] 干重活

[weex ongl qat] 干轻活

[weex ongl sup] 干粗活

[weex ongl siiv] 干细活

[weex ongl xongv] 干公活 指干集体的活。

[weex ongl diuc] 干直活 指简单的工作。

【weex²】 做（动词）

[weex yeent] 做玩 指玩耍。

[weex oux] 做饭

[weex mal] 办菜 指做菜。

[weex xangh] 做木工

[weex ongl] 做活路

[weex mangc] 做什么

[weex sah] 做贼

[weex xeip] 做法事

[weex xeeuv] 打醮

[weex daoh xangc] 做道场

【weex³】eep①②③解（动词）

[weex eex] 解大便

[weex nyiuv] 解小便

【weev】不规矩的（形容词）

[weev deek] 很不规矩

▶ weeu

【weeul】挖（动词）

[weeul sac] 挖草药

[weeul ens] 挖土

[weeul hongc xaoc] 挖红薯

[weeul yangc liiv] 挖洋芋

[weeul gaov xaoc] 挖薯窖

[weeul menc] 挖山药

[weeul nyingv] 挖葛根

[weeul genv] 挖树根

[weeul miangc] 挖蕨根

[weeul op] 挖窠

▶ ween

【weenp¹】幡（名词）

[weenp leic] 大幡

[weenp niv] 小幡

[weenp meik] 新幡

[weenp mant] 黄幡

[weenp lanc] 蓝幡

【weenp²】翻（动词）

[weenp xenp] 翻身

[weenp meeut] 翻帽

[weenp wih] 翻悔

[weenp liinx duh] 翻衣领

[weenp deih] 翻口袋

[weenp mal] 翻菜

[weenp oux] 翻饭

[weenp dangh xaoc] 翻苕藤

[weenp xap] 翻车

[weenp lal] 翻船

【weenk】犯（动词）

[weenk soih] 犯罪

[weenk xeiv] 犯案

[weenk xiac] 犯煞

[weenk kuap] 通奸

▶ wei

【weix¹】neix④母（名词）

[weix aiv] 母鸡

[weix badl] 母鸭

[weix ngant] 母鹅

[weix liout] 母黄牛

[weix wic] 母水牛

[weix max] 母马

[weix muk] 母猪

[weix kuap] 母狗

[weix bieev] 母羊

[weix meeux] 母猫

[weix dal] 母鱼

【**weix**^{2}】一根、一株（数量词）

[weix guenl] 一根竹子

[weix jedl] 一根柴

[weix sonv] 一根蒜

[weix songp] 一根葱

[weix mal] 一棵白菜

[weix doh] 一株豆苗

[weix baol guc] 一株玉米

[weix nyangt] 一根草

【**weik**】woik①②③ wiik④快（形容词）

[weik qamt] 快走

[weik bail] 快去

[weik map] 快来

[weik jedx] 快跑

[weik xas] 快写

[weik weex] 快做

[weik jeel] 快吃

[weik touk] 快到

[weik gil] 快点

[weik xods] 快说

【**weih**】婶、叔妈（名词）

▶ wen

【**wenl**】一天（数量词）

[wenl ongl] 一天活路

[wenl jodx] 一天半

[wenl hanl] 一天一夜

[wenl ongl nguup] 一天工夫

[nyaoh wenl] 休息一天

【**wenp**^{1}】魂（名词）

[seenp wenp] 魂魄

[dogl wenp] 掉魂

[aol wenp] 招魂

【**wenp**^{2}】分（动词）

[wenp yanc] 分家

[wenp ongl] 分工

[wenp sinc] 分钱

[wenp bail] 分别

[wenp sanv] 分散

[wenp miac] 分手

[wenp banx] 分伴

[wenp dous] 分巢

【**wens**】稳（形容词）

[wens deengv] 稳定

[wens xiv] 很稳

[wens miac] 手稳

[wens dinl] 脚稳

[wens saemp sais] 稳心肠

【went】裙子（名词）

[went yait] 长裙

[went dent] 短裙

[went naeml] 黑色裙

[went bagx] 白色裙

[went yak] 红色裙

[went lanc] 蓝色裙

[went wap] 花裙子

【wenv】penk①②③ diuh①②③ ginh④抛（动词）

[wenv jail] 抛开

【wenk^{1}】簸（动词）

[wenk oux sanp] 簸米

[wenk meex] 簸麦

[wenk sans] 簸䅟子

[wenk doh] 簸豆

[wenk oux lieengs] 簸小米

【wenk^{2}】混（动词）

[wenk oux denv] 混饭吃

[wenk dah benl] 混日子

【wenh】一本（数量词）

[wenh leec] 一本书

[wenh buh] 一本簿子

[wenh xangv] 一本账本

▶ wi

【wil^{1}】火（名词）

[wil yuc] 油灯

[wil ees] 油膏

[wil leic] 大火

[wil laox] 猛火

[wil niv] 小火

[tank wil] 火种

[wap wil] 火花

[piaop wil] 烤火

[qit wil] 起火

[dangc wil] 火塘

【wil^{2}】喂（动词）

[wil muk] 喂猪

[wil doc] 喂牛

[wil max] 喂马

[wil aiv] 喂鸡

[wil badl] 喂鸭

[wil ngant] 喂鹅

[wil oux] 喂饭

【wic^{1}】yuc①②③水牛（名词）

[weix wic] 水母牛

[wic laox] 老水牛

[tat wic] 水牯牛

[seiv wic] 水牸牛

[jagx wic] 小水牛犊

【wic^{2}】nyix① diix②③追赶（动词）

[wic yenc] 追赶人

【wic^3】jix①②③搼（动词）

[wic bail] 搼去

[wic map] 搼来

[wic jail] 搼开

[wic liait] 搼麻雀

[wic doc] 搼牛

[wic aiv] 搼鸡

[wic badl] 搼鸭

[wic laiv] 搼野猪

【wic^4】围拢、合围（动词）

【wih】味（名词）

[wih daoh] 味道

[wih saems] 酸味

[wih panp] 甜味

[wih aemc] 苦味

[wih liant] 辣味

[wih qat] 味淡

[xeengv wih] 正味

▶ **win**

【winl^1】烦（动词）

[winl nyac] 烦你

[winl ongl] 厌烦做工

【winl^2】niv②③腻（形容词）

[winl oux jos] 腻糯米饭

[winl siic] 腻粑

[winl nanx bic] 腻肥肉

[winl yuc] 腻油

[winl nanx saos] 腻粉蒸肉

[winl nanx sac] 腻扣肉

[winl guaov muk] 腻猪脚

【winl^3】烦（形容词）

[winl xiv] 很烦

▶ **wo**

【wop^1】yop①②③学（动词）

[wop dogc leec] 学读书

[wop seik songp] 学讲话

[wop xas siih] 学写字

[wop weex ongl] 学做工

[wop dongl oux] 学煮饭

[wop xeeus mal] 学炒菜

[wop sav duh] 学洗衣服

[wop saos dih] 学扫地

[wop qeip yak] 学犁田

[wop weex xangh] 学做木工

[wop laemp yak] 学栽秧

[wop eip xap] 学开车

[wop nyih] 学艺

【wop^2】量（动词）

[wop oux] 量米

[wop jal] 量布

【**wot longc**】火笼（名词）

[wot longc laox] 大火笼

[wot longc niv] 小火笼

【**wot**】hox②③杂草多的（形容词）

[wot kenp] 杂草多的道路

[wot yeenp] 杂草多的菜园

[wot yak] 杂草多的稻田

【**wox**】知道、会（动词）

[wox lis] 知道

[wox weex] 会做

[wox jeel] 会吃

[wox seik] 会讲

[wox xods] 会说

[wox xangv] 会唱

[wox xas] 会写

[wox sonv] 会算

[wox yeeuc] 会玩

【**wok**】货（名词）

[wok lail] 好货

[wok kat] 劣货

【**wok kat**】坏家伙（名词）

【**wok xeik**】服侍（动词）

▶ wou

【**wouk**】ouk①②③④吠（动词）

[kuap wouk] 狗叫

▶ wong

【**wongp xangp**】风箱（名词）

[wongp xangp meik] 新风箱

[wongp xangp aov] 旧风箱

【**wongp xuit**】风水（名词）

【**wongp**[1]】封（动词）

[wongp ens] 封土

【**wongp**[2]】封（量词）

[wongp senk] 一封信

【**wongp**[3]】双、对（量词）

【**wongt**[1]】陀螺（名词）

[wongt meix] 木陀螺

[wongt tadp] 铁陀螺

【**wongt**[2]】liaoh②③④推（动词）

[wongt qak bail] 推上去

[wongt luih map] 推下来

[wongt xap] 推车

[wongt jail] 推开

【**wongt**[3]】boc①②③扶（动词）

[wongt leil qak meix] 扶猴子上树

【**wongk**】桶（名词）

[wongk naemx] 水桶

[wongk muk] 猪潲桶

[wongk maoc] 粪桶

[wongk niuv] 马桶

[wongk meix] 木桶

[wongk tadp] 铁桶

[wongk jaos] 胶桶

▶ wod

【wodt】 piip①②③④削（动词）

[wodt at meix] 削树枝

[wodt at guunl] 削竹枝

[wodt gal biic] 削树皮

[wodt biingv guanl] 削斧子把

[wodt biingv miax] 削柴刀把

[wodt biingv gingc] 削镰刀把

[wodt biingv gouc] 削锄头把

[wodt biingv midx] 削刀把

▶ wu

【wul¹】 woul 一个（数量词）

[wul yenc] 一个人

[wul yenc map] 一个人来

[wul yenc bail] 一个人去

【wul²】 上（方位词）

[wul xaih] 上寨

[wul louc] 楼上

[wul daic] 桌子上

[wul lal] 船上

[wul xap] 车上

[wul doiv] 床上

[wul yenp] 身上

【wup】 壶（名词）

[wup naemx] 水壶

[wup xeec] 茶壶

[wup taot] 酒壶

[wup nyiuv] 夜壶

[wup jix] 黑麂子

【wux】 咳（动词）

[wux yis hanl dangl] 咳一夜

[wux yol] 咳一声

[wux jangl] 咳得久

【wuk¹】 袒护（动词）

[wuk ladx] 袒护崽

[wuk liat] 袒护儿媳

【wuk²】 一口（数量词）

[wuk oux] 一口饭

[wuk mal] 一口菜

[wuk taot] 一口酒

[wuk naemx] 一口水

[wuk sac] 一口药

▶ wud

【wudt】 撮箕（名词）

[wudt leic] 大撮箕

[wudt niv] 小撮箕

[wudt meik] 新撮箕

[wudt aov] 旧撮箕

[wudt siiv] 细撮箕

[wudt sup] 粗撮箕

X

x

▶ xa

【xal】 jal①②③④关、遮（动词）

[xal dol] 关门

[xal denl] 关灯

[xal keet sis] 关窗子

[xal guiv] 关柜子

[xal jaemv] 关蚊帐

[xal qangp] 遮阳光

[xal nas] 遮脸

【xap¹】 xeet 车（名词）

[xap leic] 大车

[xap niv] 小车

[max xap] 马车

[jeis xap] 买车

[eip xap] 开车

[suiv xap] 坐车

[qak xap] 上车

[luih xap] 下车

【xap²】 xak②③ cap④钻（动词）

[xap dal div] 钻孔眼

[xap dal qaik] 钻板壁孔

【xac¹】 邪（名词）

[xac al] 邪家 指旧时侗族宗教观念中对山精水怪的统称。

【xac²】 斜（形容词）

[xac doh wenl] 斜阳

[hangp xac] 斜行

【xas¹】 水车（名词）

[xas leic] 大水车

[xas niv] 小水车

【xas²】 写（动词）

[xas siih] 写字

[xas leec] 写书

[xas senv] 写信

[xas div] 写对联

【xas³】 纺（动词）

[xas miinc] 纺棉花

【xas⁴】 舍（动词）

[xas xenp] 舍身

[eis xas] 舍不得

[hangt xas] 舍得

【xax¹】 xap②③耍（动词）

[xax liaos] 耍手耍脚

[xax liongc] 耍龙

[xax midx] 耍刀

[xax bangh] 耍棒

[xax tangt] 耍镋 指武术动作。

【**xax**²】甩（动词）

[xax miac] 甩手

【**xax**³】摔（动词）

[xax beex] 摔跤

【**xav yuc**】油榨坊（名词）

【**xav jeenv**】晒席（名词）

【**xav**】晒（动词）

[xav qangp] 晒太阳

[xav bux] 晒谱 指晒家谱，是侗族的一种民俗活动。

[xav oux ogt] 晒谷子

[xav duh] 晒衣服

[xav yangh] 晒被子

[xav haip] 晒鞋子

[xav bangl] 晒稻草

[xav meex] 晒麦子

[xav doh longc] 晒黄豆

[xav sac yuc] 晒茶油果

[xav six yuc] 晒茶油籽

[xav dongc yuc] 晒桐油果

【**xah**¹】祭祀（动词）

[xah mot] 扫墓

[xah tut] 谢土 一种民俗活动，请水迎神、安神祭灶。

【**xah**²】黯淡（形容词）

[xah wil] 快燃尽

▶ xai

【**xail**】gaiv ②③ jox ②③ sail ④ 忌、戒（动词）

[xail muv] 忌口

[xail nanx] 戒肉

[xail yuc] 戒油

【**xaip**¹】筛（名词）

[xaip cup] 粗筛子

[xaip siiv] 细筛子

[xaip bunl] 罗筛

[xaip jal] 布筛子

[xaip angl] 钢筛子

【**xaip**²】筛（动词）

[xaip oux] 筛米

[xaip bah] 筛糠

[xaip put] 筛灰

[xaip sap] 筛沙子

【**xaip bail**】xax bail 疾走（动词）

【**xais**】sais ①②③④ 问（动词）

[xais kenp] 问路

[xais songp] 问话

[xais singv] 问姓

[xais danl] 问名

[xais maix] 求婚

【xaih】村寨（名词）

[xaih wul] 上寨

[xaih dees] 下寨

[xaih laox] 老寨

[xaih niv] 小寨

[xaih leic] 大寨

[xaih meik] 新寨

[gaos xaih] 寨头

[dinl xaih] 寨脚

[dav xaih] 中寨

▶ xao

【xaop】你们（代词）

[xaop lail] 你们好

[xaop lis] 你们的

[xaop map] 你们来

[xaop bail] 你们去

【xaoc^{1}】薯（名词）

[hongc xaoc yak] 红薯

[hongc xaoc bagx] 白薯

[hongc xaoc mant] 黄薯

[hongc xaoc ous] 紫薯

【xaoc^{2}】笨（形容词）

[yenc xaoc] 人笨

[gaos xaoc] 脑袋笨

【xaos】jeeuv①②③ seeuv④招（动词）

[xaos longc] 招龙

[xaos wenp] 招魂

【xaox】吵（动词）

[xaox beex] 吵架

[xaox lail beex] 吵得好架

[xaox deil] 吵死

▶ xan

【xanp^{1}】山（名词）

[xanp wok] 山货

[xanp xenc] 山神

【xanp^{2}】yingv①②③应声、顶（动词）

[xanp songp] 应话

[xanp weik] 应得快

[xanp meent] 应得慢

[xanp lail] 应得好

[xanp angc]（yingv muv）顶嘴

▶ xang

【xangl^{1}】张、幅（名词）

[xangl xiis] 纸张

[xangl wap] 画幅

【xangl^{2}】jongl①②③ zangl④浆汁（名词）

[xangl meix] 树木浆汁

[xangl songp] 松树汁

[xangl beens] 杉树汁

[xangl minx] 柿子浆

[xangl buc] 北瓜浆

[xangl dongl gual] 南瓜浆

[xangl dongc yuc] 桐果浆

[xangl hongc xaoc] 红薯浆

[xangl menc] 山药浆

[xangl oux] 饭浆

【xangl[3]】 zangl②③xeengp④装（动词）

[xangl wok] 装东西

[xangl oux] 装米

[xangl sinc] 装钱

[xangl duh] 装衣服

[xangl haip] 装鞋子

[xangl naemx] 装水

[xangl taot] 装酒

【xangp[1]】 箱子（名词）

[xangp biic] 皮箱

[xangp meix] 木箱

【xangp[2]】 镶（动词）

[xangp bieenl] 镶边

[xangp bienl] 镶牙

【xangp[3]】 拼装（动词）

[xangp daic] 拼装桌子

[xangp piingk] 拼装木板

【xangp[4]】 蛰（动词）

[laol xangp][madc xangp] 蜂子蛰

【xangp[5]】 伤（动词）

[xangp xenp] 伤心

[deil xangp] 死伤

【xangc】 垂（动词）

[xangc luih map] 垂下来

【xangs[1]】 涨（动词）

[xangs naemx] 涨水

[xangs longl] 涨洪水

[xangs longl laox] 涨大洪水

【xangs[2]】 扶（动词）

[xangs qamt] 扶着走

[xangs qaik] 扶板壁

[xangs yant] 扶坎

[xangs yenc laox] 扶老人

【xangs[3]】 撑（动词）

[xangs dams] 壮胆

【xangt】 渗漏（动词）

[xangt naemx] 渗漏水

【xangx[1]】 掌（名词）

[xangx max] 马掌

【xangx[2]】 炕（动词）

[xangx nanx] 炕肉

[xangx dal] 炕鱼

[xangx mal eeus] 炕蕨菜

[xangx nangc] 炕笋子

【**xangv**^{1}】(xangk) 唱(动词)

[xangv al] 唱歌

[xangv al taot] 唱酒歌

[xangv al das] 唱山歌

[xangv al gaeml] 唱侗歌

[xangv al miiul] 唱苗歌

[xangv al jax] 唱客歌

[xangv buc sas] 唱菩萨

[xangv siiv] 唱祭歌

【**xangv**^{2}】胀(动词)

[xangv eex] 胀大便

[xangv nyiuv] 胀小便

[xangv geiv] 疝气

[xangv ol] 生甲亢病

[xangv ol] 生闷气

[xangv dus] 胀肚子

【**xangv**^{3}】浮肿(形容词)

[xangv nas] 脸肿

[xangv dinl] 脚肿

【**xangh**】像(动词)

[xangh yangh] 像样

[xangh wop] 好像

[xangh mangc] 像什么

▶ xab

【**xabl**^{1}】doc jix yadl①②③蜈蚣虫(名词)

[xabl laox] 大蜈蚣虫

[xabl niv] 小蜈蚣虫

【**xabl**^{2}】扎(动词)

[xabl jedl] 扎柴

[xabl gaos oc] 扎脖子

【**xabl**^{3}】十(数词)

[xabl wedx] 十月份

[xabl mianl] 十个月

[xabl nenl dil] 十个梨

[xabl bul yenc] 十个人

[xabl doc dal] 十条鱼

[xabl meix duh] 十件衣服

[xabl jiuc kuuk] 十条裤子

[xabl jiuh haip] 十双鞋

[xabl jiuh xoh] 十双筷子

[xabl doc aiv] 十只鸡

[xabl jiuc meix] 十棵树

▶ xag

【**xagc**】xop①②③瓢(名词)

[xagc buc] 葫芦瓢

[xagc meix] 木瓢

[xagc leic] 大瓢

[xagc niv] 小瓢

▶ xee

【**xeep**[1]】杈（名词）

[xeep meix] 木杈

[xeep jedl] 柴杈

[xeep muk] 猪脚杈

【**xeep**[2]】叉（动词）

[xeep jail] 叉开

【**xeep**[3]】xik③输（动词）

[xeep sinc] 输钱

[xeep liix] 输理

[xeep oux] 输米

[xeep yak] 输田

[xeep xeds] 输光

[xeep xeiv] 输官司

【**xeec**】茶（名词）

[xeec aemc] 苦茶

[xeec baol guuc] 苞谷油茶

[xeec doh wuk oux] 米豆腐油茶

[xeec doh] 豆子油茶

[xeec maot] 炒米油茶

[xeec aemp] 浓茶

[xeec liup] 清茶

[xeec ngoux] 节骨茶 也叫草珊瑚。

[xeec laox] 本地茶

【**xees**[1]】折、折回（动词）

[xees duh] 叠衣服

[xees yangh] 叠被子

[xees xiis] 折纸

[xees xenp xonl] 折身返回

【**xees**[2]】左（方位词）

[ov xees] 左臂

[miac xees] 左手

[dinl xees] 左脚

[mangv xees] 左边

【**xeex**】jeel②③姐（名词）

[xeex laox] 大姐

[xeex niv] 小姐

【**xeev**[1]】泻（动词）

[xeev eex] 拉肚子

【**xeev**[2]】岔（动词）

[eip xeev] 开岔

【**xeeh**】狭窄（形容词）

[xeeh dus sais] 心肠狭窄

[yanc xeeh] 房屋狭窄

[kenp xeeh] 路窄

▶ xeeu

【**xeeul**】招（动词）

[xeeul yenc weex ongl] 招人干活

[xeeul yenc] 招聘人才

[xeeul biinl] 招兵

[xeeul lagx yop] 招学生

[xeeul tut dih] 招徒弟

【**xeeup**】蒸馏（动词）

[xeeup taot] 蒸酒

[xeeup namc] 蒸香樟油

[xeeup lox langp] 蒸木姜油

【**xeeuc**[1]】朝代（名词）

[taot xeeuc] 换代 指换朝代。

【**xeeuc**[2]】bieel①②③浸（动词）

[xeeuc naemx] 浸水

[xeeuc taot] 浸酒

[xeeuc yuc] 浸油

【**xeeuc**[3]】朝（动词）

[xeeuc mangv naih] 朝这边

[xeeuc mangv gav] 朝那边

[xeeuc mangv wul] 朝上边

[xeeuc mangv dees] 朝下边

[xeeuc mangv wap] 朝右边

[xeeuc mangv xees] 朝左边

[xeeuc mangv sunk] 朝前面

[xeeuc mangv liaemt] 朝背面

[xeeuc bieenl kenp] 朝路边

[xeeuc bieenl nyal] 朝河边

【**xeeuc**[4]】理睬（动词）

[gueec xeeuc nyac] 不理睬你

【**xeeus**[1]】qaop①②③ seeus④爪（名词）

[xeeus aiv] 鸡爪

[xeeus aml] 鹰爪

[xeeus kuap] 狗爪

[xeeus meeux] 猫爪

【**xeeus**[2]】gas①②③ wat④挠（动词）

[xeeus nas] 挠脸

【**xeeus**[3]】炒（动词）

[xeeus mal] 炒菜

[xeeus oux] 炒饭

[xeeus nanx] 炒肉

[xeeus geiv] 炒蛋

【**xeeuv**[1]】兆（名词）

[xeeuv douc] 兆头

【**xeeuv**[2]】照、仿照、对照（动词）

[xeeuv xeenv mieenh] 照镜子

[xeeuv sangv] 照相

[xeeuv eep] 照别人样子

▶ xeem

【**xeemh**】装（动词）

[xeemh qaik] 装木房板壁

▶ xeen

【**xeenp dol**】门闩（名词）

[xeenp dol meix] 木门闩

【**xeenp**[1]】仙（名词）

[xenc xeenp] 神仙

【**xeenp**[2]】闩（名词）

[xeenp dol] 闩门

[xeenp jenl] 千斤闩枋

【**xeens**[1]】jeens①②③杯（名词）

[xeens taot] 酒杯

[xeens xeec] 茶杯

[xeens boc]senl bos①②③大瓦钵 较大的一种陶制容器。

【**xeens**[2]】铲（名词）

[xip xeens] 锅铲

【**xeens**[3]】sot①②③kuk④滑（动词）

[xeens dinl] 滑脚

【**xeens**[4]】铲（动词）

[xeens al liul] 铲锅巴

[xeens sap] 铲沙子

[xeens ens] 铲泥土

[xeens jenl yak] 铲田坎

[xeens genv nyangt] 铲草蔸

【**xeenv**[1]】bial siiv①②③lax hat④千年鱼（名词）一种长不大的小鱼。

[xeenv xangx] 细干鱼

【**xeenv**[2]】善良（形容词）

[yenc xeenv] 人善良

【**xeenk**】扩散、繁衍（动词）

[xeenk lail] 繁衍得好

【**xeenh**】jeenx①②③碗柜（名词）

[xeenh meix] 木碗柜

[xeenh meik] 新碗柜

[xeenh aov] 旧碗柜

▶ xeeng

【**xeengl**】争、抢（动词）

[xeengl sunk] 争先

[xeengl jeel] 争食

[xeengl naemx yak] 争田水

[xeengl das meix] 争山林

[xeengl dih yeenp] 争园地

[xeengl yanc] 争房屋

[xeengl mongt] 争官

[xeengl dens] 争衣物

[xeengl jiv baok] 争炮仗

[xeengl sinc] 抢钱

[xeengl oux] 抢米

[xeengl wok]qangs wok①②③抢东西

【**xeengp**[1]】生（形容词）

[oux xeengp] 生米

[mal xeengp] 生菜

【**xeengp**[2]】生疏（形容词）

[xeengp yenc] 对人陌生

[xeengp doiv] 生疏床 指对床生疏。

【**xeengv**】jingv②③singv④正（形容词）

[xeengv teengt] 端正

【xeengv dangl】 正当（形容词）

[xeengv dangl jeel] 正当吃

[xeengv dangl weex] 正当做

[xeengv dangl qamt] 正当走

▶ xei

【xeip】 聪明（形容词）

[xeip xiv] 很聪明

【xeic】 kidc①②③舔（动词）

[xeic sac] 舔药

[xeic gaos seenv] 舔线头 指穿针时会用舌头舔一下线头。

[xeic nangl miac] 舔手指

【xeis】 花（动词）

[xeis sinc]yongh sinc④花钱

【xeik】 官司（名词）

[xeik laox] 大官司

[xeik niv] 小官司

[weex xeik] 打官司

[douh xeik] 惹官司

▶ xen

【xenl[1]】 清晰（形容词）

[xenl lail] 很清晰

[nuv xenl] 看清楚

【xenl[2]】 niv①②③ gil②③ miiuh②③细小（形容词）

[dangl lis xenl] 长得细小

【xenl[3]】 zenl①②③真（副词）

[xenl xiv] 真是

[xenl lis] 真的

[xenl jiml] 真金

[xenl nyenc] 真银

[xenl lieec] 真美

[xenl kat] 真丑

[xenl lail] 真好

[xenl heek] 真坏

[xenl jongc] 真多

[xenl nyunt] 真少

[xenl bic] 真肥

[xenl gais] 真瘦

[xenl pangp] 真高

[xenl taemk] 真矮

【xenp[1]】 身（名词）

[xenp xangv] 身材

[xenp max] 木马板 “木马”是一种木制农具。

【xenp[2]】 cenk①②③④清理（动词）

[xenp xangv] 清理账目

[xenp wok] 清理货物

[xenp duh] 清理衣物

[xenp leec] 清理书籍

【xenp[3]】 升迁（动词）

[xenp mongt] 升官

[xenp pangp] 升高

[xenp qak bail] 升上去

【xenc¹】 神（名词）

[xenc xeenp] 神仙

【xenc²】 城（名词）

[laos xenc] 进城

[xenc xangc] 城墙

【xenc³】 cenc①②③陈（动词）

[xenc wok] 陈积货物

【xenc⁴】 cenc①②③旧的（形容词）

[xenc wok] 旧物

[oux xenc] 陈谷

【xenh】 nyenh①②③ laop④认、寻（动词）

[xenh nyac] 认你

[xenh genv] 认祖归宗

[xenh kenp] 寻找路线

[xenh saop] 嗅骚

【xenv】 顺遂（形容词）

[xenv yangc xenp] 畜禽顺遂 指家养的牲畜不生病，顺利长大。

[xenv eel yanc] 家庭顺遂

[xenv yangx xeengp] 庄稼顺遂 指庄稼生长顺利。

[xenv siv] 办事顺遂

▶ xi

【xil】 jil①②③刺（动词）

[xil yenc] 刺人

[xil miac] 刺手

[xil dinl] 刺脚

【xil maoc】 戏谑（动词）

【xip dongc】 吹火筒（名词）

[xip dongc yait] 长吹火筒

[xip dongc tent] 短吹火筒

【xip¹】 xis②③时（名词）

[xip houk] 时候

[benl xip] 时辰

【xip²】 炊具（名词）

[xip xeens]gol xeengs②③锅铲

[xip oux]xis oup②③饭撬

【xip³】 吹（动词）

[xip laemc] 吹风

[xip jix] 吹笛子

[xip soh nac] 吹唢呐

[xip bav] 吹木叶 “木叶”是少数民族中流行的乐器，“吹木叶”是将叶片正面横贴于嘴唇吹奏。

[xip doc] 吹牛

[xip wil] 吹火

【xis】 jis②③ ziis④纸（名词）

[xis bagx] 白纸

[xis yak] 红纸

[xis mant] 黄纸

[xis nguup] 绿纸

[xis maiv] 紫纸

[xis sinc] 冥纸

[xis wap] 花纸

[xis gus] 祭祀孤魂纸

【xiv¹】 指（动词）

[xiv miac] 用手指

【xiv²】 xov 编织（动词）

[xiv longt] 编织簸箕

[xiv xaip] 编织筛子

[xiv yaih] 编织大撮箕

[xiv wudc] 编织细撮箕

[xiv piuup] 编织笆篓

[xiv mint] 编织竹席

[xiv daeml] 编织斗笠

[xiv mongl] 编织竹篮

[xiv biat nyedc] 编织泥鳅篹

[xiv kok] 编织虾耙

[xiv jags] 编草鞋

【xiv³】 置办（动词）

[xiv eel yanc] 置办家产

[xiv jal xangs] 置办嫁妆

[xiv keik deic] 置办家什

【xiv⁴】 试（动词）

[xiv yaeml ninv] 试深浅

[xiv qenp qat] 试轻重

[xiv dinl miac] 试手脚

[xiv duh] 试衣服

[xiv haip] 试鞋子

【xiv⁵】 是（形容词）

[xiv gueec xiv] 是不是

【xih¹】 qih②③ xeeh④尺子、戒尺（名词）

[xih yat] 长尺子

[xih tent] 短尺子

[xih qongk] 角尺

[xih meix] 木尺

[xih guunl] 竹尺

[qiet xih] 铁尺

【xih²】 qih②③ ziih④烤（动词）

[xih nanx] 烤肉

[xih hongc xaoc] 烤红薯

[xih yangc liiv] 烤洋芋

[xih baol guc] 烤苞谷

[xih siic] 烤糍粑

[xih liant] 烤辣椒

[xih jac] 烤茄子

【xih³】（xit）值（形容词）

[xih lis] 值得

【xih jis】 xit①②③十（数词）

[xih nyih] 十二

[xih lamp] 十三

[xih lik] 十四

[xih nguox] 十五

[xih logc] 十六

[xih ladp] 十七

[xih weds] 十八

[xih yus] 十九

▶ xiu

【**xiuv**】点、照（动词）

[xiuv wil] 点火

[xiuv denl] 点灯

[xiuv nyedt] 照泥鳅 指夜间打灯捉泥鳅。

▶ xin

【**xinc**】裹脚布（名词）

[xinc meik] 新裹脚布

[xinc aov] 旧裹脚布

【**xinh**】jinx②③qonp miac④手镯（名词）

[xinh jaeml] 金手镯

[xinh nyenc] 银手镯

[xinh mingh] 保命手镯

[xinh liil] 玉手镯

▶ xid

【**xidp**】xip yedl①②③④十一（数词）

[xidp bul yenc] 十一个人

[xidp nenl dil] 十一个梨

[xidp doc dal] 十一条鱼

[xidp doc doc] 十一头牛

[xidp jiuc kap] 十一只耳朵

▶ xo

【**xop**】瓢（名词）

[xop meix] 木瓢

[xop buc] 葫芦瓢

[xop tadk] 铁瓢

[xop naemx] 水瓢

[xop muk] 潲瓢

[xop maoc] 粪瓢

【**xoc**】zop②③藏（动词）

[xoc sinc] 藏钱

[xoc oux] 藏米

[xoc mal] 藏菜

[xoc maix] 藏媳妇

[xoc wok] 藏东西

【**xox**】唆（动词）

[xox yenc] 唆使人

[xox kuap] 训练狗

【**xov**[1]】蜡烛（名词）

[xov bagx] 白蜡烛

[xov yak] 红蜡烛

【**xov**[2]】数（动词）

[xov sinc] 数钱

[xov yenc] 数人数

[xov benl ongl] 计算工天

【**xoh¹**】jox②③筷子（名词）

[xoh guunl] 竹筷

[xoh yak] 红竹筷

[xoh meik] 新竹筷

[xoh xeec] 茶筷

[xoh nyenc] 银筷

[xoh jiml] 金筷

【**xoh²**】成熟（动词）

[xoh baol guc] 苞谷成熟

[xoh oux lieengs] 小米成熟

[xoh oux] 稻谷成熟

【**xoh³**】xot①xox②③熟（形容词）

[xoh oux] 熟饭

[xoh mal] 熟菜

[xoh yenc] 熟人

[xoh siv] 熟事

[xoh ongl] 熟活路

[xoh hongc xaoc] 熟红苕

[xoh eengl muk] 熟猪潲

▶ xou

【**xouc**】xok②③桶状瓢（名词）

[xouc guunl] 竹水瓢

[xouc naemx] 水瓢

[xouc maoc] 粪瓢

【**xouv¹**】喙（名词）

[xouv oul wax] 猫头鹰喙

[xouv al naeml] 乌鸦喙

[xouv al yax] 喜鹊喙

[xouv liait] 麻雀喙

[xouv aeml] 老鹰喙

【**xouv²**】啄（动词）

[xouv oux] 啄米

[xouv nic] 啄虫

[xouv sap] 啄沙子

[xouv meix] 啄树

【**xouv³**】磕（动词）

[xouv qiank] 磕屋壁

▶ xon

【**xonl**】zuanl②③zuant④砖（名词）

[xonl yak] 红砖

[xonl ngup] 青砖

[xonl ens] 土砖

【**xonp wangp**】穿枋（名词）

[xonp wangp yait] 长穿枋

[xonp wangp tent] 短穿枋

【**xonv¹**】转（动词）

[xonv xenp] 转身

[xonv gaos] 转头

[xonv nas] 转脸

[xonv miac] 转手

[xonv dinl] 转脚

【xonv²】 回（动词）

[xonv map] 回来

[xonv bal] 回去

[xonv yanc] 回家

[xonv dinl] 回门

【xonh¹】 涡（名词）

[xonh naemx][xonh xap] 漩涡

【xonh²】 癣（名词）

[xonh xap] 癣疮

▶ xong

【xongp¹】 升子（名词）用来量米的工具。

[xongp oux] 米升子

[xongp qeent] 冲天楼

【xongp²】 逞、充（动词）

[xongp hent] 逞能

[xongp leic] 充大个

【xongc】 雄（形容词）

[xongc keek keek] 雄赳赳

【xongs】 种子（名词）

[xongs oux] 谷种

[xongs mal] 菜种

[xongs doh] 豆种

[xongs baol guuc] 苞谷种

[xongs hongc xaoc] 红苕种

[xongs wap] 花种

【xongv¹】 congk②③枪（名词）

[xongv yait] 长枪

[xongv tent] 手枪

[xongv meix] 木枪

【xongv²】 中（动词）

[xongv muv] 中吉言

[xongv jangx] 中奖

[jiangc xongv] 中枪

【xongv³】 共、同（副词）

[xongv yanc] 共房子

[xongv xaih] 共寨子

[xongv jeel] 同吃

[xongv nyaoh] 同住

[das xongv] 公山

[yanc xongv] 共同的房子

【xongh¹】 沉（动词）

[xongh naemx] 沉水

[xongh ens] 沉泥沙

[xongh dingv] 沉底

[xongh denh] 沉淀渣滓

[xongh sap] 沉沙

【xongh²】 沉重（形容词）

[xongh miac] 手沉

[xongh sap] 担子重

▶ xod

【xods】（seik）说（动词）

[xods songp] 说话

[xods songp leec] 说书面语

[xods siv] 解交说和 指吵架后重归于好。

[xods liix] 说理

[xods qak xods luih] 说上说下

[xods map xods bai] 说来说去

[aih xods guih xods] 说三道四

▶ xu

【xup[1]】 weeul①②③挖（动词）

[xup jenc] 挖地

[xup yeenc] 挖菜园

[xup yak sos] 挖旱田

【xup[2]】 收（动词）

[xup oux] 收谷子

[xup duh] 收衣服

[xup junv] 收惊吓 侗族旧时的巫教活动。受惊吓的孩童夜睡不宁，请知晓“收吓”之法者给孩子收回受惊的魂魄。

[xup xenp] 秋收

[xup miac] 收手

[xup yenv dinl][xup mic lingl] 收脚印 一种迷信说法，指死者弥留之际收回自己的脚印。

[xup xenp] 收心

[xup xinp] 收身

【xuc】 zuc①②③ donh④绸缎（名词）

[duh xuc] 绸缎衣服

[jal xuc] 绸缎布

[biiml xuc] 公鸡的锦毛

【xus[1]】 主（名词）

[xus nyenc] 主人

[weex xus] 做主

【xus[2]】 小竹条（名词）

【xus[3]】 看（动词）

[xus yanc] 看家

[xus wok] 看东西

[xus doc] 看牛

[xus naemx yak] 看田水

[xus yangc xenp] 看庄稼

[xus dol] 守门

[xus yop] 守学校

[xus sags] 防强盗

[xus lagx ons] 看护小孩

【xux】 zup②③洗（动词）

[xux doix] 洗碗

[xux xoh] 洗筷子

[xux gigt] 洗锅子

[xux mal] 洗菜

[xux xenp] 洗澡

[xux miac] 洗手

[xux nas] 洗脸

[xux nanx] 洗肉

[xux bagx] 洗白

【xuv^{1}】 咒（动词）

[xuv lail] 咒得好

[dus xuv] 赌咒

【xuv^{2}】 受（动词）

[xuv lis] 受得了

[xuv gis] 受不了

【xuv^{3}】 连续、重复（动词 ）

[xuv map] 连续来

[xuv seik] 重复讲

【xuh】 马上（副词）

[xuh map] 马上来

[xuh qamt] 马上走

▶ xui

【xuiv^{1}】 xuik 税（名词）

[qak xuiv] 上税

【xuiv^{2}】 zuv①②③④骂（动词）

[xuiv yenc] 骂人

[xuiv sags] 骂强盗

【xuic^{1}】 厨师（名词）

[laox xuic] 老厨师

【xuic^{2}】 预留（动词）

[xuic oux] 预留饭

[xuic mal] 预留菜

[xuic taot] 预留酒

【xuih^{1}】 止（动词）

[xuih tadt] 止血

【xuih^{2}】 驻（动词）

[xuih dous] 驻窠

[xuih saic] 驻心、记住

Y

y

▶ ya

【yap】 痧

[gueds yap] 刮痧

【yac】 两、二（数词）

[yac xangl] 两张

[yac doc] 两只

[yac meix] 两株

[yac jiuc] 两条

[yac nenl] 两个

[yac songl] 两种

[yac bul] 两位

[yac jodx] 两头

[yac moux] 两节

[yac tongt] 两栋

[yac eenl] 两间

【yat¹】 刷把（名词）一种竹制的用来刷锅的工具。

[yat leic] 大刷把

[yat niv] 小刷把

【yat²】（sak）刷（动词）

[yat haip] 刷鞋

[yat duh] 刷衣服

[yat penp] 刷灰尘

【yax¹】 锈（名词）

[qiak yax] 生锈

【yax²】 zangv①②③④生气（动词）

[yax lail] 爱生气

[yax maoh] 生他气

[yax nyac] 生你气

[yax yaoc] 生我气

【yav】 rav①②③淋湿（动词）

[yav miinl] 被雨淋湿

[yav naemx sens] 打湿露珠 指被露珠打湿。

[yav duh] 淋湿衣服

[yav kuuk] 淋湿裤子

[yav haip] 打湿鞋

[yav naemx] 打湿水 指被水打湿。

【yak¹】 rav①②③田（名词）

[yak naemx] 水田

[yak sos] 干田

[yak leic] 大田

[yak niv] 小田

[yak wangp] 荒田

[yak laemh] 沼泽田

[yak qongk] 弯田

[yak leip] 嫁妆田

【yak²】 rak①②③ kak④红（形容词）

[yak liangx liangx] 红艳艳

[yak liedc liedc] 红彤彤

[yak nas] 红脸

【yah】 mieel①②③④撕、张开（动词）

[yah jail] 撕丢 指不要。

[yah muv] 撕嘴

[yah bal] 张开腿

[yah baol yil] 撕苞谷衣

[yah bol oux] 撕稻包

[yah guc bangl] 撕糯谷茎

▶ yai

【yait】 raih①②③长（形容词）

[yait xiv] 很长

[yait mingh] 长命

[yait ngaol] 长角

[yait miuds] 长胡子

[yait biiml gaos] 长头发

[yait miac] 长手

[yait dinl] 长脚

[yait sadl] 长尾巴

【yaih¹】 yaih qit④撮箕（名词）

[muv yaih] 撮箕口

[dinl yaih][dingv yaih] 撮箕底

[bangc yaih] 撮箕主骨

[joux yaih] 撮箕后部

【yaih²】 raih①②③锋利（形容词）

[yaih xiv] 很锋利

[yaih muv] 口齿伶俐

[yaih biingl] 牙齿锋利

[midx yaih] 刀口锋利

[gingc yaih] 镰刀锋利

[miagx yaih] 柴刀锋利

[guanl yaih] 斧子锋利

[doip yaih] 刨子锋利

【yaih³】（liaik）聪明（形容词）

[yenc yaih] 人聪明

▶ yao

【yaop¹】 箢（动词）指打包。

[yaop oux] 箢饭

[yaop siic] 箢粑

【yaop²】 haop① haok②③ duix④一碗（数量词）

[yaop oux] 一碗饭

[yaop mal] 一碗菜

【yaoc】 我（代词）

[yaoc lis] 我的

[yaoc yanc] 我家

▶ yan

【yanc】 ranc①②③家（名词）

[yanc sox] 房屋

[yanc meix] 木房

[yanc xonl] 砖房

[yanc ens] 土坯房

[yanc laox] 老房子

[yanc aov] 旧房子

[yanc meik] 新房子

[yanc ngeex] 瓦房

[yanc louc] 楼房

[yanc biic] 木皮房

[yanc nyangt] 草房

【yans[1]】 放晴（动词）

[yans qangp]yans kangp④天放晴

【yans[2]】 晃（动词）

[yans dal] 晃眼

【yant】 kank②③ gans④坎（名词）

[yant pangp] 高坎

[yant taemk] 矮坎

[siiv yant] 砌坎

▶ yang

【yangl[1]】 rangl①②③④ wongl①②④呻吟（动词）

[yangl lail] 哼得好

[yangl xeengp] 故意哼

【yangl[2]】 zangl④一张（数量词）

[yangl xis] 一张纸

[yangl sinc] 一张钱

[yangl pink] 一张板子

[yangl gal] 一张皮

[yangl biic] 一张木皮

[yangl wap] 一幅画

【yangp[1]】 香（名词）

[yangp dangl] 檀香

[yangp bagx] 白香

[yangp mant] 黄香

[yangp yak] 红香

[yangp luc] 香炉

[yangp leic] 大香

[yangp niv] 小香

[punp yangp] 香灰

[liogc yangp] 烧香

[xeeup yangp] 插香

【yangp[2]】 乡（名词）

[yangp yak] 乡下

[luih yangp] 下乡

【yangc】 一坨（数量词）

[yangc jinl] 一坨石头

[yangc oux] 一坨饭

[yangc ens] 一坨泥

【yangt[1]】 xeengt①②③活（动词）

[yenc yangt] 活人

[meix yangt] 活树

[dal yangt] 活鱼

【yangt²】 zingl①②③煎（动词）

[yangt dal] 煎鱼

[yangt doh wuk] 煎豆腐

[yangt siic] 煎粑

[yangt siic miangc] 煎蕨粑

[yangt siic hongc xaoc] 煎苕粑

【yangk】 时段（名词）

[yangk sunk] 以前

[yangk naih] 现在

【yangh¹】 rangh①②③被子（名词）

[yangh miinc] 棉被

[yangh danl] 单被

[yangh meik] 新被

[yangh aov] 旧被

[yangh wap] 花被

【yangh²】 样（名词）

[yangh haip] 鞋样

[yangh sis] 样子

【yangh³】 这样（代词）

[yangh weex] 这样做

【yabl】 nyedl 戒指（名词）

[yabl jaem] 金戒指

[yabl nyenc] 银戒指

▶ yaem

【yaeml¹】 yeeul④邀约（动词）

[yaeml banx] 邀伴

[yaeml loux yenc] 邀约大家

[yaeml yaoc] 邀我

[yaeml nyac] 邀你

[yaeml maoh] 邀他

【yaeml²】 深（形容词）

[yaeml xiv] 很深

[yaeml op] 深坑

[yaeml yanc] 房屋进深长

[dangc yaeml] 水塘深

[yaeml naemx] 水深

【yaeml³】 sinl①senl②③④精（形容词）

[nanx yaeml] 精肉

【yaemp】 yual①②③nyoul④一握（数量词）

[yaemp oux sanp] 一握大米

[yaemp oux ot] 一握谷子

[yaemp doh] 一握豆子

[yaemp xongs] 一握种子

[yaemp mal] 一握菜

【yaemc】 一片、一块（数量词）

[yaemc dih] 一块土

【yaems】 reenp①②③染（动词）

[yaems mieenh yangh] 染被面

[yaems jal] 染布

[yaems duh] 染衣服

[yaems kuuk] 染裤子

[yaems went] 染裙子

[yaems pak] 染帕子

[yaems biiml gaos] 染头发

【yaemx^1】 椿芽（名词）

[yaemx yak] 红椿

[yaemx bax] 白椿

【yaemx^2】 饮、喝（动词）

[yaemx taot] 饮酒

[yaemx tangp] 喝汤

[yaemx naemx] 喝水

【yaemx^3】 raemx①②③阴蔽的（形容词）

[yaemx yeenp] 阴蔽的菜园

[yaemx yak] 阴蔽的田间

[yaemx jinc] 阴蔽的土地

【yaemk^1】 一晚（名词）

[nyaoh yaemk] 住一晚

[guanx yaemk] 聊一晚

[sunv yaemk] 坐一晚

[xangv yaemk] 唱一晚

【yaemk^2】 pieik①②③靠近（动词）

[suiv yaemk] 靠近坐

【yaemv】 淹（动词）

[yaemv gaos] 淹过头顶

▶ yee

【yeep】 wangc②③reep①②③网（名词）

[yeep laox] 大网

[yeep niv] 小网

[yeep sup] 粗网

[yeep siiv] 细网

[yeep meik] 新网

[yeep aov] 旧网

[benv yeep] 撒网

[bieenl yeep] 织网

[jongl yeep] 布网

【yees】 叔父（名词）

【yeet】 reet①②③xeev④裂（动词）

[beengv yeet] 开裂

[miac yeet] 手开裂

[joux linl yeet] 脚跟开裂

[yak yeet] 田开裂

▶ yeeu

【yeeul】 腰（名词）

[yeeul dangc] 腰膛

[banh yeeul] 半腰

[gids yeeul] 腰痛

[qangp yeeul] 伸腰

[yeeul siih] 腰子

【yeeup^1】 迎（动词）

[yeeup laemc] 迎风

【**yeeup²**】作势、抗议（动词）

[yeeup laemc] 顶风

【**yeeuc¹**】窑（名词）

[yeeuc ngeex] 瓦窑

[yeeuc tank] 炭窑

[yeeuc xonl] 砖窑

【**yeeuc²**】yeens①②③④逛（动词）

[yeeuc xaih] 走村串寨

[yeeuc xangc] 逛街

▶ yeen

【**yeenl**】烟（名词）

[miac yeenl] 栽烟

[jeel yeenl] 抽烟

[yeenl bav] 叶烟

[bav yeenl] 烟叶

[yeenl sip] 丝烟

【**yeenp**】xeenp④园（名词）

[yeenp mal] 菜园

[sav yeenp] 围菜园

【**yeent¹**】玩（动词）

[weex yeent] 玩山、做玩

【**yeent²**】yis lieens①②③yis seens 一杯（数量词）

[yeent taot] 一杯酒

[yeent xeec] 一杯茶

[yeent naemx] 一杯水

【**yeenh**】引（动词）

[yeenh wil] 引火

【**yeenk aiv**】唁鸡（动词）验鸡，指用鸡血验坟井坑。

▶ yei

【**yeil**】让、搬开（动词）

[yeil jail gil] 让远点

[yeil kenp] 让路

[yeil suiv] 让座

[yeil doc] 让牛

[yeil xap] 让车

[yeil daic] 搬开桌子

[yeil dangv] 搬开凳子

▶ yen

【**yenl**】一斤（数量词）

[yenl mal] 一斤菜

[yenl dangc] 一斤糖

[yenl nanx] 一斤肉

[yenl taot] 一斤酒

[yenl oux sanp] 一斤大米

【**yenp**】熏（动词）

[yenp enc] 熏烟子

[yenp nanx xangx] 熏腊肉

[yenp not] 熏老鼠

[yenp naov] 熏竹鼠

[yenp nyongx] 熏蚊子

[yenp laol] 熏蜂子

[yenp jonh] 熏圈

[yenp gaov xaoc] 熏苕窖

【yenc】 人（名词）

[yenc laox] 老人

[yenc nix] 年轻人

[yenc liaik] 聪明人

[yenc ac] 笨人

[yenc ngangl] 呆人

[yenc wax] 傻子

[yenc longl] 聋子

【yens^{1}】 renp①②③忍（动词）

[yens songp] 忍话

[yens gueec daos] 忍不住

【yens^{2}】 renp①②③憋（动词）

[yens nyiuv] 憋尿

[yens eex] 憋屁、憋屎

[yens soh] 憋气

【yenv^{1}】 印（名词）

[yenv dinl] 脚印

[yenv miac] 手印

[yenv wap] 花印

【yenv^{2}】 印（动词）

[yenv siih] 印字

[yenv leec] 印书

【yenv^{3}】 yeenv①②③xingv④踮（动词）

[yenv dinl] 踮脚

【yenk】 rouk①②laol③④捡漏（动词）

[yenk yuc] 捡遗漏的茶油籽

[yenk oux] 捡遗漏的谷穗

[yenk yangc liiv] 捡遗漏的洋芋

[yenk hongc xaoc] 捡遗漏的红苕

▶ yed

【yedl^{1}】 初一（名词）

[qup yedl nynnc] 大年初一

[xinl wedx qup yedl] 一月初一

[nyih wedx qup yedl] 二月初一

[samp wedx qup yedl] 三月初一

[siiv wedx qup yedl] 四月初一

[nguox wedx qup yedl] 五月初一

[liogc wedx qup yedl] 六月初一

[sadl wedx qup yedl] 七月初一

[beds wedx qup yedl] 八月初一

[jus wedx qup yedl] 九月初一

[xabl wedx qup yedl] 十月初一

[xidp wedx qup yedl] 十一月初一

[mianl nyinc qup yedl] 十二月初一

【**yedl²**】jedl①②③kout④钩（名词）

[yedl meix] 木钩子

[yedl tadp] 铁钩子

【**yedl³**】五倍子（名词）

【**yedl⁴**】redl①②ziil③挤（动词）

[yedl yenc] 人拥挤

[yedl laot bail] 挤进来

[yedl wus map] 挤出去

[yedl dah bail] 挤过去

[yedl dah map] 挤过来

[yedl xiv] 很拥挤

[yedl qak yedl luih] 挤上挤下

【**yedp**】redp①②③gedl④早（名词）

[yedp gunv douc] 上前天早上

[yedp gunv] 前天早上

[yedp nyongl] 昨天早上

[yedp naih] 今天早上

[yedp moh] 明天早上

[yedp nas] 后天早上

[yedp oc lat] 大后天早上

[yedp oc lit] 大大后天早上

[yedp nyaemv] 早晚

▶ yi

【**yil¹**】蛙（名词）

[yil nguup] 青蛙

[yil aengt] 山溪蛙

[yil bangl] 黄蛙

[yil doh] 癞蛤蟆

【**yil²**】yis①②③一（数词）

[yil lenp] 一个

【**yic¹**】neix bas②③姨（名词）

[yic jees] 姨父

[yic mas] 姨妈

[yic nyang] 姨娘

【**yic²**】deenc④移（动词）

[yic dinl] 移脚

[yic yanc] 移房屋

[yic mot] 移坟

【**yiv**】熄（动词）

[yiv denl] 熄灯

[yiv wil] 熄火

【**yingv**】怨（动词）

[yingv tank] 埋怨

▶ yiu

【**yiuc**】条、棵、根、只、支、张（量词）

[yiuc kenp] 一条路

[yiuc kuuk] 一条裤子

[yiuc meix] 一棵树

[yiuc guunl] 一根竹子

[yiuc dal] 一只眼睛

[yiuc haip] 一只鞋子

[yiuc wac] 一只袜子

[yiuc xoh] 一支筷子

[yiuc lac] 一只箩筐

[yiuc yaih] 一只撮箕

[yiuc jaol] 一根绳子

[yiuc sanv] 一根纱线

[yiuc seenv] 一条线

[yiuc lal] 一条船

[yiuc yeenl] 一支烟

[yiuc biiml] 一根毛

[yiuc kinp] 一只手臂

[yiuc gual] 一条腿

[yiuc kap] 一只耳朵

[yiuc xinh] 一只手镯

[yiuc sais] 一根肠子

[yiuc dangv] 一根板凳

[yiuc daic] 一张桌子

[yiuc wongk] 一只桶

[yiuc biedl] 一支笔

[yiuc mieengl] 一条沟

[yiuc kuit] 一条溪

[yiuc nyal] 一条河

▶ yo

【**yop**[1]】学校（名词）

[yop leic] 大型学校

[yop niv] 小型学校

【**yop**[2]】liok②③xop④一瓢（数量词）

[yop naemx] 一瓢水

[yop tangp] 一瓢汤

[yop maoc] 一瓢粪

【**yov**】愁（动词）

[yov sais] 忧愁

[yov xiv] 很忧愁

【**yoh**[1]】duh①②③递（动词）

[yoh wok] 递东西

[yoh sinc] 递钱

[yoh oux] 递饭

[yoh yoc xip] 递钥匙

[yoh gouc] 递锄头

【**yoh**[2]】zunk①②③ciis④伸（动词）

[yoh miac] 伸手

[yoh dinl] 伸脚

[yoh gaos] 伸头

[yoh oc] 伸脖子

▶ you

【**youp**[1]】rouk①②③cous④搜（动词）

[youp yanc] 搜屋

[youp sox] 搜仓

[youp xangp] 搜箱子

[youp deih] 搜口袋

[youp xenp] 搜身

【youp²】匀（动词）

[youp mal] 匀菜

[youp lagx liant] 匀辣椒秧

[youp lagx jac] 匀茄子秧

[youp lagx baol guuc] 匀苞谷秧

[youp lagx meix] 匀树苗

[youp lagx oux lieengs] 匀小米苗

【youp³】提（动词）

[youp kuuk] 提裤子

【youp⁴】roup①② houk③馊（动词）

[nyenl youp] 臭馊

[oux youp] 饭馊

[mal youp] 菜馊

【youc】rouc①②③ wouc④笼子（名词）

[youc aiv] 鸡笼

[youc waik mic] 画眉鸟笼

[youc jil] 竹鸡笼

[youc badl] 鸭笼

【youv】倒（动词）

[youv put] 倒灰

[youv penp] 倒垃圾

[youv naemx] 倒水

[youv mal] 倒菜

[youv oux] 倒饭

[youv xeec] 倒茶

[youv tangp] 倒汤

[youv niuv] 倒尿

[youv maoc] 倒粪

[youv ens] 倒土

[youv jinl] 倒石头

[youv oux ogt] 倒谷子

[youv hongc xaoc] 倒红苕

[youv yangc liiv] 倒洋芋

【youk】kouk①②③ qouk①②③抖（动词）

[youk nyac deil] 抖死你

【youh】jiuh④双、对（量词）

[youh xoh] 一双筷子

[youh miac] 一双手

[youh kap] 一双耳朵

[youh dal] 一双眼睛

[youh dinl] 一双脚

[youh haip] 一双鞋子

[youh wac] 一双袜子

▶ yong

【yongl】ongl①② wongl③④盖、埋（动词）

[yongl ens] 盖土

[yongl hongc xaoc] 盖红苕

[yongl yangc liiv] 盖洋芋

[yongl xongs mal] 盖菜种

[yongl maoc] 埋粪

[yongl yenc deil] 埋死人

【**yongp**[1]】yongt②③ xongc④勇（形容词）

[yongp keik] 勇敢

【**yongp**[2]】一升（数量词）

[yongp oux sanp] 一升米

[yongp oux lieengs] 一升小米

[yongp aol liangc] 一升高粱

[yongp meex] 一升麦子

[yongp sans] 一升稗子

【**yongc**[1]】熔、溶（动词）

[yongc baoc] 溶盐巴 指溶解盐巴。

[yongc dangc] 溶糖 指溶解糖。

[yongc jiml] 熔金

[yongc nyenc] 熔银

[yongc tongc] 熔铜

[yongc tadp] 熔铁

[yongc yonc] 熔铅

【**yongc**[2]】熬（动词）

[yongc yuc] 熬猪油

[yongc labs] 熬蜡烛

[yongc yuc ees] 熬松脂

[yongc tongc yuc] 熬桐油

【**yongc**[3]】liongc①②③ xongc④一栋、一幢（数量词）

[yongc yanc] 一栋房子

[yongc sox] 一栋仓库

[yongc beeh] 一幢草寮

【**yongk**】一枪

[binv yongk] 打一枪

【**yongh**】用（动词）

[yongh sac] 用药

[yongh soh] 用力

[yongh senp] 故意

[yongh sinc] 用钱

[yongh xap] 用车

[yongh yenc] 用人

[yongh gigt] 用锅子

[yongh duc] 用鼎罐

[yongh duix] 用碗

[yongh banc] 用盘子

[yongh xoh] 用筷子

[yongh banc] 用盆子

[yongh jaoc gens] 用调羹

[yongh wongk] 用桶

[yongh xaip] 用筛子

[yongh longt] 用簸箕

▶ yod

【**yodx**】一半（数词）

[yodx benl] 半天

[yodx mianl] 半个月

[yodx nyinc] 半年

[yodx tongt] 半截

[yodx jih] 半辈子

【yods】割（动词）

[yodx oc] 割脖颈

[yodx gaos] 割头

[yodx nadx] 割肉

▶ yu

【yuc[1]】油（名词）

[yuc muk] 猪油

[yuc saiv] 菜油

[yuc xeengp] 生油

[yuc xoh] 熟油

[yuc siul] 花椒油

[yuc lox langp] 木姜油

[yuc qaik] 猪板油

[yuc sais] 肠子油

[yuc wat sens] 花生油

[yuc doh longc] 黄豆油

【yuc[2]】漆（动词）

[yuc qaik] 漆板壁

[yuc wongk] 漆木桶

[yuc benc] 漆木盆

[yuc guiiv] 漆柜子

[yuc daic] 漆桌子

[yuc dangv] 漆凳子

【yuc[3]】油腻（形容词）

[yuc liedx liedx] 油沥沥

【yuv】要（动词）

[yuv gueec yuv] 要不要

[yuv lis] 要得

[yuv nas] 要脸面

[yuv mingh] 要命

[yuv sinc] 要钱

[yuv jeel oux] 要吃饭

[yuv dens duh] 要穿衣

[yuv dens kuuk] 要穿裤

[yuv dens haip] 要穿鞋

[yuv dens wac] 要穿袜

【yuh】又（副词）

[yuh map] 又来

[yuh bal] 又去

[yuh jeel] 又吃

[yuh deic] 又拿

[yuh xangv] 又唱

[yuh xas] 又写

[yuh yaemx] 又喝

[yuh xais] 又问

[yuh xanp] 又答

[yuh weex] 又做

[yuh seik yuh guol] 又说又笑

[yuh guol yuh ngees] 又笑又哭

[yuh jeel yuh deic] 又吃又拿

[yuh pangp yuh leic] 又高又大

[yuh kuadt yuh leic] 又宽又大

[yuh yait yuh sup] 又长又粗

[yuh siiv yuh sais] 又细又窄

[yuh yaih yuh qap] 又尖又长

[yuh gais yuh naeml] 又瘦又黑

[yuh bic yuh bagx] 又肥又白

[yuh niv yuh taemk] 又细又矮

[yuh map yuh bail] 又来又去

[yuh xangv yuh qeeuk] 又唱又跳

[yuh jeel yuh dens] 又吃又穿

贵州省天柱县地名录

凤城镇【fengl cenc zhenl】

八一街居民委员会【bac yic gais juis mienc weix yuanc weip】

八一街【bac yic ail】

北门【beec menc】

西门【siip menc】

挑水缸【daos suix gangs】

解放街居民委员会【jaix fangl gais juis mienc weix yuanc weip】

水东门【suix gongs menc】

环城路【wanc xenc loul】

老东门【laox dongs menc】

东门口【dongs menc koux】

肖家坪【xaos jas biingc】

高龙【gaos longc】

白水冲口【beec suix songs koux】

南门路居民委员会【nanc menc loul juis mienc weix yuanc weip】

南门路【nanc menc loul】

民族路【minc zuc loul】

文化路【wenc wal loul】

文明路【wenc mienc loul】

白水路【beec suix loul】

荷花塘【hoc was dangc】

正中街【zengl zongs jees】

南门外【nanc menc koux】

天柱乡【qeenp xuih xangs】

教场村【jaol sangc cuns】

孙家【suns al】

新寨【xins sail】

菜冲【cail congs】

冯家山【hongc jas sans】

苗台【maoc daic】

登达【dens dac】

联山村【lieenc sans cuns】

犀牛塘【xip nyuc dangc】

小麦溪【meec qis niv】

麦溪【meec qis】

登魁【dengs kuiit】

铜鼓寨【dongc gux xaih】

平团【biingc donc】

龙洞【longc dongl】

冷水溪【lenx suix qis】

煤洞【meic dongl】

铁山坪【deec sans biingc】

蒋家坝【jangx jas bal】

燕窝【yeenl wos】

杨家【yangc al】

肖家【seeup al】

石灰棚【sic weis bongc】

雷打岩【leic dax ngaic】

大井【dal jenx】

友爱村【youx ail cuns】

石坪村【sic biingc cuns】

旺溪壕【wangl qis haop】

平岭坡【biingc lenx das】

老井【laox jenx】

登壕【dens haop】

青山【qens sans】

盘王【banc wangc】

杨家湾【yangc jals wans】

枫木塘【fongs muc dangc】

高门【gaos menc】

大山【dal sans】

天井【deens jenx】

雷寨村【oc loic cuns】

雷寨【oc loic】

小冲【xaox congs】

长冲【xangp yait】

山冲【samp xongp】

半滩【banv tans】

白水冲【beec suix congs】

南康村【gaos gangv cuns】

南坡哨【nanc bos saol】

康寨【gaos angp】

岩寨村【ngaic xaih cuns】

岩寨【ngaic xaih】

岩寨湾【ngaic xaih wans】

钟鼓洞【zongs gux dongl】

坝仲【bav xongl】

团结村【donc jeec cuns】

巴州【bas zous】

巴塆【bas wanh】

闷城【menv xenc】

各留【goc liouc】

甘溪【gans qis】

和平村【hoc biingc cuns】

平桃【biingc daoc】

高坡寨【gaos bos sail】

圭久【kuiit joux】

同右【dongc youl】

社学乡【xeev yop xangs】

社学村【xeev yop cuns】

社学【xeev yop】

田心寨【eemv buh】

金鸡冲【jiv xongt】

梨木冲【dens meix liix】

梨子坳【oc meix dil】

白腊坳【beec lac ngaol】

白劳【beec laoc】

平牙寨【biingc ngac xaih】

长团村【cangc donc cuns】

新寨【xens sail】

老寨【laox xaih】

龙塘【longc dangc】

显东【xeenx dongs】

高岩【gaos ngaic】

平甫村【biingc bux cuns】

平甫寨【biingc bux xaih】

干背冲【gans beil congs】

磨章【moc zangs】

金山村【jens sans cuns】

金凤山脚【dinl jenc wongk xanp】

七里冲【xix lix congs】

新店【jeev meik】

铜盆井【dongc penc jenx】

歌场坪【gos cangc biingc】

泡木冲【paok muc congs】

岑茂才【jenc mot caic】

白毛寨村【maoc yenc cuns】

白毛寨【 maoc yenc xaih】

岩寨【ngaic xaih】

小水【xaox suix】

大溪坪【dal xis binc】

上大溪【dal xis wul】

牛形坡【nouc xenc bos】

燕子塆【yeenl zix wans】

芹香村【jenc yangp cuns】

芹香寨【jenc yangp xaih】

圭六【kuiit louc】

岭山【lenx sans】

王包【wangc baos】

桥联村【qaoc lieenc cuns】

伍家桥【wux jas qaoc】

伍家寨【xaih leic】

烹寨【bens xaih】

望寨【wangl xaih】

谭家【danc al】

冲头【congs douc】

江头寨【jangs douc sail】

坪根【biingc gens】

溪口乡【bah kuiit xangs】

溪口村【bah kuiit cuns】

溪口【bah kuiit】

凸寨【bongh xaih】

偏桥【beenp jiuc】

邀营【yaos yenc】

金井村【jiv lings cuns】

金井【jiv lings】

平能【biingc nenc】

桥岩【qaoc yeenc】

暮溪【oc muh】

伞溪村【bav sank cuns】

伞溪【bav sank】

邦州【bangs zous】

摆溪村【oc guis cuns】

上寨【xaih wul】

下寨【xaih dees】

占溪村【kuiit ganl cuns】

占溪【kuiit ganl】

绣楼【xoux lous】

盘达【banc das】

盘乐【banc loc】

岑楼【jenc louc】

坡脚【dinl das】

田冲村【dieenc congs cuns】

田冲【dieenc congs】

梁家【liangc al】

塘高【dangc gaos】

小江村【gaos lal cuns】

小江【gaos lal】

长岭坡【jenc yait】

道冲【daov xongt】

望路【wangl loul】

陵山村【linc sans cuns】

茶溪【cac qis】

长坡【jenc yait】

塘仁【dangc lenc】

洞背【dongh beil】

芭蕉【bas jaos】

高康【gaos gangk】

润松乡【menv songs xangs】

老寨村【laox xaih cuns】

老寨【laox xaih】

罗家坡【das loc al】

高冲【gaos xongh】

高冲口【muv gaos xongh】

田坝【dav lianv】

圭妍村【guuis nyeens cuns】

圭妍【guuis nyeens】

登抗【dens kangk】

下圭妍【guis nyeens dees】

圭恩【kuiit ngens】

岑洞【jenc dongl】

上圭妍【guuis nyeens wul】

寸刚【senv gangs】

卜头寨村【oc buc cuns】

卜头寨【oc buc】

岑塘【jenc dangc】

圭烈【guiit lieec】

幞头甫村【buc douc bux cuns】

坝寨村【xaih lianv cuns】

坝寨【xaih lianv】

九寨【jus xaih】

十万山【sic wanl sans】

福寨村【fuc xaih cuns】

福寨【fuc xaih】

高寨【gaos xaih】

冷溪【lenx qis】

隆寨村【longc xaih cuns】

八甲村【bac jac cuns】

八甲【bac jac】

甫忍【bux lenl】

乐寨村【lox xaih cuns】

渡马乡【duh weeh xangs】

杨柳村【yangc lioux cuns】

杨柳【yangc lioux】

毛坪【maoc liingc】

塆圃【wans bux】

寨脚村【dinl xaih cuns】

寨脚【dinl xaih】

罗家【loc al】

黄土田【huangc dux dieenc】

冲度【xongp dul】

瓦厂【wax sangx】

庙背【miaol beil】

下洞坡【xal dongl bos】

死马冲【six max congs】

白杨湾【beec yangc wans】

冲志【congs zhil】

新坪村【xens binc cuns】

陶家【daoc al】

高碓【gaos deiv】

大广坪【dal guangx binc】

熬田【ngaoc tieenc】

冲坉【xongp tenk】

林排【lienc paic】

桥坪村【qaoc binc cuns】

桥头坪【qaoc douc binc】

寒池【hanc cic】

空桐坡【gongs dongc bos】

新寨罗【xens zail loc】

大坪塘【dal binc dangc】

大坡头【dal bos douc】

田家塆【dieenc jas wans】

冲道【congs daol】

冲钻【congs zanl】

犀牛坳【xis nyouc ngaol】

苗田村【miaoc dieenc cuns】

硐上【dongc sangl】

苗田【miaoc dieenc】

金场【jins cangc】

塆场村【wans xangc cuns】

莲花坪【lieenc was binc】

存华【cenc wac】

上塆场【wans xangc wul】

下塆场【wans xangc dees】

排头坳【baic douc ngaol】

孟塆【mongl wans】

败阵坡【ban xenp】

茶油山【cac yuc sans】

龙盘村【longc bonc cuns】

龙盘【longc bonc】

关地【guanl div】

盘桥【banc jiuc】

新寨【xaih meik】

江东寨村【jangs douc xaih cuns】

江东寨【jangs douc xaih】

洞头寨【gaos longx】

冲当【xongp dangl】

黄劳村【huangc laop cuns】

蒋家【jangx al】

黄劳冲【xongp wangc laoc】

牛盘【niuc banc】

下岑马【dees jenc max】

沟江【gous jangs】

力山村【liic sans cuns】

中寨【dav xaih】

上寨【wul xaih】

下寨【dees xaih】

上岑马【wul jenc max】

冲木辽【xongp muc liaoc】

七层【sadp senc】

枫木冲【xongp yaop】

岩门村【ngaic menc cuns】

岩门寨【ngaic menc xaih】

赤茂罗【sic moul loc】

香炉坡【xangs luc das】

十里冲【sic liix congs】

共和村【gongl hoc cuns】

冲芳【xongp wangp】

上干溪【wul gans qis】

下干溪【dees gans qis】

龙塘【longc dangc】

长冲【xongp yait】

中寨【dav xaih】

野田【yeex deenc】

邦洞镇【oc bangl zhenl】

灯塔村【dens dac cuns】

邦洞街【xangc bangl】

灯塔【dens das】

谌家湾【senc jas wans】

大冲【dal xongp】

风水坳【fengs shuix ngaol】

九甲【jus jac】

马路队【max loul deil】

转水【zonl shuix】

高寨村【gaos xaih cuns】

高寨【gaos xaih】

榜上【bangx wul】

坌溪村【benl qis cuns】

下坌【dees benl】

中坌【zongs benl】

王家庄【wangc jas zuangs】

谌家坝【sens jas bal】

牛度塘【nouc dul dangc】

马务【max wul】

六合村【louc hoc cuns】

毛家冲【maoc jas congs】

刘家【louc al】

肖家庄【xaos jas zuangs】

张家冲【zangs jas congs】

石灰冲【sic weis congs】

罗家【loc al】

老虎坉【laox wux tenk】

下王【xal wangc】

天堂【teens dangc】

栗木冲【lic muc congs】

岩坳【ngaic ngaol】

大壕【dal haoc】

摆头村【gaos bieev cuns】

永元【yongx yuanc】

下寨【dees xaih】

中寨【xaih dav】

高寨【wul xaih】

石桥【sic jaoc】

永华【yongx wac】

干高【ganl gaos】

彭家【benc al】

金凤山【jens wongk xanp】

银凤山【yenc wongk xaip】

当头【dangl douc】

高坡【gaos jenc】

胡家洞村【hucagl dongh cuns】

胡家洞【huc agl dongh】

牛塘【dangc duoc】

大冲【xongp laox】

薛家【xees al】

老山冲【laox sans congs】

洞冲【dongl congs】

林木冲【liinc muc congs】

血团【xeec donc】

岩冲【ngaic xongp】

上高野村【gaos yeex wul cuns】

上高野【gaos yeex wul】

灰冲【huis congs】

板凳磊【banx denl leix】

油榨背【youc zal beil】

干冲口【ganl congs koux】

盘寨【banc xaih】

中高野村【gaos yeex dav xaih】

中高野【gaiv yaiv】

胡家【huc al】

四千田【sil ganl dieenc】

杜家【dul al】

下高野【gaos yeex dees】

白岩洞【beec yeenc dongl】

塆头【wans douc】

冲变已【congs beenl jix】

胡冲【huc congs】

光复村【guangs fuc cuns】

岩脚寨【dinl bial】

刘家寨【liuuc al】

林海村【lienc haix cuns】

登柳【dengl lioup】

澜泥田【yav lanh】

盘茶油【banc cac yuc】

独山冲【duc sans congs】

狗竹冲【haop guunl kuap】

石榴冲【haop xil liup】

杨晚寨【yangc wanx xaih】

七甲【sadl gac】

崩溪【gaop bongl】

高圭溪【gaos kueis qip】

高扒【gaos bac】

杨晚冲【yangc wanx congs】

地豆【dih doh】

冲伦坡【congs lenc bos】

黄团坡【huangc donc bos】

花香【wap dangl】

三团乡【xil wonp xangs】

三团村【xil wonp cuns】

三团【xil wonp】

水口【suix koux】

潘家【ponp al】

新长【xens cangc】

问溪【wenl qis】

坪溪【biingc qis】

高茶油【gaos cac yuc】

闪溪【sanx qis】

铁厂村【dieec angx cuns】

店边【bieenl jeenv】

龙家【longc al】

冲水【xongp naemx】

虫牙【congc yac】

美对【meix deil】

亚沙【yav sap】

冲达【xongp dac】

高农【gaos nongc】

落脚【loc joc】

黄花坡【huangc wap bos】

达溪【dac qis】

观周村【guul liuul cuns】

披头寨【gaos weel】

岛寨【liaemh daop】

岩冲【xongp dinl】

其陆山【qic louc sans】

观塘坳【gonv dangc】

长冲【xongp dongv】

观周【gul liuul】

圭界【guis gaiv】

什砖【sic sonl】

蒲家【buc al】

高腊冲湾【 gaos lac xongp】

务元【wul yuanc】

岑就【jenc joul】

起先【qix genv】

冲登【dengs xongt】

坑头村【gaot geengk cuns】

店边【bieenl jeenv】

老寨【laox xaih】

金厂【jins cangx】

冲井【congs jenx】

朝阳寨【goc leil】

孔朋【gongx bongc】

猴子坳【goc leil】

公塘村【xangv gongs dangc cuns】

杨家【yangc al】

登冲【dengs xongk】

黄家【huangc al】

袁家【yuanc al】

大槐【dal waic】

撮箕凸【bongh wudc】

田坝【lianv yak】

小槐【xaox waic】

独山【duc xanp】

侗衣【dongl yis】

王潘围村【wangc pans weic cuns】

王潘围【wangc pans weic】

台坝【daic bal】

梨木凸【lic muc bongx】

下地茶【dees dih xeec】

上地茶【wul dih xeec】

巧溪【kop jus】

地茶【dih xeec】

岳寨村【kop nyol cuns】

上岳寨【nyoh wul】

下岳寨【nyoh dees】

高桐油【gaos dongc yuc】

圭轩村【guuis xeenl cuns】

圭轩冲【guuis xeens congs】

盘屋【banc yanc】

黄白冲【huangc beec congs】

冲莲【congs lieenc】

白苗冲【beec miaoc congs】

甫花坡【bux was bos】

等溪【denx qis】

井上【menv wul】

新寨【xaih meik】

烂泥田【lanl nic dieenc】

大河边乡【dal hoc bieens xangs】

大河边村【dal hoc bieens cuns】

大河边【dal hoc bieens】

什会【xic weil】

花椒湾【wap siul wans】

乌闷【wul menl】

登毛【denl maoc】

破屋【yanc aov】

哨坝【yeenv saok】

壕隆【gaop longc】

冲坑【xongs dieet】

小冲【xaox congs】

各坑【goc dangv】

光龙【guangs longc】

盘坡【banc das】

大僚村【daih liaoc cuns】

什福【xic wup】

炉场【luc cangc】

高什福【gaos xic wup】

高沙【gaos sas】

兄寨【gaop yongt】

岑梨湾【jenc meix dil】

马路坳【yiuk max loul】

牛栏冲【nouc lanc congs】

四五寨【siiv wuc xaih】

龙堂坳【longc dangc ngaol】

冲良【xongc liangc】

冷水冲【lenx shuix congs】

小僚【seeus liaoc】

屯上【tenk wul】

大僚【daih liaoc】

菜草坪【cail caox binc】

山环村【xih yant cuns】

平头【biingc douc】

卜登寨【buc dens xaih】

姚寨【gaemh yeeuc】

寨脚【dinl xaih】

平亚沙【bingc yak sap】

各登龙【guoc dens longc】

坪地寨【binc dil xaih】

壕老先【haop laox xeens】

架裸【agv lox】

高坡【gaos bos】

大冲【dal congs】

各塘【goc dangc】

堂细【dangc xil】

乐平村【biingc ngaemc cuns】

黄土坳【huangc tut ngaol】

平能【biingc ngaemc】

杨柳【liangcxip nyenc liup】

冲凸【xongp bongx】

盖岑坡【gail jenc bos】

补晚坡【bux wanx bos】

各冲【go congsc】

冲牙【congs yac】

瓦窑【yeenc ngueex】

大杨柳【dal liangc liup】

壕扛【gaop gangv】

织云乡【xip nyenc xangs】

织云村【xip nyenc cuns】

织云【xip nyenc】

盘良【banc liangc】

普子寨【goc bus】

烂龙【lanl liongc】

赖洞村【oc liais cuns】

赖洞【oc liais】

圭务【guuis wul】

野鸡冲【yeex jis congs】

井背【liaemt menv】

桥上【wul jiuc】

平福村【kok ruc cuns】

课肉【kok ruc】

其某【jic moux】

坝西【bal xis】

高希村【gaos xis cuns】

高希【gaos xis】

高论【gaos lenl】

高道【gaos daol】

牛尾寨【nouc weix xaih】

盘岑凸【banc jenc bongh】

江楼村【meix luc cuns】

江楼寨【meix luc sail】

老寨【laox xaih】

盘地所【banc dih sox】

鱼塘村【nyix rangc cuns】

便赖【bieenl liait】

圭东【guuih dongs】

类寨【leil xaih】

兰玉【lanc liil】

高屯【gaos tenk】

烂入【lanl luc】

老寨【laox sail】

下圭勺【dees guiis zoc】

上圭勺【wul guiis zoc】

西安村【goc xaov cuns】

寨上【xaih wul】

角布坳【goc bul ngaol】

登甫【dens bux】

龙家坡【longc jas bos】

伍家坡【wux jas bos】

凤溪【gaos nyoux】

米溪村【kuiit beev cuns】

平地【bingc dih】

高江【gaos jangs】

凸屯【bongx tenk】

龙保寨【longc baox xaih】

长冲【xangc xongp】

陈家湾【cenc jas wans】

磨王【mot wangc】

上吉【sangl jic】

龟背【guuis beil】

塘王坳【dangc wangc ngaol】

革溪村【geec qis cuns】

革溪【geec qis】

清凉背【qings liangc beil】

楠木坳【nanc muc ngaol】

绿豆坡【luc doul bos】

盘陈坡【banc cenc bos】

龙章村【longc zangs cuns】

平裸【biingc lox】

龙章【longc zangs】

黄柏坳【huangc boc ngaol】

大榜【dal bangx】

登完【dengs wanc】

登洞【dens dongh】

巴宗【bas zongs】

高寨【gaos xaih】

秀桃【xoul taoc】

巴文寨【bas wenc zail】

章程村【zangs cengc cuns】

上坌溪【benl qis wul】

高坌【gaos benl】

杉木坳【sas muc ngaol】

圭猛【guuis mongx】

石灰【sic weis】

靛塘【dingl dangc】

场号【cangc haol】

坪地镇【bingc dil zhenl】

青溪村【guangs weis cuns】

青溪【guangs weis】

冲台【congs daic】

寨秀【xaih yuv】

青木【koup saov】

亚岭【yak lienx】

万丛【wanl songc】

老高坡【laox gaos bos】

邓溪【denl qis】

禾良【woc liangc】

岑落坡【jenc loc bos】

冲门【xongp menc】

禾塘【woc dangc】

高记安【gaos jiv ngans】

竹油【zuc youc】

文昌阁【wenc cangs geec】

翁溪【gaot wongl】

登寨秀【dengs zail xoul】

岑假【jenc jax】

冷水【lial miinp】

麻龙【mac longc】

冲赖【xongp lail】

把邓【bah denv】

邓岑【denl jenc】

便桃村【bieenl taoc cuns】

便洞【bieenl dongl】

石占【sic sanl】

便桃【bieenl taoc】

美豆【meix doh】

登美【dengs meix】

贯寨【wul buc】

盘度【banc dul】

官地【gons dil】

冲化【xongp wal】

雅铎【yax doc】

沙坝【sas bal】

贯多【guonl dos】

美朗【meix langx】

大坪【dal binc】

凸元【bongh yuanc】

石埂村【aos aemh cuns】

石埂【aos aemh】

六丈【louc zangl】

龙塘【longc dangc】

高名洋【gaos minc yangc】

登高西【dengs gaos xis】

领登【lenx dens】

岑落半坡【jenc loc banv das】

球坑【jouc gens】

干洞【gans dongl】

冲凸【xongp bongx】

凉亭【liangc jenc】

冲达【xongp dac】

中名洋【zongs mienc yanc】

各地道【goc dil daol】

登华【dens wac】

杨柳【yangc lioux】

冲竹【xongp guunl】

登茶坡【dens das xeec】

重汉【songl hank】

得洞【dees dongh】

墨溪村【guiih biaop cuns】

蛛丝寨【xaih muk】

墨溪【gueis meec】

永发【yenp kos】

圭烈【guuis lieec】

大冲【dal congs】

美塘【meix dangc】

高方【gaos wangs】

扣老罗【kouk laox loc】

盘美影【banc meix yenx】

龙形地【longc xenc dih】

毫岜银【haop bial yenc】

冲吉茂【xongp jic moul】

岑孝坡【jenc xaol bos】

兆寨村【oc xaos cuns】

兆寨【oc xaos】

平兆【binc saov】

五寨【nguox xaih】

高架【gaos jal】

屯上【wul tenk】

磨老【mot laox】

下银寨【yenc xaih dees】

八禄村【gais wac cuns】

八禄【gais wac】

凸北【bongx beec】

杜家【dul al】

熊家【xongc al】

刘家【louc al】

曹家【caoc al】

坳上【wul ngaol】

壕亚【haop yak】

圭录山【kuiit louc sans】

黄莲【huangc lieenc】

么老【moc laox】

老坟山【dih mot laox】

白家【beec al】

岩鹰坡【ngaic yens bos】

牛尿冲【niuc nyaol congs】

杨家【yangc al】

盘北【banc beec】

黄草坡【huangc caox bos】

枞树林【congc sul lienc】

登翁【dens wongl】

罗家【loc al】

高车村【aos xap cuns】

平寨【bingc xaih】

岩脚寨【ngaic joc xaih】

壕三【haop sans】

冲根【xongp genv】

田坝【lianv yak】

高圭【gaos guuis】

太平村【taik biinc cuns】

亚政【yal zenl】

大冲【dal congs】

上寨【xaih wul】

乌云【wus yunc】

岑良【jenc liangc】

楠木坳【nanc muc ngaol】

暗沟村【nganv ous cuns】

暗沟【nganv ous】

江平【jangs biinc】

天王【dieens wangc】

黄泥坝【lianv wangc tut】

大坳【dal ngaol】

官舟【guons zous】

庙龙【miaol longc】

屯上【tenk wul】

圭报【guuis baol】

得洞【dees dongh】

摸暗【mol anl】

青木坳【qins muc ngaol】

牛头山村【aos doc cuns】

牛头山【aos doc】

龙塘【longc dangc】

地基【dil jis】

元所【yuanc sox】

干朗【ganl langx】

割道【goc daol】

岑文【jenc wenc】

小所【xaox sox】

八阳乡【bac yangc xangs】

那纳村【nal nac cuns】

亚马【yal max】

元头【yuanc douc】

龚家寨【gongs jas zail】

高白【gaos beec】

盘岑亚【banc jenc yak】

亚得【yak dees】

八龙【bac longc】

转洞【zonx dongl】

小圭林【xaox guiis lienc】

八翁【bac ongs】

圭翁【guiis ongs】

八洞【bac dongl】

寨罗【zail loc】

冲木件【xongp muc jeenh】

凸岑山【bongh jenc das】

凸屯村【bongh tenk cuns】

美树坡【meix sul bos】

坝上【wul bal】

高坡龙【gaos bos longc】

长湾沟【cangc wans gous】

大田凸【dal dieenc bongx】

坉坪【tenk biingc】

大平【dav biinc】

干腊【ganl lac】

张家【zangs al】

大孝坡【dal xaol bos】

高桂坡【gaos gueil bos】

唐泥沟【dangc nyic gous】

干格沟【ganl geec gous】

高亏【gaos guuis】

老屋场【dih yanc laox】

乔龙村【jaoc longc cuns】

乔龙坡【jaoc longc bos】

甲板坡【yac banx bos】

乔龙沟【jaoc longc gous】

八浪沟【bac langx gous】

天业【dieens nyeec】

龙家【longc al】

良架坡【liangc jal bos】

高洞【gaos dongh】

坝昌【bal cangs】

爱亚坡【ail yal bos】

吴家【wuc al】

土地坳【dux dil ngaol】

廖家【liaol al】

姚家【yaoc al】

王家【wangc al】

三通鱼【sans dongs liic】

小凸【xaox bongx】

马长坡【max cangc bos】

开树湾【gais sul wans】

屯坡【tenk bos】

八凉亭【bac liangc jenc】

冲当【xongp dangl】

高云脚【gaos yunc joc】

圭横【guuis weengc】

外头【wail douc】

金家【jins al】

阳寨乡【yangc xaih xangs】

阳寨村【yangc xaih cuns】

阳寨【yangc xaih】

小寨【xaih niv】

扣港【kouk xangl】

天堂【qeenp dangc】

亚案【yal nganl】

圭宁【guuis nyenc】

圭务【guuis wul】

干溪【ganl qis】

岭篆【lienx dot】

田家寨【dieenc jas zail】

桂香【guuil xangs】

坪作【biinc zoc】

琴苗【qenc miaoc】

美多【meix dos】

麻栗山【mac lic sans】

岭沟【lienx ous】

贵屋【gueil wuc】

岑闭坡【jenc biv bos】

鬼竹沟【gueix zuc gous】

桂脚村【gueil joc cuns】

半坡【banl bos】

八国【bac gueec】

琴香坝【jenc xangs bal】

琴香【jenc xangs】

桂拜【gueil bail】

绞老万【jaoh laox wanl】

绞柳【jaox lioux】

琴求【jenc jouc】

桂脚【gueil joc】

登纽【dens nyoux】

高桂纽【gaos gueil nyoux】

琴排【jenc baic】

牛坡龙【nyouc longc bos】

冲榜虎【congs bangx hux】

天王凹【dieens wangc aos】

桂袍村【gueil baoc cuns】

石茂【sic moul】

桂袍【gueil baoc】

美甲【meix jac】

八干【bac gans】

桂恩【gueil ngens】

寨脚【zail joc】

圭共【guuis gongl】

长冲【cangc congs】

高干【gaos ganl】

桂山【gueil sans】

上桂山【wul gueil sans】

平爱【biinc ngail】

平丁【biinc jingl】

平丁凹【biinc jingl aol】

干格沟【ganl geec gous】

老屋场【dih yanc laox】

扣会【koul weil】

绞闭【jaox bil】

汪家【wangs al】

高隘【gaos ail】

美隘【meix ail】

铁厂坳【dieec cangx ngaol】

猫猫岩【maos maos ngaic】

盘把【banc bax】

冲甲【congs jac】

高陡【gaos duc】

八界乡【bac jeel xangs】

八界村【bac jeel cuns】

八界【bac jeel】

八德【bac deec】

拾牙【sic yac】

着洞【zoc dongl】

八南【bac nanc】

八圭一【bac gueis yic】

绞往【jaox wangx】

上泥【sangl nyic】

八冲【bac congs】

八爪【bac zax】

八水【bac shuix】

油炸【youc zal】

陈家湾【cenc jas wans】

平磨村【bingc moc cuns】

盘干【banc ganl】

角丝坳【goc sis ngaol】

大寨【xaih laox】

圭宁沟【guuis nyenc gous】

亚约【yal yoc】

小寨【xaih niv】

长冲【cangc congs】

石问【sic wenl】

高院【gaos yuanl】

杨柳坳【yangc lioux ngaol】

干生【ganl shens】

芭蕉冲【bas jaos congs】

冲水井【congs shuix jenx】

塔边【dac bieens】

高南坳【gaos nanc ngaol】

银云坡【yinc yuenc bos】

岑洞坡【jenc dongl bos】

岑南那坡脚【jenc nanc nal bieens bos】

云洞村【yunc dongl cuns】

龙塘【longc dangc】

地妹【dil meil】

老寨【laox zail】

平躲【bingc neel】

王躲【wangc neel】

亚进【yal jenl】

高增【gaos sens】

盘度【banc dul】

凸寨【bongx xaih】

号寨【haol xaih】

高雄干【gaos xongc ganl】

马场坳【max cangc ngaol】

狮子凸【sis zix bongx】

盘那烂【banc nal lanl】

龙背【longc beil】

岑伦【jenc lenc】

蓝田镇【lanc qeens】

蓝田村【lanc qeens cuns】

蓝田街【lanc qeens gais】

杉湾寨【sas wans xaih】

井塘冲【jenx dangc congs】

涌溪冲【goc wongc】

桐木冲【dongc muc congs】

细木冲【xil muc congs】

茄溪冲【jac qis congs】

塘窄冲【dangc zeec congs】

烟登坡【yeenl dens bos】

里伞【aox sanx】

坪地【biinc dih】

对江【deil menc gangs】

南冲【nanc congs】

西南冲【xis nanc congs】

聋子湾【longs zix wans】

田坝【lianv yak】

客婆冲口【geec boc congs】

四门开【sil menc kais】

庄子上【zangs zix wul】

白岩洞【beec ngaic dongl】

烂泥冲【lanl nic congs】

茄溪脚【jac qis joc】

岑补坡【jenc bux bos】

寨上【xaih wul】

下楞寨村【dees lenc xaih cuns】

二甲【nyih gas】

老寨【saih laop】

上楞寨村【sangl lenl zail cuns】

四甲【siiv gac】

十甲【xabl gac】

盘新寨【banc xens saix】

雷坡冲【leic bos congs】

两岔村【guis xeengv cuns】

圭正【guiit xengv】

罗光【loc guangs】

柳溪【goc louc】

梭溪坡脚【goc louc dinl jenc】

毫溪冲【gaos raoc】

登冲【dens xongl】

杞寨村【gaot yaop cuns】

杞寨【gaot yaop】

对门河【deil menc hoc】

寨头村【gaos xaih cuns】

孟烂【mongl lanl】

杨家【yangc al】

中寨【dav xaih】

高寨【gaos xaih】

店边【bieenl jeenv】

冲王【xongp wangc】

寨头【gaos xaih】

黄家村【wangc yaix cuns】

六甲【liogc gas】

七甲【sadp ac】

木涌寨【muc yongx xaih】

布衣冲【bul yis congs】

岑蓝寨【jenc lanc xaih】

孟屯寨【mongl tenk xaih】

杞会坪【jix wik bingc】

金鸡冲【jens jis congs】

吉安【jic ngans】

都甫村【dul fuc cuns】

被寨【beil xaih】

梁家寨【liangc gal】

小寨【saih niv】

大寨【saih leic】

梁家冲【liangc jas congs】

庙边坡【nganl bieens bos】

坝上【bal wul】

坪寨村【jenc top cuns】

坪寨【jenc top】

洪坡【hongc pok】

傅家【ful al】

庙冲【miaol congs】

南冲口【nanc congs koux】

茶油坪【sac youc pingc】

三连冲口【sans lieenc congs koux】

道车【daol cees】

团三脚【donc sans joc】

鱼形【bial xenc】

舒家冲口【sus jas congs koux】

烂木桥村【lanl muc qaoc cuns】

大树脚【dal sul joc】

江金坪【jangs jins bingc】

黄土田【huangc dux dieenc】

陶家庄【taoc jas zangs】

梁山树脚【liangc sans sul joc】

坡脚【dingl das】

塘家冲【dangc jas congs】

刘家【louc al】

补家坡【bux jas bos】

爱头坡【ail douc bos】

布坪村【bul dangl bingc cuns】

寨上【gaos xaih】

分水坳【fens shuix ngaol】

大屋【yanc leic】

大冲口【dal congs koux】

冲甲口【muv xongp jac】

营寨冲口【yenc zail congs】

芭蕉冲口【xongp bav seeus】

甲塘【jac dangc】

地锁村【dih soc cuns】

老寨【xaih laop】

小磨刀冲【moc daos congs niv】

大磨刀冲【moc daos congs leic】

高华村【gaos wac cuns】

高寨塆【gaos xaih】

上寨塆【xaih wul】

岩背村【ngaic beil cuns】

竹园【yeenp guunl】

岩背【ngaic beil】

岩脚【ngaic joc】

腊坡脚【lac bos joc】

唐家屯【dangc al tenk】

盘田【banc dieenc】

烂泥冲【lanl nic congs】

三联村【sans lieenc cuns】

大元头【dal yuanc dou】

躮元头【neel yuanc douc】

黄公坡脚【dinl huangc gongs bos】

黄公坡头【gaos huangc gongs bos】

半坡【banv das】

高岩脚【gaos ngaic joc】

落水孔【loc suix gongx】

差头羊【gail douc yangc】

大面坡【dal mieenh bos】

布刀坪【bul daos bingc】

瓮洞镇【ongv dongh zhenl】

瓮洞村【ongv dongh cuns】

瓮洞街【ongv dongh xangc】

鱼梁头【yuc liangc douc】

屋脚【dinl yanc】

大坳坡【dal ngaol bos】

梅子坡【meic zix bos】

黄虎冲【huangc hux congs】

瓮瓦溪【ongk wax qis】

大坵田【dal jous dieenc】

老禾田【laox hoc dieenc】

杨家坪【yangc jas bingc】

大园坪【dal yuanc bingc】

岩洞脚【ngaic dongl joc】

洞头墖【dongl douc sas】

卷冲【jonc congs】

烟灯脚【yeenl denl joc】

楠木冲【nanc muc congs】

阳合村【yangc hoc cuns】

阳合【yangc hoc】

木江塖【muc jangs cenc】

大竹塆【dal zuc wans】

塘寨【dangc xaih】

半坡龙【banl bos longc】

阳合溪【yangc hoc qis】

桃竹【daoc zuc】

芭蕉坡【bas jaos bos】

大塖【dal cenc】

麦冲【meec congs】

白竹坡【beec zuc bos】

芭蕉冲【bas jaos congs】

苗冲【miaoc congs】

水路田【suix loul dieenc】

黄巡村【huangc xunc cuns】

寨上【xaih wul】

上洞【wul dongh】

下洞【dees dongh】

竹园【yeenp guunl】

杨家【yangc al】

竹山【das guunl】

田冲【dieenc congs】

坳背【ngaol boih】

茶树坳【cac sul ngaol】

土地塆【dal dil wans】

大坡【dal bos】

挖掘冲【was joic congs】

枫木林【fongs muc liinc】

竹子冲【zuc zix congs】

岑板村【jenc banx cuns】

岑板【jenc banx】

龙塘【longc dangc】

黄家【huangc al】

车塘【cees dangc】

车溪【cees qis】

蒋家【jangx al】

大冲头【dal congs douc】

干冲【gans congs】

赖冲【lail congs】

老屋场【dih yanc laox】

对门江【deil menc jangs】

吴家【wuc al】

竹头【gaos guunl】

客寨村【geec saix cuns】

寨上【xaih wul】

桥头【gaos jiuc】

石家【sic al】

瓦窑江【wax yaoc jangs】

对江【deil jangs】

黄公溪【huangc gongs qis】

黄公坡【huangc gongs bos】

鸡屎塆【jis six wans】

大面坡【dal mieenl bos】

苗田冲【miaoc dieenc congs】

梭坪村【sos biinc cuns】

梭坪【sos biinc】

店上【jeenv wul】

黄土坎【huangc dux kanx】

孙家寨【sens jas zail】

罗家塆【loc jas wans】

牛草坡【nyouc caox bos】

杨家塆【yangc jas wans】

鸡婆田【yak neix aiv】

栗木山【das ladc】

书家溪【sus jas qis】

山脚龙【sans joc longc】

铁炉冲【xongp luc tadp】

三角丘【sans joc jius】

兔子丘【tuk zix jius】

凉柳塘【liangc lioux dangc】

榜心坡【bangx xens bos】

下炉山【dees luc sans】

羊子坳【yangc zix ngaol】

板栗坡【das ladc】

巨潭村【joil tanc cuns】

大沙坡【dal sap bos】

寨上【xaih wul】

阳火塖【yangc hox cenc】

烂泥塆【lanl nic wans】

架枧溪【jal jeenl qis】

大秧田【dal jeenx dieenc】

清鱼塘【qings lliic dangc】

尖山村【jeens sans cuns】

爱理贤【ail liix xeenc】

老屋塆【laox wuc wans】

六尺坡【das liogc xih】

泻上【xeel wul】

大坡【das laox】

报木田【baol muc dieenc】

杉木塆【sas muc wans】

架桥冲【jal qaoc congs】

大墖坪【dal sas biinc】

大坪头【dal douc biinc】

同心村【dongc xens cuns】

白竹段【beec zuc donl】

萝卜山【loc bos sans】

双木坳【sangs muc ngaol】

黄山田【huangc sans dieenc】

油榨塆【youc zal wans】

大塆【dal wans】

陶家【taoc al】

关上村【kaop guanl cuns】

关上【kaop guanl】

坡头【gaos das】

地灰溪【dil weis qis】

金紫村【jins zix cuns】

坳背【ngaol beil】

上塆【wul wans】

下塆【dees wans】

牛路坡【das kenp doc】

躲冲坳【neel congs ngaol】

肖家村【xaos jas cuns】

肖家坡【xaos jas bos】

白泥田【beec nic dieenc】

胡背垛【huc beil dox】

邪洞脚【xeec dongl joc】

躲房【neel fangc】

分石溪【fens sic qis】

石柳村【louc qik cuns】

台上田【daic sangl dieenc】

梨木坳【lic muc ngaol】

周家【zous al】

田家坡【dieenc jas bos】

大牛塘【dal nyouc dangc】

龙家塆【longc jas wans】

梧桐坳【wuc dongc ngaol】

栗家坪【lic jas biinc】

库塘塆【gul dangc wans】

长滩【dans yait】

黄家田【huangc jas dieenc】

上屋【wul yanc】

中柳村【zongs lioux cuns】

田坎上【wul jenl yak】

张家坡【zangs jas bos】

钓鱼洞【daol yuc dongh】

屋长田【wuc cangc dieenc】

尧子田【yaoc zix dieenc】

坳颈田【ngaol jenx dieenc】

坳头田【ngaol douc dieenc】

老屋场【dih yanc aov】

陈家冲【cenc jas congs】

鸦鸡坡【yax jis bos】

庙背阳【miaol beil yangc】

牛塘坡【nyouc dangc bos】

躲皮冲【neel biic congs】

上柳村【sangl lioux cuns】

张家【zangs al】

肖家【xaos al】

胡家【huc al】

唐家【dangc al】

大界【jaiv laox】

枫木林【fengs muc lienc】

徐家坡【xuc jas bos】

三合乡【gaop xeev xangs】

三岔塘村【xeev dangc cuns】

下寨【xeev dangc dees】

上寨【xeev dangc wul】

坪坤【biingc guunl】

凤维【jix weix】

阳杰【yangc qeec】

下段【donl dees】

贡溪村【gaoc gongv cuns】

贡溪【gaoc gongv】

塘楠【dangc nanx】

刺猪冲【xongp weix muk】

茂村【maol cuns】

莫曼【moh manp】

坪培【jenc peik】

梨木山【gaemh meix deiv】

双溪坪【kaot hangk】

翁溪【gaop wongv】

双溪坡【jaoh hangk】

岩板坡【dial weenh】

怀溪冲【waic qis congs】

蒲溪村【gaos hous cuns】

上寨【xaih wul】

盘龙【gaot liongc】

老屋【yanc laop】

祖坟脚【das mot】

庙背【miaol beil】

塘团【dangc guongc】

天堂【bieenl dangc】

其流【jih yov】

枫木【wangc haok】

石斗【xik houc】

登着【kop sok】

上竹山【wangc wenh wul】

下竹山【wangc wenh dees】

闪溪村【gaoc yens cuns】

闪溪【gaoc yens】

老屋【yanc laop】

塘涧村【dangc ganl cuns】

塘涧【dangc ganl】

塘龙【dangc liongc】

坪罗【bingc loc】

冲蛇【xongp doc】

禾高坡【goc gaos】

公闪村【yav raox cuns】

下公道【yav raox dees】

塘豹【dangc beeux】

新田【yav meik】

三田【yav sans】

卯溪【yav maoc】

窝溪【wol qik】

杨柳【liangc liup】

木松【meic songs】

新溪【xens qis】

朝阳【suic caoc】

青木【lieec lieenx】

芭蕉【qoup nyout】

小阿桃【wul daoc】

冲荣【xongp yongc】

冲会【xongp wik】

大田【dal dieenc】

甲塘【jac dangc】

稳江村【gaoc wenx cuns】

中江【zongs jangs】

下稳溪【gaoc wenx】

章文【zangl wenp】

半坡【banv das】

阿泥【as nic】

盘岑【banc jenc】

阿场【wol qiangc】

坪坝【biingc bav】

稳龙【wenx longc】

碧雅村【dis yaix cuns】

碧雅【dis yaix】

高坡【gaos das】

高家【lenc pangk】

溪口【qis koux】

下阿寿【woh xuv dees】

阿麻【wul miac】

阿学【wul xop】

上碧雅村【dic yaix cuns】

大豪【daih haok】

老寨【laox zail】

阿玉【as yul】

勒王【leec eangc】

比至【piip jiv】

高山【gaos das】

罗家坡【loc jas pos】

上阿寿【woh xuv wul】

凤阿村【gop wov cuns】

子德冲【zix deec congs】

上段【wul donh】

新庵【xens nganl】

新冲【xens congs】

簸箕山【pox jis sans】

楼梯屯【tenk dees】

干洞【ganl dongl】

黄柏寨【guih sanv】

背子坡【beil zix bos】

阿兔【wul tuk】

刘家【liuc al】

大段乡【daih donx xangs】

大段村【daih donx cuns】

青山脚【qings sans joc】

背后冲【liaems xongp】

坪寨【bingc zail】

粘禾埰【sans hoc cenc】

斗寨【doux saih】

皮冲村【bic congs cuns】

龙冲【longx congk】

躲阳【neel yangc】

盘坡【banc das】

塘家冲【dangc jas congs】

上皮冲【sangl bos congs】

舒家【sus al】

桐油堷【dongc youc wans】

湾内【aox wans】

大竹湾【dal zuc wans】

张家湾【zangs jas wans】

石羊冲【sic yangc congs】

塘冲口【dangc congs koux】

新化村【xens wak cuns】

下寨【dees xaih】

上寨【wul xaih】

坪洞【biinc dongl】

禾利冲【hoc liil congs】

老屋【yanc aov】

新屋【yanc meik】

瓮瓦村【ongv wap cuns】

銮塘【lonc dangc】

新寨【xaih meik】

刘家【liuc al】

邓家【dengv al】

老寨【xaih laox】

桐油坪【bingc dongc youc】

大堷坪【dal sas biinc】

杨家【yangc al】

雷合村【leic gongs congs cuns】

田头【gaos yak】

寨上【xaih wul】

溪坎上【qis kanx wul】

八甲【bac jac】

岑干村【ganl qik cuns】

老屋冲【laox wuc congs】

牛塘【nyouc dangc】

岑林【jenc lienc】

干溪【ganl qis】

倒冲【daov xongp】

柑子坪【joic zix biinc】

聚溪村【gaop heiv cuns】

聚溪【juil heiv】

街上【oc ail】

甫脚【bux joc】

黄家【huangc al】

松柏湾【songs beec wans】

上寨【wul xaih】

中寨【dav xaih】

洋海【yangc haix】

哨上【gaop saov】

七层【sadl senc】

下寨【dees xaih】

半江【banv nyal】

上瓜田【rav gual】

农溪【haol nongx】

盘西禾【banh xih wop】

关坪【jaos guunl】

秦家坡【guaemh jenc】

莆发坡【box wac bos】

美溪冲【gaos meih】

木楼【yanc meix】

务溪【wul qis】

牛塘【nyouc dangc】

什烈坡【sic lieec bos】

菊风【juc wengp】

冲天炉【congs dieens luc】

皮炼寨【bic lieenl xaih】

琪肖坡【qic xaos bos】

交崩【jaoh bens】

分水岭【fens suix liengx】

注溪乡【gaop youv xangs】

上注溪村【xangv youv cuns】

街上【gaos gaiv】

槐花【gaemx wul】

天炮【ltieent paok】

兴隆【gaemx miiuh】

竹山【dees das guunl】

盘岑【banc jenc】

冲王【xongs wangc】

奎贡【yeenv gongv】

合阳【woc yangc】

双田【hav sangk】

下注溪村【hak yuv cuns】

下注溪【hak yuv】

内杷乐【jix wop dens】

外杷乐【jix wop bah】

桶溪口【gaemx dongs】

坝上【wul bav】

下瓜田【rav gual dees】

正王【zenx wangc】

结合【gaot jeec】

木新【meix gaos】

木桑【meix sangp】

金盆【jiml benc】

五甲冲【xongp wop gal】

麻栗冲【xongp meix lix】

尖谷冲【jeens guc congs】

盘岑坡【banc jenc bos】

并头坡【bings douc bos】

孔朋【kongx bongc】

黄家【huangc al】

石桥【jiuc jinl】

奎所【guis sos】

冲家【congl qap】

猴子坡【goc leil】

远口镇【yuanx out zhenl】

远口居民委员会【yuanx out juis mienc weix yuanc weip】

衙门路【yac menc loul】

城墙街【xenc xangc ail】

解放巷【jaix fangl xangl】

下街【dees ail】

新街【ail meik】

远口村【yuanx out cuns】

老寨【laox xaih】

桥头【gaos jiuc】

金鸡冲【jins jis congs】

南子庵【nanc zix ngans】

衙门背【liaemt yac menc】

黄瓜塘【dangc gueel】

杨公冲【xongp yangc gongs】

远口乡【yuanx out xangs】

黄田村【huangc dieenc cuns】

老黄田【laox wangc dieenc】

大拱桥【gongx jiuc leic】

半山【banv das】

拖木埰【cenc top meix】

杨柳塘【dangc yangc lioux】

岩鹰冲村【ngaic yins congs cuns】

岩鹰冲【ngaic yins congs】

细蜡塆【xil lac wans】

李家山【lix jas sans】

白岩嘴【muv beec ngaic】

烂木江【lanl muc jangs】

客乡村【geec xangs cuns】

客乡寨【geec xangs zail】

塆内【aox wans】

饭香埰【fanl xangs cenc】

章埰【zangs cenc】

黄公冲【huangc gongs congs】

新田【xees dieenc】

鸬鹚村【luc cic cuns】

上鸬鹚【wul luc cic】

下鸬鹚【dees luc cic】

月山背【yeec sans beil】

渡口【dul koux】

扒草【bac caox】

溪脚【qis joc】

岩田【ngaic dieenc】

农林村【nongc lienc cuns】

躲八草【neel bac caox】

和平【hoc biinc】

新开田【eip yav meik】

鸡鸭田【jis yac dieenc】

新市村【xens sil cuns】

新市【xens sil】

瓦厂【wax cangx】

中间队【zongs jeens deil】

大街【dav ail】

新上【xens wul】

躲街【ail niv】

新民【xens miinc】

芹菜田【qinc cail dieenc】

中团村【zongs donc cuns】

中团【zongs donc】

新团【xens donc】

客冲【geec congs】

观音塆【guons yens wans】

磨山村【moc sans cuns】

磨山【moc sans】

龙家冲【longc jas congs】

中间【zongs jeens】

安架【ngans jal】

麻尼冲【mac nic congs】

田内【dieenc neil】

坳背【ngaol boih】

磨形【mot xenc】

寨上【xaih wul】

塔背【dac beil】

月形【yuec xenc】

潘寨村【pans zaih cuns】

毛管冲【maoc guonx congs】

盘上【banc wul】

坳脚【ngaol joc】

桥头【gaos jiuc】

蒋家【jangx al】

茶山【das xeec】

塆脚【wans joc】

塆头【wans douc】

横坡【das weengc】

干冲【ganl congs】

百秀【beec xoul】

栗木脚【lic muc joc】

坡脚村【bos joc cuns】

坡脚【bos joc】

要津溪【yaol jens qis】

黄家【huangc al】

新屋塆【xens wuc wans】

叶家【yeel al】

清云村【qings yunc cuns】

云潭湾【yunc tanc wans】

向家【xangl al】

矮寨【xaih taemk】

街头【gaos ail】

庙脚【dinl miiut】

躲寨【neel xaih】

寨头【gaos xaih】

万益村【wanl yic cuns】

万益【wanl yic】

寨头【gaos xaih】

寨脚【dinl xaih】

中寨【dav xaih】

杨高田【yangc gaos dieenc】

半坡【banv das】

广溪村【guangx qis cuns】

广溪【guangx qis】

大溪【dal qis】

老寨【laox xaih】

隆田【longc dieenc】

桥头【gaos jiuc】

高偏【gaos bieent】

半冲【banv xongp】

中林【zongs lienc】

桐油塆【dongc youc wans】

冲头【gaos xongp】

重溪【zongl qis】

远洞村【yuanx dongl cuns】

山林脚【dinl das】

土地冲【xongp tut dih】

石家坪【sic jas biinc】

老寨【laox xaih】

塘冲【dangc xongp】

坌处镇【benx juik zhenl】

坌处街居民委员会【benx juik gais juis mienc weix yuanc weip】

坌处村【benx juik cuns】

坌处【benx juik】

大田段【oc bianv】

清浪村【qenp langh cuns】

清浪【qenp langh】

宰贡村【xaih gongv cuns】

宰贡【xaih gongv】

宰告【xaih gaov】

圭雄溪【gaos qongt】

长滩村【cangc tanp cuns】

长滩【cangc tanp】

长田【xangc jeenc】

盘家田【banc kat jinc】

兴坡【baix pongt】

圭躲溪【kuiit neel qis】

三门塘村【sanp menc dangc cuns】

三门溪【bah kuit】

喇赖【lac lail】

乌岩溪【kuiis ngaic】

三门塘【sanp menc dangc】

岩盘村【ngaic banc cuns】

岩盘溪【ngaic banc qis】

铜锣段【dongc loc donh】

孔安村【xongp anh cuns】

冲安【xongp anh】

孔阜【dongh bouv】

大冲村【daih xongp cuns】

大冲【daih xongp】

寨背【xaih boih】

花树角【was sul joc】

相柳村【xangl lioux cuns】

相柳【xangl lioux】

地柳【dih loux】

相公堂【xangl gongs dangc】

盖连【gail lieenc】

冲头【xongp douc】

鸡婆田村【jis boc deenc cuns】

鸡田【jis dieenc】

干田【ganl deenc】

地冲村【kat beix cuns】

地冲【kat beix】

魁广【jongc guangs】

地兰村【dih lanc cuns】

地兰【dih lanc】

地良田【yak dih liangc】

凸上【wul bongh】

岑坪【jenc biingc】

九界【jus jeiv】

杉木冲【sat muc xongp】

岩鹰形【ngaic yens xenc】

灯盘【dengs banc】

杨家乡【yangc al xangs】

杨家村【yangc jas sail cuns】

双溪村【sangs xip cuns】

地坌村【dil benh cuns】

地坌【dil benh】

龙形脚【dinl longc xenc】

老鹰坡【laox yins bos】

麻羊村【mat yangc cuns】

麻羊【mat yangc】

长田角【kok cangc dieenc】

屋背冲【wuc beil congs】

新庄【xins zuangs】

下麻羊【mat yangc dees】

老洞溪【laox dongl qis】

老寨头【laox douc zail】

尧田村【yaoc dieenc cuns】

菜溪村【cail qis cuns】

花里村【was liix cuns】

花里【was liix】

王滩【wangc tans】

三槐【sans waic】

湳头村【nanc douc cuns】

湳头【nanc douc】

庄家【zuangs al】

秀田村【xoul dieenc cuns】

秀田【xoul dieenc】

丫婆坳【yas poc ngaol】

中寨乡【zongt saih xangs】

中寨村【zongt saih cuns】

中寨【zongt saih】

小寨【saih niv】

上牛【wul doc】

架枧【jal jeenk】

庙背【liaemt miiuh】

老寨【laox saih】

凉亭脚【liangc dienc joc】

偏坡村【xaih sav cuns】

平茫村【biingc mangt cuns】

平茫【biingc mangt】

洞腊溪【ongh lags】

九福堂【joux wux dangx】

雅地村【yac jih cuns】

雅地【yac jih】

上田【wul yak】

抱塘村【baol dangc cuns】

大山村【das laox cuns】

大山【das laox】

凤形塆【fongl xenc wans】

唐家坳【dangc jas ngaol】

长田【yav yait】

罗家塆【loc jas wans】

新寨【xaih meik】

玉园塆【liil lieenc wans】

彭家冲【benc gas congp】

花街【wap ail】

马形【max xenc】

坳背【ngaol boih】

蒋溪村【jangs qip cuns】

蒋溪【jangs qip】

巴冲【bas congt】

凤林村【fongl lienc cuns】

凤林【fongl lienc】

横坡【das weengc】

瓦厂【wax sangx】

竹林乡【zhuc lienc xangs】

竹林村【zhuc lienc cuns】

新场【xens cangc】

竹寨【zhuc sail】

中心寨【dav xaih】

刘家【liuc al】

明光【mienc guangs】

交通【jaos tongs】

芳冲【fangs congs】

栗木坪村【liic muc biinc cuns】

栗木坪【liic muc biinc】

玉章【yul zhangs】

梅花村【meic wap cuns】

梅花寨【meic was saih】

老埂冲【laox genl xongp】

洞上【wul dongh】

吴家埰【wuc al cenc】

三岔头【gaos samp xeev】

长兴【cangc xens】

宋岩坡【songl ngaic bos】

黄土丘【gangh huangc tut】

棉花村【meenc was cuns】

棉花坪【meenc was biinc】

塘冲【dangc congs】

牛田口【nyouc dieenc koux】

淘金【daoc jins】

高坡村【gaos bos cuns】

凯寨村【gaix sail cuns】

新寨村【xens sail cuns】

龙塘村【liongc dangc cuns】

龙塘【liongc dangc】

半塘【banv dangc】

半溪【banv kuiit】

油埪脚【youc sas joc】

皆雅【xeec yax】

凸上【bongh sangl】

弯田【wans dieenc】

地湖乡【dil huc xangs】

地湖村【dil huc cuns】

三背垮【sans beil wans】

岩板头【ngaic banx touc】

甄家墓【zhens jas moul】

三管团【sans guanx tonc】

龙毛【longc maoc】

桥冲【qaoc congs】

园界脚村【yuanc jail joc cuns】

园界脚【yuanc jail joc】

板栗山【banx lic shans】

李家团【lix jas tonc】

罗家塆【loc jas wans】

碾子背【nyeenx zix beil】

众塘【songl tangc】

独坡【duc pos】

江口村【jangs koux cuns】

大树脚【dal shul joc】

江口【jangs koux】

射箭冲【seel jeenl congs】

岩鼓村【ngaic guux cuns】

岩鼓【ngaic guux】

佑家【youl jas】

马坪【max biinc】

大坪【dal biinc】

埂田【genl dieenc】

傍山【bangc shans】

中河村【zhongs hoc cuns】

石桥头【shic qaoc touc】

星子【xens zix】

朱家塆【zhus jas qans】

龙形【longc xenc】

蒋家塆【jangx jas wans】

大样乡【dal yangl xangs】

元田村【dal yangl cuns】

大门背【dal menc beil】

蒋家塆【jangx jas wans】

桥头塆【qaoc touc wans】

荒田冲【huangs dieenc congs】

下岩团【xal ngaic tonc】

大冲【dal congs】

会田村【huil dieenc cons】

下寨村【xal zhail cuns】

下寨【xal zhail】

竹团寨【zhuc tonc zhail】

坡斗【pos toux】

豆田冲【doul dieenc congs】

对门溪【deil menc qis】

躲庙脚【neel miaol joc】

大样村【dal yangl cuns】

学堂背【xoc tangc beil】

棉花坪【mieenc was biinc】

阳家【yangc jas】

店上【dieenl shangl】

界上【jail shangl】

客冲【keec congs】

搡脊背【cenc jic beil】

场上【changc shangl】

安浪村【ngans langl cuns】

安浪【ngans langl】

火烧界【hox shaos jaiv】

长田塆【changc dieenc wans】

白禾冲【beec hoc congs】

栗木垛【lic muc cenc】

塘坎上【tangc kanx shangl】

界背【jail beil】

高酿镇【gaos nangk zhenl】

老街村【xangc aov cuns】

老街【xangc aov】

马路【xangc meik】

桐木寨【daoc wot】

彩寨【dav xaih】

白坌村【beeh wenl cuns】

白坌【beeh wenl】

盖连【jiv liings】

高盘【gaos banc】

老海村【logx woit cuns】

老海冲【logx woit xongp】

高岑【gaos jenc】

皎凡村【jaoh yanc cuns】

春花村【xip wap cuns】

上花【xangk wap】

泡木冲【baok muc xongp】

良台【liangc daic】

岑亚【jenc yak】

龙家寨【xaih longc al】

白瑞【bah xuik】

盘塘界【banc dangc liongc】

冲德【xongp deel】

唐霞【dangc ac】

冲录【xongp luc】

上花村【xangv wap cuns】

上花寨【xangk wap xaih】

板寨【banc xaih weent】

黄花【wangc wap】

演德【yeenh dees】

演大【yeenh dav】

大冲德【dav xongp deev】

兴隆村【xaih liongc cuns】

丰保村【xaih lonh cuns】

章保寨【xaih lonh】

补油【bux yuc】

盘岑秀【banc jenc eeuk】

枫木寨【meix yaop】

八家桥【bac jas jiuc】

大方村【donh fangs cuns】

大圭村【kangt langk cuns】

大圭【kangt langk laox】

小圭【kangt langk nyeeus】

老来溪村【oc liaic cuns】

三寨村【sanp xaih cuns】

三寨【sanp xaih】

平地【bih liih】

新寨【oc lonc】

粟家【sup al】

定寨【xaih lieengk】

岑桐【jenc dongc】

章寨村【xaih langl cuns】

章寨【xaih langl】

中央坪【xongl yangp】

更寨【meix yak】

官州【gul lul】

岜旁【pial pangp】

上郎【xangs langc】

亚大村【yak dav cuns】

良瑞村【liangc xuiv cuns】

良瑞【liangc xuiv】

石浮【lagx jax】

干桃【anl daoc】

卜洞村【jongl miangc cuns】

界牌村【ail waic cuns】

坪场村【biingc xangc cuns】

平皂村【biingc saov cuns】

美引村【meix yaemx cuns】

凸洞乡【bongx dongl xangs】

甘洞村【oc aml cuns】

街上【xangc aml】

岑孩【jenc yait】

凸登【bongh daeml】

上坪【jenc ngeex】

下坪【jenc ngeex dees】

小杨【yangc al nyeeus】

龚家【gongl al】

老杨【yangc al laox】

洞边【dongh aml】

下乐【lak lol】

圭龙【kuiit longc】

瓮弄【ongl longl】

冲孩【xongp yait】

蓝畔【lanc pangp】

岑猛【jenc mongt】

冲登【xongp daeml】

木杉村【miic yap cuns】

木杉【miic yap】

高方【gaos wangp】

平墓【bingc mot】

仁他【liaemh das】

腊寨【lac xaih】

德烂【dees lanh】

漂洞【oc pieeuk】

高田【gaos deenc】

地良村【dil liangc cuns】

姚家【yaoc al】

大寨【xaih laox】

浩寨【xaih haok】

寅寨【yenc xaih】

步甲【boul kap】

豪大【haop dav】

德仁【dees lenc】

阳山【yangc xanp】

登文【dengs wenc】

平棍【biingc guunl】

求富【jouc wul】

龙皎【liongh jaoh】

黄上【wangc xangk】

翁里【ongs lix】

盘岭【banc lenx】

优洞村【oc youh cuns】

地多【dih dov】

凸寨【aemh xaih】

高优【gaos youh】

美先【meix yeent】

美阳【meix yangc】

美引【meix yaemx】

化前【yak wav bah】

化后【yak wov dens】

坝脚【bah lianv】

圭求【kuiit jouc】

岑孔【jenc jongx】

盘岑【banc jenc】

高鲁【gaos lus】

高冲【gaos xongt】

勒洞村【oc lees cuns】

长冲【xangc xongp】

勒洞【oc lees】

老寨【xaih laox】

茂衣【mot yit】

平桃【biingc daoc】

万合【aems jous】

石宝【yav xip waot】

岑排【jenc baic】

地棉【dih miinc】

高荻【gaos weeh】

硝洞村【oc xaot cuns】

小硝【xaot niv】

大硝【xaot leic】

瑶江村【miiul gangl cuns】

瑶江【miiul gangl】

高寸【gaos senv】

圭地【kuiit jeiv】

德寨【dees saik】

邦寨乡【bangs zhail xangs】

邦寨村【bangs zhail cuns】

邦寨【bangs zhail】

塘团【dangc donc】

达林【dac lenc】

高银寨【gaos yenc xaih】

盘庵堂【banc anl dangc】

洋漆寨【yangc sadp xaih】

登寨屋【dens xaih wodt】

地坝村【dih bav cuns】

地坝【dih bav】

长冲【xangc xongp】

流利【luc liv】

塘入【dangc ludx】

翁伦【ongh laemc】

冲沙【xongp sap】

富荣村【wup yongc cuns】

上寨【wup yongc wul】

下寨【wup yongc dees】

口洞村【oc out cuns】

口洞【oc out】

富学【onv nyop】

寨号【xaih haok】

岑烂【jenc lanl】

坐寨村【oc soh cuns】

坐寨【oc soh】

马鞍【max ans】

地引村【dih ids cuns】

地引【dih ids】

必弄【bic nongl】

盘陆【panc liogc】

细普【xiv bux】

盘他【banc das】

马任【gaos laoh】

岜阴【bial yenl】

克烈村【eel lieec cuns】

克烈【eel lieec】

冲杠【xongp angv】

潘家寨【ponp al】

圭大村【kuiit dal cuns】

圭大【kuiit dal】

坡脚【dinl jenc】

金冲【xongp jiml】

石洞镇【sic dongl zhenl】

石洞村【sic dongl cuns】

石洞街【oc xangc】

坝平【bav liinc】

天堂【xaih jiangc】

皮厦村【bic yat cuns】

皮厦【bic yat】

吴家【wuc al】

平墓【biingc mot】

高坉村【gaos tenk cuns】

登闷【dens menv】

团野【dunc ngueex】

里王【liix wangc】

槐寨村【oc aic cuns】

槐阳【aic yangc】

槐平【aic biingc】

新明【xongp kap】

大定【yak genv】

毛仁【maoc nyenc】

岑提【jenc dic】

圭广【kuiit guangx】

岑魁【jenc kueis】

旧寨【oc juv】

茂腊【mot lac】

汉寨村【xaih hank cuns】

汉寨【xaih hank】

乐寨【lox saiv】

下马【yak max】

计同【jiv dongc】

罗家【loc al】

坉雷村【tenk leic cuns】

下坉【liaemt tenk】

上坉【wul tenk】

罗家【loc al】

上佑【nyal youk wul】

下佑【nyal youk dees】

岜如【bial lup】

高计【gaos jil】

凸大【bongh dav】

空中村【oc gongl cuns】

坉集村【tenk siic cuns】

坉集【tenk siic】

亚美【yav meik】

高佑【gaos youk】

高渺村【gaos miaot cuns】

高渺【gaos miaot】

通太【tongt taik】

高婆娘【gaos boc nyangc】

庇佑村【biic youp cuns】

庇佑【biic youp】

靶岑【bah jenc】

靶龙【bah liongc】

靶阳【bah yangc】

大坪【biingc mah】

他团【das donc】

塘龙【dangc liongc】

牛鼻山【nangl doc】

岑寸【jenc senv】

吊茶【jiuh xeec】

引高【yenx aos】

水洞乡【naemx miidc xangs】

高旦村【gaos danv cuns】

高旦【gaos danv】

三铺地【sammp put dih】

德塔【dees dat】

平地村【xaih siit cuns】

平地【mangv siit】

岑烂【jenc lanl】

万家【wanh al】

登路【daeml louv】

吴家【wuc al】

客寨村【oc segt cuns】

盖浪【xaih yangv】

果正【oc xeengv】

富寨【xaih nguuh】

王家【wangc al】

墓老村【mot laox cuns】

墓老【mot laox】

布任【aol biaeml】

下括【yak kuap】

高坪村【gaos senl cuns】

登鳌【daeml ngaoc】

各槽【oc saoc】

高便【gaos pieenv】

密江【miiul langl】

尚卜【xangh buc】

柳寨村【miil yaiv cuns】

柳寨【miil yaiv】

田坝【oc bianv】

高车【jenc joih】

唐寨【dangc daih】

里翁【gangh laox】

摆洞村【oc biaix cuns】

大河【nyal laox】

小河【nyal niv】

坉老【tenk laox】

谢寨村【oc xah cuns】

刘家【liuuc al】

唐家【dangc al】

宋家【songv al】

冲敏村【xongp mint cuns】

冲敏【xongp mint】

美妖【meix yaop】

各立【oc liix】

圭照【kuiit xaol】

龙排【liongc baic】

乌龟【mot gaov】

大步【daih buh】

妙福【miiul wuc】

平甲【biingc qap】

孟碑【mangl bis】

莲花山【lieen wap xanp】

都岭乡【dus lienx xangs】

平墓村【biingc mot cuns】

平墓【biingc mot】

早秀【saox xouv】

下艾【yak aiv】

竹坪【qok biingc】

岑老【jenc laox】

宰位村【xaih wik cuns】

中寨【dav xaih】

高寨【gaos xaih】

高裸【gaos lox】

岑卜村【jenc juc cuns】

岑卜【jenc juc】

高尚野【gaos xangv yeex】

盘杠村【banc gangv cuns】

盘杠【banc gangv】

岜仙【bial xeeup】

步甲村【boul qap cuns】

下步甲【bul qap dees】

上步甲【bul qap wul】

平腾【bbingc daemc】

洞蒙【dongh maemx】

坉上【wul tenk】

下腾村【nyal daemc cuns】

下腾【nyal daemc】

坝流【bal louc】

美新村【jenc meix cuns】

美新寨【jenc meix idt】

构皮冲【xongp kap】

平完【biingc wanc】

登完【dens wanc】

长冲【xongp yait】

地笋村【dih lenx cuns】

盘店【banc jeenv】

延邓【yeenp daeml】

对门寨【xaih doiv lanl】

登寨【dens xaih】

圭烈【kuiit lieec】

金凤村【oc maemp cuns】

黄桥村【oc jouc cuns】

大坪村【dal biinc cuns】

大坪【dal biinc】

高瓦【gaos wax】

高敏村【gaos minx cuns】

岑敏【jenc minx】

高便【gaos lieenv】

高腰【gaos yaoh】

洞陆【dongh lout】

洞所【dongh sox】

各计【oc jil】

圭雅【kuiit nyax】

高枝【gaos xeis】

登旁【daeml bangc】

圭愁【kuiit souc】

白市镇【beec sil zhenl】

白市村【beec sil cuns】

街上【jees shangl】

白岩塘【beec ngaic tangc】

燕子湾【yeenl zix wans】

寺平舟【sil bienc zhous】

玉平山【yul biinc shans】

院背【yuanl beil】

盘塘【banc tangc】

长埰【changc cenc】

坪内村【biinc neil cuns】

坪内【biinc neil】

绠洞【genl dongl】

上边溪【shangl bieenl qis】

下边溪【xal bieenl qis】

土库田【dux kuuk dieenc】

炉坡村【luc bos cuns】

上姚家祖【shangl yaoc jas zux】

姚家祖【yaoc jas zux】

大炉坡【dal luc pos】

表田冲【biaox dieenc congs】

骑龙田【qic longc dianc】

窑上村【yaoc sangl cuns】

窑上【yaoc sangl】

塘头【tangc touc】

舒家湾【shus jas wans】

龙家颈【longc jas jenx】

木头田【muc touc dieenc】

大塘贤【dal tangc xeenc】

甲子湾【jac zix wans】

旱禾冲【hanl hoc congs】

竹连田【zhuc lieenc dieenc】

吴家冲【wuc jas congs】

汶溪村【wenc qis cuns】

新舟村【xins zhous cuns】

新舟【xins zhous】

舒家【shus jas】

大团墖【daldonc sas】

马塘【max tangc】

白栎湾【beec sol wans】

桐木冲【tongc muc congs】

坳头阳【aol touc yangc】

栗木坪【lic muc biinc】

裤脚坪【kuuk joc biinc】

曾家【zens jas】

闷头【menl touc】

王家【wangc jas】

干柴冲村【gans caic congs cuns】

干柴冲【gans caic congs】

草田界【coax dieenc jail】

银洞上【yinc dongl shangl】

暗山脚【anl shans joc】

搭箭坡【dac jeenl pos】

桐木坡【tongc muc pos】

解内村【jaix nenl cuns】

解内【jaix neil】

油榨【youc zhal】

宋家塆【songl jas wans】

张铁【zhangs tieec】

地样村【dil yangl cuns】

地样【dil yangl】

长冲【cangc congs】

三干田【sans gans dieenc】

坳背【aol beil】

大坡【dal pos】

土地塘【tux dil tangc】

龙塘坡【longc tabgc pos】

老寨【laox zhail】

四方坡【sil fangs pos】

家祠背【jas sic beil】

清水塘【qings shuix tangc】

洞上【dongl shangl】

马塘坳【max tangc aol】

三间桥村【sans jeens qaoc cuns】

三间桥【sans jeens qaoc】

塘家坪【tangc jas biinc】

中家山【zhongs jas shans】

墩子头【dens zix touc】

陶家寨【taoc jas zhail】

大桥头【dal qaoc touc】

唐家冲【tangc jas congs】

飞蛾冲【feis ec congs】

虾蚂岩【xas max ngaic】

小沟溪村【xaox gous qis cuns】

小沟溪【xaox gous qis】

吕家【leix jas】

孙家【sens jas】

唐家【tangc jas】

金钢洞【jens gangs dongl】

老寨上【laox zhail shangl】

唐坝冲【tangc bal congs】

牛棒坵【nouc bangl qous】

对江村【deil jangs cuns】

对江【deil jangs】

小冲【xaox congs】

大冲【dal congs】

巴湾【bas wans】

大井塘【dal jenx tangc】

北岭村【beec lienx cuns】

北岭【beec lienx】

老屋内【laox wu neil】

汪家坡【wangs jas pos】

岩塘【ngaic tangc】

鲍家【baol jas】

坳头周【aol touc zhous】

胜家湾【senl jas wans】

台上【taic shangl】

大禁山【dal jinl shans】

溪脚【qis joc】

炉山【luc shans】

王家【wangc jas】

梁家【liangc jas】

唐家庄【tangc jas zhuangs】

杨子坳【yangc zix aol】

鲍家湾内【baol jas wans neil】

阿婆园【as poc yeenc】

鲍家大【baol jas dal】

大沟溪村【dal gous qis cuns】

半坡【banl pos】

杜家【dul jas】

上半坡【shangl banl pos】

魏家冲【weil jas congs】

新屋场【xins wuc changc】

干塘【ganl tangc】

蒋家【jangx jas】

湾塘【wans tangc】

回子湾【huic zix wans】

唐家榜【tangc jas bangx】

蒋家冲【jangx jas congs】

江头山【jangs touc shans】

李子湾【lix zix wans】

油榨贤【youc zhal xeenc】

蒋家塘贤【jangx jas tangc xeenc】

坡头村【pos touc cuns】

老何家【laox hoc jas】

上杨家溪【shangl yangc jas qis】

下杨家溪【xal yangc jas qis】

乐家湾【yoc jas wans】

何家榜【hoc jas bangx】

外何家【wail hoc jas】

郑家【zhenl jas】

付家【ful jas】

老屋内【laox wuc neil】

内进湾【neil jinl wans】

杨柳塘【yangc liiux tangc】

孙家【suns jas】

鲍家【baol jas】

半坡田【banl pos dieenc】

长滩头【changc tans touc】

黄布洞【huangc bul dongl】

波塘【bos tangc】

下付家【xal ful jas】

罗家坳【loc jas aol】

牛塘贤【nyiuc tangc xeenc】

江东乡【jangs dongs xangs】

江东村【jangs dongs cuns】

江东【jangs dongs】

白土【beec tux】

罗家【loc jas】

邹家【zhous jas】

油榨背【youc zhal beil】

白土坪【beec tux biinc】

高坡村【gaos pos cuns】

高坡【gaos pos】

野塘【yeex tangc】

敕米冲【chil mix congs】

半坡【banl pos】

大冲【dal congs】

大溪村【dal qis cuns】

大溪【dal qis】

上大溪【shangl dal qis】

下大溪【xal dal qis】

东坡村【dongs pos cuns】

东坡【dongs pos】

蒋家【jangx jas】

坳上【aol shangl】

躲家坡【neel jas pos】

王家【wangc jas】

舒家【shus jas】

陈家场【chenc jas cangc】

大坪堎村【dal biinc sas cuns】

大坪【dal biinc】

苗坪【miaoc biinc】

建设【jeenl seec】

东面坡【dongs mieenl pos】

干溪村【ganl qis cuns】

干溪【ganl qis】

陶家湾【taoc jas gual】

宋家【songv jas】

杨家【yangc jas】

辣子坪【lac zix biinc】

舒家【shus jas】

林家【linc jas】

二方冲【erl wangs congs】

白岩坡【beec ngaic pos】

分水村【fens shuix cuns】

分水坳【fens shuix aol】

张家湾【zhangs jas wans】

宋家坪【songl jas biinc】

滑洞【hac dongl】

盘田【panc dieenc】

三百段【sans beec duanl】

岩门阳【ngaic menc yangc】

金鸡乡【jens jis xangs】

金鸡村【jens jis cuns】

金鸡口【jens jis koux】

莱边江【laic bieens jangs】

双门头岩【shuangs menc touc ngaic】

茄坡田【jas pos dieenc】

蒋家坡【jangx jas pos】

沙坪溪【shas biinc qis】

罗家【loc jas】

梧桐冲【wuc tongc】

牛背塖【niuc beil cenc】

桃竹洞【taoc zhuc dongl】

大坳【dal aol】

伍家【wux jas】

渡船头【dul chonc touc】

竹树脚【zhuc shul joc】

鲇鱼岔【nans yuc chal】

浪上【langl shangl】

大泥溪【dal nic qis】

小泥溪【xaox nic qis】

竿子溪村【ganx zix qis cuns】

竿子溪【ganx zix qis】

高寨冲【gaos zhail congs】

三角塘【sans goc tangc】

椅子塆【yix zix wans】

凉柳脚【liangc lioux joc】

凉柳冲【liangc lioux congs】

竹坳头【zhuc aol touc】

王家坡【wangc jas pos】

长塖上【changc cenc shangl】

牛屎溪【nyiuc six qis】

竿子溪口【ganx zix qis koux】

牛角岔【nyiuc joc chal】

应家庄【yinl jas zhuangs】

对门坡村【deil menc pos cuns】

对门坡【deil menc pos】

罗家【loc jas】

坳上【aol shangl】

阳火塖【yangc hox cenc】

堎坝坡【sas bal pos】

周家坡【zhous jas pos】

饭坡脚【fanl pos joc】

双岔溪【shuangs chal qis】

蜂糖冲【fengs tangc congs】

院子【yuanl zix】

金竹塖【jins zhuc cenc】

大竹塖【dal zhuc cenc】

陶家村【taoc jas cuns】

陶家【taoc jas】

角形【joc xenc】

老屋【laox wuc】

团内【tuanc neil】

老屋【laox wuc】

茶溪头【chac qis touc】

甲寨田【jac zhail dieenc】

上屋【shangl wuc】

大冲头【dal congs touc】

黄土田【huangc tux dieenc】

桐油坪【tongc youc biinc】

魏家【weil jas】

洞脚【dongl joc】

大屋场【dal wuc changc】

下屋【xal wuc】

刘家溪【xins wuc】

上湾【shangl wans】

下湾【xal wans】

红坡头【hongc pos touc】

吴家冲【wuc jas congs】

兰溪乡【lanc qis xangs】

大塘村【dal tangc cuns】

大塘【dal tangc】

栗木脚【lic muc joc】

蒲坪【buc biinc】

牛塘口【nyiuc tangc koux】

上湾【shangl wans】

下湾【xal wans】

大岔塘【dal chal tangc】

躲岔塘【neel chal tangc】

老屋冲【laox wuc congs】

早禾田【zaox hec dieenc】

桐木冲【tongc muc congs】

白头溪【beec touc qis】

旧团村【jiul tuanc cuns】

田段【dieenc donl】

麦埨垛【mail sas cenc】

广州【guangx zhous】

庙脚【miaol joc】

寨上【zhail shangl】

岩背【ngaic beil】

竹冲【zhuc congs】

打油坪村【dax youc biinc cuns】

打油坪【dax youc biinc】

三角冲【sans goc congs】

三叉溪【sans chal qis】

廖家冲村【liaol jas congs cuns】

廖家冲【liaol jas congs】

自藏冲【zil zangl congs】

罗冲【loc congs】

半山村【banl shans cuns】

半山【banl shans】

大坪【dal biinc】

高坡【gaos pos】

蒋家冲【jangx jas congs】

栗木山【lic muc shans】

兰溪山村【lanc qis shans cuns】

兰溪山【lanc qis shans】

大溪湾【dal qis wans】

中堘界【zhongs chenc jaiv】

溪口【qis koux】

店上【dieenl shangl】

兴隆镇【xins longc zhenl】

民建村【nyouc xangc】

王家【wangc al】

白样坡脚【beec yangl pos joc】

寨上【oc xaih】

家祠背【jas cic beil】

野田溪【yac qeenc bah】

菖蒲塘【qangp buc tangc】

李家坡【lix al】

溪头冲【kiit lux】

兴隆街【niuc xangc】

发达【wak tak】

岩街脚【denl jenc ail】

滩脚【deiv sanh】

岭背【lienx beiv】

扒草【bac caox】

兴旺村【lox manx cuns】

罗旺田【lox manc dinx】

旧路【joux loul】

冲头石【xas dongh】

塘榉【danx yanc】

石家洞【sjc al dongh】

阳山村【yangx sant cuns】

阳山【yangx sant】

生地【sens dix】

麻地【mac dix】

安庄【anl zhangv】

双河村【yix wail cuns】

姚家溪【yaoc jas qis】

江口【bah kuiit】

扇塘【xeenv tangc】

长坡头【changc touc pos】

老路口【laox loul koux】

土塘【tux tangc】

渡头【dul touc】

陶金坪【taoc jins biinc】

等口村【dens ous cuns】

桐油湾【tongc yuc wans】

彭家【penc al】

枞树冲【meix xongx congp】

主山冲村【zux shans congs cuns】

主山冲【zux shans congs】

金井冲【jins jenx congs】

岩坳村【ngaic aol cuns】

岩坳【ngaic aol】

八十田【beds xis dieenc】

荒冲【wangx xongp】

苗溪【miaoc qis】

岩板冲【ngaic banx congs】

老团溪口【laox tuanc qis koux】

附录一：侗文字母读音对照表

一、侗文字母表

侗文共有26个字母，字母的大小写次序及名称如下表所示：

大写		小写		名称	
A	N	a	n	a	nee
B	O	b	o	bee	o
C	P	c	p	cee	pee
D	Q	d	q	dee	qiu
E	R	e	r	e	ar
F	S	f	s	eef	ees
G	T	g	t	gee	tee
H	U	h	u	ha	u
I	V	i	v	i	vee
J	W	j	w	jee	wa
K	X	k	x	kee	xi
L	Y	l	y	eel	ya
M	Z	m	z	eem	zee

注：a、e、i、o、u是元音字母，b、c、f、g、h、j、l、m、n、p、q、r、s、t、w、x、y、z是辅音字母。

二、侗文声母表

侗文共有32个声母，如下表所示：

b	p	m	f	w		为双唇声母
d	t	n	l	s		为舌尖声母
j	q	ny	x	y		为舌面声母
g	k	ng	h			为舌根声母
bi	pi	mi	li			为腭化声母
gu	ku	ngu				为唇化声母
zh	ch	sh	r	z	c	为借汉声母

三、侗文韵母表

侗文共有51个韵母，其中e为现代汉语借词。侗文韵母由元音字母a、e、i、o、u或元音字母加韵尾构成，其韵尾由元音字母i、o、u和辅音字母m、n、ng、b、d、g构成。韵母表如下：

a		e*	ee	i	o	u
ai		ei			oi	ui
ao						
			eeu	iu	ou	uu
am	aem	em	eem	im	om	um
an	aen	en	een	in	on	un
ang	aeng	eng	eeng	ing	ong	ung
ab		eb		ib	ob	ub
ad		ad		id	od	ud
ag		eg		ig	og	ug

注：韵尾是i、o、u、m、n、ng的复韵母叫舒声韵，韵尾是b、d、g的复韵母叫促声韵。

四、侗文声调表

侗文有 9 个舒声调，6 个促声调，都是用辅音字母 l、p、c、s、t、x、v、k、h 加在音节的后面来表示。

调名	l 调	p 调	c 调	s 调	t 调	x 调	v 调	k 调	h 调
调值	55	35	11	323	13	31	53	453	33
调号	l	p	c	s	t	x	v	k	h
舒声例字	mal（菜）	map（来）	mac（舌）	mas（妈）	qat（轻）	max（马）	bav（叶）	qak（上）	bah（糠）
促声例字	badl（鸭）	tadp（铁）	madc（蚂蚁）	beds（八）	tadt（血）	bagx（白）			

附录二：天柱侗语方言土语与榕江标准音点章鲁话声调对照表

调号		舒声调									促声调					
		l	p	c	s	t	x	v	k	h	l	p	c	s	x	t
调类		1	1’	2	3	3’	4	5	5’	6	7	7’	8	9	9’	10
调值（按地点划分）	榕江车江（章鲁）	55	35	11	323	13	31	53	453	33	55	35	21	323	13	31
	天柱石洞（槐寨）	35	11	22	33	13	31	55	25	44	55	24	33	13	13	31
	天柱邦洞（注溪）	55	35	213	33	22	11	53	342	31	55	35	33	23	23	11
	天柱坌处（三门塘）	13	13	21	23	23	31	35	35	44	55	55	44	44	55	31

注：天柱石洞槐寨话代表北部方言一土语，分布区域为高酿镇、石洞镇以及城关镇部分村寨；天柱邦洞注溪话代表北部方言二土语，分布区域为邦洞镇、蓝田镇以及城关镇部分村寨；天柱坌处三门塘话代表北部方言三土语，分布区域为坌处镇、远口镇以及白市镇清水江流域沿岸村寨。

附录三：天柱县侗语区域分布

凤城街道：全覆盖
联山街道：全覆盖
邦洞街道：全覆盖
社学街道：社学　长团　平甫　金山　红卫　芹香　溪口　金井　伞溪　摆溪
占溪　田冲　小江　林山　桥联
渡 马 镇：弯场　龙盘　江东　力山　岩门　共和　桥坪　新民　新坪
坪 地 镇：全覆盖
蓝 田 镇：新民　新联　两岔　寨头　黄家　杞寨　三合　贡溪　蒲溪　闪溪
塘干　公闪　稳江　碧雅　上碧雅　凤阿
瓮 洞 镇：聚溪　岑干　雷合　阳合　克寨
注 溪 乡：全覆盖
远 口 镇：万一　广溪
坌 处 镇：三门塘　宰贡　清浪　地冲　雄溪　相柳　长滩　长田　坌处　上公塘
杉木冲　孔安　岩盘　铜锣段　大田段
竹 林 镇：龙塘　凯寨
高 酿 镇：全覆盖
石 洞 镇：全覆盖
白 市 镇：兴隆　民建　兴旺　阳山　双河

后　记

在中华民族大家庭里，各民族都有自己独特的语言，每种语言都有它的个性和魅力，可谓精彩纷呈。侗语就是其中的一朵奇葩，亘古以来，绽放其独有的异彩，幽香弥久。

随着时代的发展，侗语和其他民族语言一样，也在不断发展变化。且不说湘、黔、桂三省（区）的侗语各有特色，同在天柱县域内，不同片区的侗语也略有差异，就连相邻相依的石洞和高酿，也存在一些微小的差别。

过去，我们曾以能讲侗话、唱侗歌为荣，但现在，会讲侗话的人越来越少，我们为可能失去母语感到忧虑。如今侗族地区的大多数青年人和小孩，已不能完全讲侗话或根本不会讲侗话，侗语式微逐渐明显，久而久之将可能失传。挽救这株弱小而珍贵的奇花，是我们的责任。鉴于此，天柱县侗学研究会在天柱县民族宗教事务局的支持帮助下，决定编撰一本《侗语词汇（天柱）》，以独特的方式将天柱境内的侗族语言搜集记录下来，即或将来居住在天柱境内的侗族人都不会讲侗话了，这本书哪怕只成为架上摆设，哪怕留给后人玩味，也算是对得起祖先了。因此，一帮有志之人便聚在一起，开始了本书的编撰工作。

《侗语词汇（天柱）》的编撰始于 2018 年，仅词汇搜集就花了三年多的时间，共收录 2342 个侗语词根、9299 个侗语词根派生词和 2504 个侗语地名。尽管侗族的历史悠久，但在历史的长河中，侗族人民只有自己的语言而没有自己的文字，直至 1958 年，党和政府才为侗族人民创制了《侗文方案》（草案），以拉丁字母拼音为侗文文字，结束了侗族无文字的历史。侗语的发音独特，其语音语法结构与汉语有很大区别，我们按照侗文的书写要求，借助拉丁字母拼音和地方土语方言给每个词汇标注语音，按字母音序去搜集词汇，编排体例。编撰过程中，由萧德成、龙秋林、龙昭先、龙香文、刘慧桥、欧阳家显、刘荣模、杨永福、王先然、吴开平、潘存先、姜选才、王国用、杨万超等同志负责词汇搜集，龙秋林同志逐条记音、书写侗文词汇整理成初稿，再组织相关人员逐字逐句斟酌，不断丰富词汇。同一词汇，在不同的片区有不同的读音，书中分别标注了各片区的读音，以便后人解读。

编撰本书，得益于贵州省民族宗教事务委员会和中共天柱县委、县人民政府的大力支持，得益于贵州省人民代表大会常务委员会原副主任杨序顺，贵州省政协民族与宗教委员会副主任、省残疾人联合会原理事长周承洲，贵州省政协民族与宗教委员会专职副主任陈守辉，贵州省地方金融监督管理局二级巡视员袁通斌等同志和贵州民族大学文学院院长、二级教授龙耀宏，贵州民族大学博士、副研究员龙昭宝，以及曾任天柱县委常委、宣传部部长唐光宏，天柱县委常委、统战部部长杨德昭，天柱县委常委、常务副县长杨长燕，天柱县委常委、县委办公室主任蒋文武，天柱县政协副主席黄大为等各位领导和专家的指导、帮助；得力于天柱县侗学研究会领导的高度重视，王先游、杨宗豪、杨代松、袁显荣等同志亲自抓编撰工作；得成于汪永成、秦秀强、徐文清、龚文龙、吴厚征、陶政煜、李秋红、王贞秀、章文秀、陈旭东、胡英才、汤昌奎、杨绍源、张绪海、杨凤来、杨朝代、秦胜求、罗朝开、吴国雄、龙君、陈光柏、龙大英、龙良等同志的辛勤付出。几度春秋，数易其稿，多方努力，始得告罄。本书的编撰，还得到了曾宪华、王家才、杨燕敏、金可文、刘文、吴世滔等同志的关注和支持。同时，天柱县侗学研究会还在贵阳召集部分乡贤举办座谈会征求意见。可以说，本书的面世，凝聚了许多侗家儿女的智慧、心血和汗水，它将成为侗族语言文化的一个标志和一座里程碑。在此，我们特向各位领导、专家和参与本书编撰工作、提供资料以及资助出版发行的杨汉富、罗永渊、吴才明、杨文德、袁毓模、周礼富、龙家泉、杨啟高、杨林，吴育权、朱远燕、石玉女、林源、杨有贤、周林、龙康宁、张远昌、杨仁能、龙先杭、欧阳崇楷、罗朝鹏、龙来早、吴梅萍、杨天文、袁启相、刘丽、粟兰秀、龙明源等同志表示衷心感谢。最后，还要感谢贵州大学出版社编辑团队认真地对书稿进行了编审校改，使本书呈现出来的效果超过了我们的预期。

诚然，由于侗语独特，又无文字传承，我们仅借汉语拼音和侗语声调调值注以助读，难免有失偏颇，况该书的收集以石洞、高酿侗语为基本音，难以涵盖天柱侗语的完整内容，加之编撰人员经验不足、水平有限，本书肯定会有许多遗漏或缺憾，有待我族后贤赓续，以臻至善。

编者

2023 年 12 月